U0165383

日本帝國的生活空間

喬丹‧桑德 著

胡慧如、焦堃 譯

目次

台灣中文版序

　　這本書先在日本出版，後來陸續於韓國和中國有譯本（簡體中文版有幾章是先用英文出版，但本書沒有英文版）。因此，台灣繁體中文版是這本書的第四次更迭。想到它能在這些國家找到讀者，就令我非常高興。同時，我也能想像這些讀者個人的閱讀方式可能完全不同。當然，我不會被這個想法所困擾，因為日本帝國是一個困難的歷史課題，至今仍存在著深刻的政治分歧。因此，我書寫的主要目的不是就其對錯進行政治辯論，而是想提供新的材料和新的想法，幫助讀者理解日本帝國對一些日本人、韓國人、中國人、台灣人和其他人的日常生活所造成的影響。長期以來，人們傾向於只從帝國國家（統治者）的角度或殖民地臣民（被統治者）的角度來看待帝國的結構。結果是，同樣有限的一組問題被重複提出：統治者的壓迫性如何？被壓迫者有多麼同謀或進行反抗？基礎設施現代化在多大程度上應歸功於殖民統治，而在多大程度上應被視為減輕殖民主義的不公正？今天，在東亞不同地區及屬於其國家政治光譜中不同地方的人，對於這些問題都有如此紛歧的答案，以致他們有時似乎根本無法逾越這些問題。

　　如果我們無法對令人滿意的答案達成共識，我建議我們應該試著提出不同的問題。例如，殖民帝國的結構如何影響帝國臣民——在殖民地和大都會——吃、睡、坐、衣著、家居裝飾和觀光的方式？當然，這份提問的清單是不完整的，仍存在著許多發生在帝國時代、值得以類似問題進行思考的日常行為和現代感知層面。當我說我們應該

嘗試提出不同的問題時，絕不是建議我們應該轉向日常生活，以避免殖民帝國主義的政治或倫理問題。相反地，正是在日常生活的空間中，這些問題才能以最清晰的方式出現。如同弗雷德里克・庫伯（Frederick Cooper）指出的，殖民帝國是建立在差異和等級制度的產生之上。然而，這些意識形態的基礎隨後在無數的日常行為和場所中再現。

這本書多次提到台灣。我知道早在殖民時期台灣就有一套成熟的歷史學術研究，因此我不能聲稱自己是台灣專家。不過，我希望台灣讀者也許會發現，我對台灣案例的討論有助於思考日本殖民主義的台灣經驗，並與其他亞太地方的人對抗帝國複雜且跨領域社會力量的經歷並置。在家居設計中穿梭於「東方」與「西方」的明治時代日本精英、被帶去日本旅遊的台灣原住民、進口日本味精的中國消費者、夏威夷的沖繩養豬戶——在此只舉出書中幾例主角——並非處於同等的社會地位，但都被迫以各種方式處理現代帝國的同一個邏輯。這種邏輯與他們的父母或祖父母所來自的社會完全不同，也迥異於我們今天所處民族國家的世界。

前言
帝國內的交流與不對稱接觸

伊東忠太繪，《五大國的態度》，
一九一九年（大正八年）一月三十日（日本建築學會收藏）。

一九一四年第一次世界大戰爆發後的五年間，
建築學者伊東畫了五百張諷刺世界局勢和國內政治的美術明信片。
而這張明信片的日期正好在巴黎和會舉行期間。
畫中的日本被視為確定合約條款及
在設立國際聯盟中發揮重要作用的「五大國」之一。
大約過了兩週，
日本提議將去除種族歧視的文字寫入國際聯盟章程，
但遭到拒絕。

從伊東觀察日記中其他的畫作來判斷，
他似乎執著於將日本人與其他國家國民的身高做比較。
因為對於當時的日本而言，
列強的地緣政治學很容易被取代為身體政治學。

本書由六篇互有關聯、而且是研究日本殖民時期日常生活文化的歷史論文所組成。本書不是一部關於日本帝國主義的歷史；相反地，本書透過房屋、家具、食品與服裝等日常物件，以及人們的行為，試圖將日本理解為帝國世界中的一個帝國。每篇文章都以不同的方式提出這樣的問題：「這些東西以什麼方式成為『帝國式』的？」物質文化有能力揭示文獻中語焉不詳的政治及社會行為之各個層向。此外，日常生活中充斥著人們視為理所當然的意識形態，即使人們完全沒有意識到這個問題。正因為如此，我開始轉向閱讀事物、都市空間及人的身體舉止，以探索帝國主義的文化影響，而日常生活文化則包含其中一種體現政治。

　　知名英國歷史學家霍布斯邦（Eric Hobsbawm）在《帝國的年代》（The Age of Empire）一書中，觀察至一九一四年為止的歷史。這個年份是基於歐洲中心主義的選擇，但從全球地緣政治的角度來說，卻是奇怪的做法。儘管第一次世界大戰代表歐洲帝國主義勢力的政治和文化處於一種決定性的中斷，但日本在一九一四年仍然處於帝國的早期階段；儘管一九一九年的《凡爾賽條約》宣布了民族自決的權利，但在兩次世界大戰之間，全球絕大部分的陸地仍被劃分為帝國主義宗主國及其殖民地兩個部分。唯有當德意志與日本帝國在一九四五年崩潰，而且亞洲和非洲分別在一九四〇年代及一九五〇—六〇年代逐步去殖民地化後，世界版圖才開始由民族國家所支配。同時，藉由與過去殖民截然不同的新統治形式，美國與蘇聯因此成為新的帝國力量。即使美國的政治精英否認「帝國」此一稱謂，但在二十一世紀初期的今天，遍布於世界的美國軍事基地依舊保持著一種帝國霸權的形式。因此，我們很難說「帝國的年代」在一九一四年已然終結。

　　基於以上的理由，即使本書主要涉及二十世紀上半葉的日本帝國，但探索帝國在日常生活中的體現，自然會引導空間和時間框架的擴展，以容納對日本及對過去與現在帝國的連續性和差異性之探討。除了日本在亞洲的殖民帝

國時代，這些文章還論及明治時代的日本在十九世紀歐洲帝國中的地位，有時也會思考美國在亞太地區的帝國，是如何繼承並延續日本所構築的文化圈。

在去殖民化時代之前，帝國塑造了人、物件和知識傳播的交流路線。帝國也造成——在某些情況下仍繼續產生——不平等的接觸。帝國創造了瑪麗・露易絲・普拉特（Mary Louise Pratt）所謂的「接觸地帶」（contact zone）：「在權力不對稱的情況下，文化及其媒介聚合在一起的真實及想像的空間。」[1]然而，不只是這些不平等接觸的事實應該引起我們的關注，還有其迫使人們接受的方式——有時透過暴力，但通常是透過更微妙的手段——在一個已明確定義的社會和文化秩序中找到自身的位置。從後來民族國家霸權的角度來看，帝國時代最突出的特徵是：殖民統治使人的階級變成自然狀態，而成為統治的固有合法的基礎，擁有統治地位的人也開始以明確的種族術語來理解地緣政治。正如一些歷史學家所觀察到的，各個帝國的建構有所不同。[2]因此，普拉特所謂的「接觸地帶」，主要是在一些帝國與未被殖民領土之間前線地點，但我們也可將宗主國內的空間，甚至是個體臣民的心理及身體領域視為接觸地帶。當日本的精英進入西方帝國勢力創造出國際競技場時，他們會發現自己正處於一個「接觸地帶」。在那裡，他們被迫從種族差異的觀點來理解自己。當日本自身成為一個殖民力量之後，便透過種族的概念，將其鎮壓和同化被殖民者的行為正當化。

在十八和十九世紀，透過征服和殖民而實現擴張的目的，基本上都是歐洲國家；因此，當日本在十九世紀末也成為殖民帝國，其殖民統治的模式與彰顯帝國存在的物質形式都源自歐洲的先例。簡單來說，就是「西化的」明治時代日本精英輸出了「西化」。這種情況發生的路徑及其所產生各種不對稱的接觸，除了物質角度外，還可從人類意識形態的角度進行思考。

在所謂的「高等文化」中，三種典型的物質文化樣式

定義帝國時代：法國國立美術學院所教授的新古典主義建築；自然主義的石頭與青銅公共雕像，特別是重要的人物雕像（連同以石膏進行的研究或複製）及具象油畫，尤其是人物畫。在許多情境中，這些美學風格被用來展示國家的力量，並隨著帝國勢力擴張，從歐洲宗主國輸出到北美及亞洲的殖民地。值得注意的是，這三種類型到了二十世紀中葉開始的去殖民化時代，都失去了其支配性的影響力——儘管沒有完全消失。從古羅馬帝國模式衍生出來的學院派新古典主義在美國存在的時間最長，但自二十世紀中期起，在世界各地逐漸迅速被國際現代主義[3]所取代。這種國際現代主義經由那些通常橫貫傳統帝國的管道傳播，只是其語彙避開了歐洲中心主義階級制度的表現形式。如木下直之和平瀨禮太在考察日本的案例時所記錄的，（真實和傳說中的）政治和軍事領袖的公共塑像是屬於一個把上層人物的統治視為自然秩序一部分的時代，帝國征服的傳說構成了國家統治歷史敘事中的核心部分。[4]與新古典主義建築一樣，公共塑像援引了古希臘和古羅馬等歐洲高等文化正統性的源頭，並在其所在之處都展現出展示帝國的力量。作為一個殖民帝國時代結束之後的流派，如同新古典主義，它變得越來越邊緣化。

　　人物油畫是一種更微妙、更複雜的案例。值得注意的是，在二十世紀前半期，這個在日本被富含深意地稱為「洋畫」而非「油畫」的藝術流派，曾在全世界的美術學院中舉足輕重，卻在全球去殖民化的時代失去了其地位。如同伯特・溫特—玉木（Bert Winther-Tamaki）所展示的，「洋畫」引入人類身體的種族化概念，其中最典型的形式是歐洲人的裸體。因此，無論是從藝術技法或者從種族而言，二十世紀早期日本畫家在洋畫中發展出本土風格的抗爭，都是一場自身難以適應以歐洲為中心的帝國主義秩序的掙扎。更具體地說，洋畫是透過制度來表現出世界帝國主義的秩序。正如學院派新古典主義是藉由巴黎巔峰的體系來傳播，油畫也同樣是透過學院和競賽來傳授和學習，而使得藝術家被置於一種連接歐洲和亞洲首都、及殖民地邊緣地帶的階級體系當中。[5]

因此，所有這些美術形式都可被理解為構成帝國主義現代性的高等文化霸權。它們通常被簡稱為「西方的」，只不過此一術語使得虛構概念的「西方」變得自然化，同時遮蔽了美術階級秩序下的帝國主義政治。由於日本帝國首先採用並將這些源於歐洲的形式自然化，然後將其帶到亞洲其他地區，儘管事實上日本不是「西方」，但日本的案例卻有助於發現這些現代世界文化中的帝國特徵。

　　本書著重於關注日常生活的各個層面。我主要處理的並非國主義文化的典型形式，而是帝國超重的文化包袱──服裝、食物、住宅等形式，這些形式並非以武力強加，也很少與國家權力直接相關，但卻透過帝國內的交流路線而流通，以平淡無奇的方式創造其對文化和行為的影響。在這些物品中，例如第二章著重於討論食品添加劑味精的擴散（在日本及亞洲多數地區，常以其商標名「味之素」而廣為人知）；第五章討論藤製家具的加工和使用。在經濟上，這些物品與日本帝國最重要的事物相去甚遠，但這並不能阻止它們產生深遠的文化影響。這並不意味著它們是物質文化的總體或獨特方面的代表。毋庸置疑地，我們還可追溯其他許多物件的原初，然後再次提問：「它們如何與帝國有所聯繫？」從而以零碎的形式，透過考察物品的移動、占有和消費，建構起一部帝國主義生活體驗史。本書提到的一些其他物品，包括躺椅、鋼琴、棒球運動、鬍子（它代表從西方傳入日本後，一種嶄新的、帝國主義的男性氣質）與和服（它從日本傳入美國後，成為閨房裡的衣著），其中任何一種都能產生一部豐富的歷史。這些歷史中的一小部分無疑地已被記錄下來，還有更多則有待書寫。

　　然而，一個客體的歷史僅能具有古物方面的意義，除非我們可以透過它來理解人類關係史中的某些面向。從人類的角度來說，這些物質文化史涉及人們在帝國主義世界中所進行的文化交涉，以及自然航行時所遇到的困境。馬克思著名的格言：「人類創造自己的歷史，但不是在自己設定的條件下創造的。」這句話同樣適用於日常生活的歷

史與政治史上的重大事件。在第一章，我以《婦人畫報》雜誌中所展示的明治晚期上流階級室內裝飾，來探討現代化日本精英如何在品味、行為及室內空間的利用當中，協商並使用歐洲規範的途徑。儘管這些都具有私密性的本質，卻與帝國主義競爭中公共政治的年代顯得不可分割。在第六章，我們看到日本強加於台灣原住民身上的要求，還有日本企圖打壓和威嚇他們，使其成為天皇忠實臣民的例子。這兩個例子，一個是發生在一九〇六年的東京，另一個則同樣是發生在東京，而且從明治末期一直持續到一九四〇年，值得一起思考。《婦人畫報》拍攝了如大隈重信和金子堅太郎這樣的人物家居中的西式陳設，他們都是國內和國際政治中重要的參與者。另一方面，被帶到東京進行「內地觀光」的台灣泰雅族人，則是日本殖民地的臣民，其中大多數人的名字完全不見於歷史的書寫記錄，因此他們似乎是站在帝國主義勢力競技場上的兩極。然而，明治時代的日本精英和泰雅族精英其實都發現自己處於類似的困境中：二者都被強迫應對帝國主義地緣政治場域中不對稱性的接觸。在此過程中，他們或許能透過外交或武力手段暫時抵抗，甚至占上風，但最終文化接觸的條件與規則卻早已設定好，無法修改和拒絕。

在這兩章之間其他的章節則介紹一系列精英和非精英人物，他們都面對以不同的方式協商帝國主義空間中不對稱性的接觸。雖然主流的意識形態是階級制的，但日常生活中的真實卻並不總是與之相符。在日常情境中，即使殖民者代表著一個征服的力量，但相對於殖民地的臣民，他卻並不一定處於優越地位。物質的角色在人類力量關係的紐帶中同樣顯示出這些衝突。

讓我們花點時間看一個手錶的例子。川村湊在分析一九三三年至一九三九年間島田啟三連載於《少年俱樂部》雜誌的漫畫作品《冒險團吉》時指出，主人公男孩團吉征服南太平洋某個虛構島嶼上的「野蠻」住民時，注意到其所戴的手錶的重要性。[6]川村指出這隻手錶展示了團吉的文明身分（圖1）。手錶是現代帝國主義文明最有力的表

徵。計時將日常生活訂為一種普遍的秩序，而團吉佩戴這
種儀器有助於他成為殖民管理的展現，利用現代科學技術
誘導理性的效率行動。當然，這正是島田繪製這部漫畫時
的意圖，而他的年輕讀者中那些更細心觀察的人可能也會
理解到，這隻手錶確立了團吉作為這座島嶼上文明使命傳
承人的地位。

　　那麼，我們如何從上述的例子，以及一九四二年津野
海太郎在日本占領期間所講述關於菲律賓的故事來予以理
解？根據津野的說法，在當時菲律賓語劇院上演關於日本
士兵的諷刺戲劇中，經常將其表現為戴著多隻手錶，而非
一隻手錶。配戴多隻手錶顯然不會讓這位士兵更為文明。
實際上，當時的日本士兵似乎有沒收菲律賓人的手錶讓自

圖 1
島田啟三《冒險團吉》（一九三三）。
少年主人公團吉征服了居住在南方
島嶼上的「土人」，成為他們的王。
為了對他們進行區別，團吉在他們
的胸前寫上編號，並立即組織軍隊
以便和臨近部族進行戰爭。團吉的
手錶格外引人注目。（《冒險團吉》
翻印版，講談社，一九七○年）

己使用的壞名聲——這是表現戴著多隻手錶的士兵諷刺手法的來源。在此，日本人遠非優越文明的體現者，而被描繪為垂涎殖民地人民早已擁有的文明標誌。[7]日本的殖民的確可能為太平洋上許多地區引進時鐘與工作紀律，但這顯然未阻止一些日本人貪婪地搜括象徵物質財富與現代便利性的手錶。越來越多的研究顯示帝國內許多日本人的邊緣社會地位。[8]從文化的角度來說，在體制中處於較為穩定地位的殖民者，有時會同時具有統治者和被統治者兩種身分。

意識形態視角下的帝國內部交流與接觸

種族的意識形態跟隨著人和物品，穿越帝國內的交流路線而傳布。「種族」並沒有全球性的定義，種族本身作為一個範疇，在全球去殖民化時代，與種族主義共同受到質疑並不奇怪。沒有殖民主義就沒有種族。然而，即使在殖民帝國時代，種族的含義同樣隨著地點和時間而變化。在東京成為「東洋人」（Asian），並不同樣意味是舊金山的「亞洲人」（Asiatic）或「東方人」（Oriental），而這也並不意味著在一九〇八年與一九四五年兩個時間的含義是相同的。種族，是帝國主義凝視與帝國主義階級制度必須將人類分類而生的產物。這些波動的分類會影響實際人類的互動，因為各國使用它們來規範人的移動、操縱和壓抑某些團體，而大眾傳媒則跨越國界傳播種族的概念。最終，這些決定人們流動的意識形態，與其他理念和物件的流動交織在一起。

在第三章中，為了表現受到意識形態影響而產生的多元理念、人員及物品流動的多面動態，我嘗試使用不同的方法框架。我不追求線性描述，而是專注於一九〇八年間的事件和陳述，並透過歷史學的剪輯來建構相互關聯的圖景。在這一章，我以一篇介紹這種剪輯手法意義的短文作為開頭。當然，剪輯不能代替線性歷史敘事，因為唯有線性敘事的因果結構，才可能進行分析。在更著重傳統結構的歷史敘述中加以剪輯，讓我們得以遠離修辭所構築的歷

史因果關係的確定性，才能想像可能發生的歷史場景。

　　矛盾的是，帝國內的交流同樣可承載反帝國的民族主義，或「四海皆兄弟」的意識形態。在歷史中，民族主義經常被帝國內旅行的經驗所喚醒。例如，聖雄甘地本來是一位在英國受到訓練的法庭律師，在英屬南非二十多年的職業生涯中，他意識到帝國主義下種族的不平等和自己的印度民族認同。在殖民宗主國中，共產主義者和無政府主義者互相接觸，在此他們經常發現自己能讀到在殖民地被禁的關鍵文本。[9]

　　在帝國背景中發展起來，與帝國主義相衝突的全球及世界主義意識形態，也與日常生活文化中的獨特物件與理想相聯繫。例如誕生在英屬印度的單層別墅（Bungalow）[10]，透過帝國內的交流傳播到全球，並成為歷史學家安東尼·金（Anthony King）所觀察到的第一種全球性住宅樣式。[11]儘管這種單層別墅樣式與激進的政治無關，但在一部分思想家眼中，它卻體現了一種新的、更民主的生活樣式，比較少受到階級制的社會規範所支配。出現在一九二〇年代的日本、透過殖民地的媒體傳播到朝鮮半島的「文化生活」論述（在第四章討論此論述），房屋更明確地與四海皆兄弟的理想聯繫在一起。因此，諷刺的是，帝國讓一種能夠被所有國家的人民平等分享的單一全球文化的想像成為可能。

人流與知識流

　　以文化的角度而言，如果我們能將帝國形象化為一個不對稱接觸發生地點的網絡，而不只是簡單地將其視為宗主國核心與殖民地邊緣的結合，那作為文化快速變化、文化之間頻繁與複雜交流的發生地，帝國內的城市尤其重要。在宗主國首都與殖民地次級首都之間的人們，尤其是受過教育的精英階層的移動，為這種形象化的映射提供一個簡單的起點。在日本帝國殖民地的次級首都中，日本人（「內地人」）占有相當大的比重。在一九三五年，

首爾居民總數四十萬四千二百零二人中，有百分之二十八是日本殖民者；[12]而台北總人口二十六萬人中，大約有百分之三十是日本人。[13]這些統計數字顯示出比亞洲的歐洲殖民城市大得多的殖民人口比例。這一方面，日本殖民帝國更接近於法國殖民帝國在北非的情況——這一地區同樣在地理上接近宗主國，而且和日本殖民地一樣吸引了大量的冒險家和小資產階級企業家（見表1）。

表1
殖民地主要城市中殖民者（從宗主國內地而來的移居者）的人口比例

日本帝國屬京城（現在的首爾，一九三五年）	28.0%
日本帝國屬台北（一九三五年）	30.0%
英屬德里（一九二一年）	3.7%
英屬新加坡（一九三一年）	2.7%
荷屬巴達維亞（現在的雅加達，一九二九年）	7.0%
英國占領下的開羅（一八九七年）	5.0%
法屬阿爾及利亞（一八八一一一九二六年）	75-80.0%
法屬卡薩布蘭卡（一九一三一一九五二年）	20-35.0%

京城、台北的數字來自橋谷弘《帝国日本と植民地都市》（吉川弘文館，二〇〇四）。

德里、開羅、卡薩布蘭卡、阿爾及利亞的數字來自 David Prochaska, Making Algeria French (1990)，均為歐洲人所占比例。

新加坡的數字來自 Brenda Yeoh , Contesting Space in Colonial Singapore (2003)，為歐洲及歐亞大陸人口所占比例。

巴達維亞的數字來自 Karen Bakker & Michelle Kooy, "Governance Failure: Rethinking the Institutional Dimensions of Urban Water Supply to Poor Households," World Development, Volume 36 , Issue 10 (October 2008)。

一九三五年，東京的人口數量有五百八十七萬五千六百六十七人，其中來自朝鮮半島的人口比例略多於百分之一，比首爾的日本殖民者的數量比例要少得多。[14]而東京的台灣人口比例還要更小。當然，東京並不是當時帝國內唯一吸引移民的地方。在居住於日本列島的殖民地人口中，朝鮮人是最大的群體，而比起東京，更多的朝鮮人居住在大阪，他們到此尋求工業的就業機會。一九三六年，東京的朝鮮人大約有六萬五千人，而大阪則是十三萬四千人。

就高等文化的影響而言，相較於全體人口的流動，精英人口的移動影響更大。在此仍需從廣泛的合計及文化流動方面來思考，但問題是：東京究竟是一個現代知識的淨輸出地或淨輸入地？從殖民地及其他地區來到東京學習的人數，是否多於離開東京，在殖民地或在帝國之外尋求教育的人數？日本外務省關於海外旅行的統計顯示，在一九一九至一九二八年的十年間，累計有五千六百零五名的日本公民前往海外學習。[15]據稱在一九三〇年，有兩千五百九十名朝鮮學生居住在東京，一九三五年住在東京的朝鮮學生有四千六百四十六人，一九四二年則是一萬六千七百八十四人。[16]與在日朝鮮居民的整體分布情況不同，朝鮮學生大都居住在東京。少數的台灣學生也來到日本，但來自中國的學生與來自朝鮮的人數相同，甚至更多。[17]一九三六年赴日的中國學生人數達到頂峰，據稱這一年有超過八千名中國學生來到日本（見表2）。[18]外務省的統計可能無法反映因某種形式的教育旅行而離開日本本土（內地）的學生總人數，因為這些學生的日期紀錄與那些來到東京的學生的日期紀錄不盡相同。儘管如此，總體來看，以東京為知識核心的日本本國是東亞地區學生淨輸入國和正規教育的淨輸出國。不過，由於這種教育的內涵——不管是醫學、經濟學、藝術還是其他學科——皆來自西方，更準確地說，在大多數情況下，我們可以稱東京為東亞主要的知識轉口城市。[19]

表2
宗主國主要城市中來自殖民地被統治地區的人口比例（推測值）

東京（一九三五年）	1.00%
大阪（一九四〇年）	4.70%
倫敦（一九三二年）	0.09%
阿姆斯特丹（一九三〇年）	0.50%
海牙（一九三〇年）	2.80%
巴黎（一九二六年）	0.40%

東京、大阪的數字依據《東京府統計書‧昭和十年》中的《在留朝鮮人及台灣人》及《大阪府統計書‧昭和十年》中的《在住朝鮮人》。

倫敦的數字反映了英國全國印度人口比例（Michael Fischer, et al., *South Asian History of Britain*; 2007）。

阿姆斯特丹及海牙的數字來自一九三〇年荷蘭的人口普查（http://www.volkstelling.nl/nl/volkstelling/jaartellingdeelview/VT193002/index.html）。

巴黎的數字則是依據 Tristan Oestermann 與 Michael Goebel 所做的資料（Freie Universität Berlin , 2012）。

在文學領域，東京在知識交流中的地位可以透過翻譯及出版的數量來略估。凱倫・索恩伯（Karen Thornber）和其他學者向我們展示日本帝國內文學接觸和交流的廣度。在文學創作方面，東京也經常扮演轉口城市的角色。例如魯迅為了尋找原文和日本的西方書籍而走遍神田和本鄉的書店。魯迅的弟弟周作人就曾注意到，不管什麼書總是很快地被譯為日文。當年在亞洲形成了新的作家網絡。一九四二年，為了參加大東亞文學者大會，一千五百名著名作家聚集在東京帝國酒店。[20]儘管毫無疑問地，每位來自亞洲的參加者的動機是複雜的，值得個別探討，但一個區域有這麼多作家共聚一堂，其實展現了索恩伯所謂透過日本帝國形成的「文學星雲」。

從亞洲其他地區來到東京的學生組成了自己的文學和政治組織。對許多參與者來說，這些組織是第一個讓他們與同鄉打成一片的社會團體。邁克・韋納（Michael Weiner）記錄了一九二五年之前十四個在東京成立的朝鮮人組織，其中大多數是民族主義的組織，少數為共產主義份子。[21]早稻田大學的朝鮮學生和台灣學生一起在《亞細亞公論》雜誌以日語發表他們的政治論述。同時，一九三九年中國研究專家實藤惠秀列出至少三十七種於一九三四年在日本出版的中文期刊。這個不尋常的跨國文學產量，部分可歸因於持續存在數世紀之久的中國文化圈的文化普世性。除了根植於中國文化遺產較深層次的文化親近感之外，出版的基本條件也必然使東京成為使用中文出版的合適所在。東京排字工人的活字箱中有漢字，他們知道怎樣去排版漢字。與此相關的是，在殖民地台灣，由台灣總督府主辦的日報《臺灣日日新報》部分版面是以雙語出版，同時提供給日本殖民者和讀寫中文的台灣讀者。[22]

在美術領域，官方主辦的展覽會構成了另一個全球性
知識傳播的重要管道，同時也成為品味生產和複製霸權的
機制。官方展覽也讓一部分入選的畫家得以進入東京美術
學校。其中一小部分人走得更遠，來到巴黎這個全球學院
派及前衛美術的頂峰。一九二七年至一九四三年間，每年
在台北舉辦的台灣美術展覽會，成為在東京舉辦的帝國美
術院展覽會[23]的翻版。在台灣的日本繪畫教師指導學生學
習西方油畫，或是「日本畫」──該繪畫形式是作為對油
畫的回應，誕生於一八八○年代。不過當日本人在亞洲其
他地區教授和創作它時，又被改稱為「東洋畫」。十九世
紀末二十世紀初在巴黎接受訓練的第一代日本美術家吸收
了當時流行的外光派和印象派繪畫。[24]因此，東京發揮了
作為後期印象派在亞洲轉口地的作用──該畫派隨後在朝
鮮、台灣和中國被稱為「學院派」，因為它是透過東京美
術學院傳播的。當來自東京的藝術家塑造了後來被朝鮮、
台灣和中國畫家吸收的繪畫風格和技法時，他們同時也鼓

圖 2
林玉山《歸途》（一九四四，出自《東
京・ソウル・台北・長春：官展に
みる近代美術》，二○一四）。一九
○七年林玉山出生於台灣嘉義，最
初為中國文人畫畫家。在一九二七
年第一次台展評審中，其運用中國
傳統畫法的作品落選。他曾在東京
學習西洋水彩畫，一九三○年代在
京都跟隨堂本印象學習日本畫（「東
洋畫」），之後返回台灣。在台灣
受到鼓勵的「地方色彩」，使得林
玉山及其他台灣畫家將目光投向了
水牛、甘蔗及原住民等題材（Wang,
pp.102-103）。

勵畫家使用「地方色彩」（圖2），以具體化在這些國家和地區受到偏愛的題材，讓殖民地美術家與帝國景觀的感知脫離陳舊的中國中心美學標準，藉此提升帝國內的區域文化認同。[25]

儘管東京因為擁有穩定如帝國大學般的機構，而成為十九、二十世紀之交重要的知識生產和輸出地，但這並不意味著東京在每個領域都是東亞的文化中心。在不太依賴正規教育的領域，可能產生不同的區域等級。如同泰勒・阿金斯（Taylor Atkins）所指出的，在爵士樂領域，上海才是吸引那些試圖更接近真實源頭的日本音樂家前來的聖地。[26]

總而言之，日本帝國的特點是具有數量龐大、通常為非精英階層的殖民地次級首都人口，而且學生和其他人群不斷向宗主國源源流入。基於共同以中文書寫的舊紐帶和來自西方知識的現代學習機構的吸引力，使得東京成為各種精英文化網絡的樞紐。

殖民現代性、帝國現代性和後殖民時代的責任

在本書中，我使用的是「帝國現代性」一詞。這個術語是指在帝國主義權力關係脈絡下，人們所體驗到的現代性，同時也是殖民帝國時代中，在帝國內交流路線傳播現代知識、機構和物件的整體。自一九九〇年代後期以降，一些研究日本殖民帝國的學者在其著作中論述他們所謂的「殖民現代性」。這個名詞因其模糊不清而受到批評。一些批評家也擔心，這個概念對於那些極小化帝國主義暴力修正主義的歷史讀物而言，過於簡化。「殖民現代性」這個概念，特別在韓國的研究，是作為反對後殖民時代民族主義解釋的反駁，否認朝鮮半島在日本殖民統治下完全經歷現代性。在對於「殖民現代性」文學批評的評論中，板垣龍太聲稱歷史學家必須將人們在殖民地與宗主國的經驗結合起來，以重新思考這個概念。[27]為此，我改採用「帝

國現代性」一詞。當然，相較於「殖民現代性」，「帝國現代性」一詞的模糊性也不遑多讓。不過，它提供更全面的方式來表明帝國脈絡下的現代規範和形式，容納由多個帝國組成、更為廣大的多節點中的殖民地和宗主國空間。因此，我們可以看出它與自帝國崩潰以來一直處於統治地位的全球形式現代性之間的辯證關係。

　　為了說明這個辯證法，我們可以想到以簡單的全球現代性術語，即福澤諭吉所謂的「文明的利器」來思考：諸如鐵路、電信等整套投資，以及徵兵制軍隊或城市規劃等制度，通常是透過帝國內的交流擴散到全球——幾乎引進各地，而且被強制施行或採用；儘管會與本地元素混合，但一旦接觸，就絕不會對其徹底拒絕。相反地，帝國現代性形成了現代投資和制度的一個子集，這些投資和制度會透過並在殖民地帝國主義的力量內部傳播。一旦那將其強加給殖民地的殖民帝國崩潰時，其大部分會被拋棄。實際上，全球性和帝國是互相嵌入的。不過，我們仍可以透過建築和物質中截然不同的語彙，及其截然不同的主觀性和行為形式，來區分全球現代性和帝國現代性。憲兵、鎮壓行動、凱旋門、帝國慶典和遊行、被強加的對外國宗主表示服從和忠誠的儀式，及其他形式的帝國主義控制和思想灌輸，都屬於一種在二十世紀後半葉被貶抑為過時的現代性。儘管全球和帝國在其共構時期很難分開——這使得它們之間的區分多少有些人為的性質，不過實際上，許多要素隨後已經再經區分，因為在後殖民的過程中，制度及其物質遺存已經被篩選過，其中一些被保存，而另一些則被摧毀（圖3）。

　　我們也不應認為帝國與全球現代性之間的區別在於，本質上其中一個比另一個更為暴力。顯而易見的，現代軍隊和以石化燃料為基礎的工業——兩種最明顯的文明技術四處傳播，無所不往，而且在去殖民地化之後仍然繼續擴張——其所帶來的破壞證明了全球現代性所造成的暴力並不亞於帝國現代性。關鍵的區別可能在於，帝國現代性基於不平等的意識形態和政策，在某些情況下被迫同化，對

圖 3
被遺棄的帝國殘餘：一九一一年為
訪問印度的喬治五世舉行加冕儀式，
而在德里郊外建設的加冕公園（Cor-
onation Park）。印度獨立後，這裡集
中了大量殖民地時期的偉人像，成為
帝國的「墓地」。二〇〇〇年之後，
曾經有重新整修荒廢公園的計畫，
在其建滿一百週年前完成，但最終
卻未及時完成（John Eliott, "Delhi Marks
One Hundred Years of eReemergence' and
Bypasses a British Century," *The Independent*,
Dec. 17, 2011）

國家認同的衝擊更大。相反地，從意識形態來說，全球現
代性代表著一個普遍理想或承諾的燦爛群星：個人及國家
的自決權、物質進步、舒適及身體欲望的滿足。但是，由
於現實中一直存在著國家和個人之間的不平等，同時也因
為資本主義要求不斷創造新的欲望，以致這些承諾總是被
延遲。

　　弗雷德里克・庫伯（Frederick Cooper）寫道，帝國「不應
淪為將其權力投射到國界以外的國家政體」[28]。帝國特有
的動態形式政體特徵，成為二十世紀前半葉世界大部分地
區的社會和文化特徵。自二十世紀後半葉起，民族國家取
代帝國成為政治合法性支配的力量。並隨著後殖民時代民
族國家興起，帝國主義集體暴力的遺產在國際政治和歷史
書寫中被推向了前台。日本帝國主義在亞洲留下了迄今尚
未得到解決的人權問題。在亞洲和世界其他地區，揭示和
解釋帝國主義的不公現象仍然是一項關係倫理重要性的任

務。但是，如果現代帝國主義史學家將此作為他們的唯一任務，那麼我們可能將那段歷史侷限為支配與抵抗的二分法。在某些情況下，這也會導致國家認同的物化，似乎不論個人權利如何，只要承認民族國家權力，便是一種適當的後殖民時代正義。帝國主義和殖民主義仍以一種變異的形式伴隨著我們。在二十世紀帝國的更迭中，一個更動態的文化效應模式或許可幫助我們理解自身的現狀。

註釋

1. Antoinette Burton and Tony Ballantyne, "Bodies, Genders, Empires: Re-imagining World Histories," in *Bodies in Contact: Rethinking Colonial Encounters in World History* (Durham, NC: Duke University Press, 2005), 406.
2. Frederick Cooper, *Colonialism in Question: Theory, Knowledge, History* (Berkeley: University of California Press, 2005), 23. Cooper 引用了 Partha Chatterjee。
3. 譯註：本書中「現代」與「近代」的英語原文均為「modern」，「現代性」與「近代性」的英語原文均為「modernity」或「modernness」。為表述上的準確，翻譯時通常在敘述二戰以前的情況時，使用「近代」，在敘述二戰以後的情況時使用「現代」。
4. 木下直之，《銅像時代—もうひとつの日本彫刻史》（岩波書店，二〇一四）；平瀨禮太，《銅像受難の近代》（吉川弘文館，二〇一一）。
5. Bert Winther-Tamaki, *Maximum Embodiment: Yoga, the Western Painting of Japan, 1912-1955* (University of Hawaii Press, 2012).
6. 川村湊，《大衆オリエンタリズムとアジア認識》，收錄於《岩波講座近代日本と植民地》第七卷（岩波書店，二〇〇五），頁一〇〇。
7. 津野海太郎，《物語・日本人の占領》（平凡社，一九九九），頁七四一七五、八三。津野報告，在占領中國東北及南薩哈林島的蘇聯士兵中，也流傳著同樣的故事。
8. Mark Driscoll, *Absolute Erotic, Absolute Grotesque: The Living, Dead, and Undead in Japan's Imperialism, 1895-1945* (Duke University Press, 2010)。
9. Benedict Anderson, "Preface," *Anarchism and syndicalism in the colonial and postcolonial world, 1870-1940: the praxis of national liberation, internationalism, and social revolution*, edited by Steven Hirsch, Lucien van der Walt (Leiden: Brill, 2010), xxvii-xxviii.
10. 譯註：本書中出現的「單層別墅」均為對英語中「bungalow」一詞的翻譯。最初是一種英屬印度殖民地的房屋，後來在傳播過程中演變出多種風格，也可能擁有兩層。
11. Anthony King, *The Bungalow: Production of a Global Culture* (2nd ed.; Oxford University Press, 1995).
12. 橋谷弘，《帝國日本と植民地都市》（吉川弘文館，二〇〇四），頁七四。
13. 根據《台北市統計書》（台北市役所，一九三六）。
14. 從道德意義來說，混和種族的措施不應被視為同化、接受或大同主義。一九二三年關東大地震後，謠言引發的東京日本居民對朝鮮人的大屠殺，便是當時宗主國社會對殖民地人群冷漠心理的悲劇性證明。
15. 外務省通商局編，《海外渡航及び在留本邦人統計》（外務省通商局，一九三〇），頁一四一一五。
16. 朴宣美，《朝鮮人女性の知の回遊—植民文化支配と日本留學》（山川出版社，二〇〇五），頁二八。
17. 關於一九二〇年代東京台灣留學生智力經驗的討論，可參見紀旭峰，《大正期在京台湾人留学生と東アジア知識人—朝鮮人と中國人とのかかわりを中心に》，《アジア太平洋討究》第十五號（二〇一〇年十月），頁二〇一一二一九。
18. 實藤惠秀，《中國人日本留學史稿》（東京：日華學會，一九三九），頁三〇九一三一〇。
19. 西方知識體系的移植同樣透過帝國內其他的交流路線而發生。例如，蘭信三曾指出有大量台灣學生前往中國東北地區接受醫學訓練。蘭信三，〈序一日本帝国をめぐる人口移動の国際社会学をめざして〉，《日本帝国をめぐる人口移動の国際社会学》（不二出版，二〇〇八），頁一七。
20. Karen Thornber, *Empire of Texts in Motion: Chinese, Korean, and Taiwanese Transculturations of Japanese Literature* (Cambridge, MA: Harvard University Asia Center, 2009).
21. Michael Weiner, *Race and Migration in Imperial Japan* (London and New York: Routledge, 1994).
22. 關於《臺灣日日新報》，可參見李乘機，〈一九三〇年代台湾における「読者大衆」の出現〉，收錄於《記憶する台湾—帝国との相剋》（東京大學出版會，二〇〇五）。
23. 譯註：帝國美術院展覽會自一九三六年起至日本戰敗前一年的一九四四年，改名為「文部省美術展覽會」。
24. J. Thomas Rimer, "Tokyo in Paris, Paris in Tokyo," in *Paris in Japan: the Japanese Encounter with European Painting*, edited by Shūji Takashina, J. Thomas Rimer, Gerald D. Bolas (Japan Foundation, 1987).
25. 參見《東京.ソウル.台北.長春—官展にみる近代美術》（福岡亞洲美術館，二〇一四）中的文章、附錄、照片；Young-Na Kim, "Artistic Trends in Korean Painting," in Marlene Mayo, Thomas Rimer, and Eleanor Kirkham, eds. *War, Occupation, and Creativity: Japan and East Asia, 1920-1960* (University of Hawaii Press, 2001), 124-126; Wang Hsiu-hsiung, "The Development of Official Art Exhibitions in Taiwan During the Japanese Occupation," in Mayo, Rimer and Kirkham, eds., *War, Occupation and Creativity*, 103。
26. E. Taylor Atkins, *Blue Nippon: Authenticating Jazz in Japan* (Durham, NC: Duke University Press, 2001), 83-90.

27. 板垣龍太，《〈植民地近代〉をめぐって—朝鮮史研究における現状と課題》，《歴史評論》第六五四號（二○○四年十月），頁三五—四五。

28. Frederick Cooper, *Colonialism in Question: Theory, Knowledge, History* (Berkeley: University of California Press, 2005), 11.

帝国日本の

の

第一章
如何裝飾「洋館」、如何生活
「東方主義」是明治時代
上流社會的品味

生活空間

《婦人畫報》室內裝飾特刊（一九〇六年二月）封面，石川寅治畫。

這期特刊向讀者傳授「室內裝飾」此一新領域知識，
同時也提供窺探富豪和名流住宅的機會。
發行宗旨中寫道：「幸得上流社會的垂鑒，多有接近高堂玉殿之機會，
由此提出對其攝影的要求，均承蒙爽快允諾。」
這篇發刊詞誇耀了該雜誌的社會地位。

明治時代的上流社會吸收了維多利亞時代的許多流行樣式和品味。在居住建築方面,這點尤其表現在「西式風格」的樓房和客廳(「洋館」和「洋間」)的室內裝飾上。然而,這種西式風格卻無法單純地從意義上解釋為「西方的」。這些房屋大都由日本木匠所建造,從中表現出日本工匠一貫的建造技藝。房間裡經常同時配備國內和國外所生產的家具,還有日本、中國及其他亞洲地區的古董,都是依照當時日本人所理解的西式品味(或西式品味中某些被認為與日式品味相協調的要素)來布置和設計。我們必須承認,這兩個名詞──西式和日式品味──必須被視為不穩定的,兩者都在其互補發展的過程中取得定義。

這章內容主要是探索性的。我的探索開始於一期一九〇六年出刊的《婦人畫報》雜誌。《婦人畫報》從一九〇五年開始發行,此時正值日俄戰爭的高峰,隔年雜誌推出一期關於室內裝飾的特刊。這期收錄的圖片引發我們對於明治時代精英審美的選擇,以及全球帝國主義時代日本國內市場中物件、室內裝飾和攝影再現之間的關係的提問。首先我試圖將這些問題向前推進,並提出一些基模來整理我們的觀察。

這些問題的理論框架是關於「東方主義」。儘管冒著弱化愛德華·薩依德(Edward Said)論述微言大義的危險,我仍將東方主義視為一種以殖民方式看待世界的方法,也就是處置或解釋文化,將現有的政治權力關係合法化。[1]日本模糊的國際地位顯然讓薩伊德術語的運用更為複雜,而研究日本同時身兼殖民者和被殖民者身分的過程之所以有趣,正是來自這種複雜的情況。

自從明治時代結束以來,這些明治精英經常被描繪成膚淺的西方模仿者。西式房屋與女性的裙襯(編按:或譯「裙撐」)、男性的長禮服,都成為一種在政治上大膽、但文化上亦步亦趨的時代標誌。由於日本在修復和保存國家遺產的工作上有明顯進展,因此一些明治時代的建築現已被納入日本的經典建築群。然而,事後追認這些日本建築師

的原創性，卻不能改變那些對明治時代現代化追求者所抱持的基本觀點——將這些建築師視為「依樣畫葫蘆的人」，徒勞無功地努力成為西方，卻注定被西化。我們可以將這種對於明治時代的詮釋稱為「殖民地化日本」論述。在這種觀點下，西方是文化帝國主義者，而日本是被殖民的屬地。至今這種關於日本現代性的觀點依然大行其道。[2]

　　與此全然相反的觀點是，日本處於獨一無二的有利位置，可以吸收東、西方的文化知識和物質，並自由地從西方、中國、朝鮮及本土傳統汲取養分。若在某程度上這些挪用工作是重申日本帝國主義的擴張計畫、及日本在亞洲殖民者的角色，那麼我們可以根據薩依德的說法，將這個結果稱為「東方主義者」。

　　此二種審美評價的對立，最終似乎可歸結為爭奪表述權的問題。我們或許會認為日本或日本人（在此脈絡下，這兩者經常被混為一談）[3]掌握了關於日本性的表述，或認為這個表述陷入西方所主導的表述之束縛當中。不過，此一爭奪民族性表述權的問題，是將個體想像為只是民族國家的影子，是統治性被挪用的，或是被統治而衍生的。在日本欲於全球帝國競爭中爭奪一席之地的時代，民族問題當然是文化的每個領域中不可迴避的重大議題。事實上，個人品味取決於一組複雜的變數，包括地域、性別、世代、階級和社會地位。欲討論明治國家的模糊國際地位所帶來的文化影響，我們必須分析這種地位如何滲入國內社會的文化策略之中，以及國際政治秩序如何藉此在國內社會與文化階級制度中被重申、反射、甚至倒置的各種移置之手法。

　　一九〇六年的《婦人畫報》提供了一個關於機制運作的代表性節點，它是帝國場域中各種文化向量的交會點。雜誌的圖像鼓勵讀者超越殖民者與被殖民者的二元想像。在轉向東方主義和明治品味此一特定問題之前，本文先對這本畫報雜誌——作為政治結構中文化和審美移置作用的媒介——進行思考。這種移置作用出現了兩個秩序化原

則，其中一個或許可以被描述為拜物的，另一個則是殖民或東方主義的。第一個秩序原是以拜物對象取代個人和社會的關係。拜物是一種移置的形式，不論是馬克思所謂人與人之間的關係被誤解為事物之間的關係，或是佛洛依德以一個欲望物件取代另一個。而東方主義則是與另一種移置作用相關，其中國際政治秩序被誤認為是自然而然發生的。第二種秩序化原則反映出，全球霸權結構被允許轉移到國內政治和文化秩序之上這樣的誤解。不過，單單對這些原則的說明並不能回答我最初的問題。為此，我們還必須試著對明治時代室內裝飾的實際語彙及其圖像再現更仔細地解讀。

媒體：《婦人畫報》

　　一九〇六年二月，《婦人畫報》在創刊後第二年出版的室內裝飾特刊中，前二十頁刊登了富麗堂皇的室內裝飾照片，主要在展示日本貴族名流宅邸的起居室。[4] 該雜誌的命名告訴我們關於它的兩個基本資訊：瞄準以女性為主的市場、向她們推銷複製的影像。日本的印刷資本主義從此快速壯大，一八八〇年代開始在那些曾經於新的高等教育機構接受教育的資產階級女性讀者中發現潛力無窮的市場。後來，大宅壯一向記者描述當時受過教育的婦女購買其產品的情況，有如「發現一塊廣闊的新殖民地」。[5] 殖民化出版商的興趣不限於國內市場：一九〇七年，「婦人畫報」這個刊名被簡單地改為「東洋婦人畫報」，而通常會以日文和英文標示的照片標題也加上了中文。

　　《婦人畫報》遵循了美國期刊如《戈迪女士手冊》（Godey's Ladies' Book）及一些日本出版前輩所證明的成功公式，在內容上結合娛樂和教育。除了小說、對於高等女學校活動的報導與時尚之外，前三期雜誌的內容也包括一位男性醫生對於婦女衛生、大山侯爵夫人對於戰爭時期日本女性責任的觀點，還有一些男性作家探討關於身為一名好妻子的特質。上流社會的家庭照片，是這本既非第一本女性雜誌、亦非最暢銷的《婦人畫報》之獨特賣點。分別創

刊於一九〇一年的《女學世界》和一九〇六年的《婦人世界》，是當時女性雜誌中發行量最大的，都是如同《婦人畫報》一樣附有圖版的月刊雜誌。一九一一年在東京書店所做的女性雜誌銷售量調查顯示，《婦人畫報》的銷售量落在這兩本雜誌之後，名列第三。[6] 大量使用高品質的複製照片，這在當時深具新鮮感，也讓《婦人畫報》在表現風格上與其競爭對手有所區別。珂羅版（collotype）和半色調（halftone）印刷這兩項成功地讓照片影像向大眾行銷的關鍵技術，在一八八〇年代晚期引進日本。第一本明確地以照片複製為賣點的期刊是《戰爭畫報》月刊，這本雜誌轉載一八九四至九五年中日戰爭期間拍攝自前線的照片。其他大眾期刊也開始流通一些不那麼戲劇性的照片。

當相機鏡頭轉向國內主題時，照片的複製技術將社會地位轉化成名流。《太陽》第二期（一八九五）特別刊載一張大隈重信伯爵與妻子、母親合影的照片（圖 1），預告這類精英家庭的肖像照即將填滿《婦人畫報》。[7]《太陽》的讀者一定早已認識身為政治家的大隈，而這張肖像照則是向他們呈現這位政治家私下的一面，讓他及其家人舉止和外貌上的細節成為其公共形象的一部分。《婦人畫報》將這種公式轉變為其特長，將貴族們塑造為流行人物和社會模範，同時利用他們的富裕形象來銷售雜誌。

特別要指出的是，這些被拍攝的人物不只是一個被製造的名流（當然，歸根究柢，所有的名流都是被製造出來的），同時也是一個貴族階級的新成員。一八八四年，明治政府依照歐洲模式，將武士和朝廷成員中的精英家族統一為單一貴族階級，然後開始根據其對國家的貢獻，授予政治家、士兵、商人爵位。[8] 畫報展示了這個當代複合精英階層的財富和地位，就如同加強官方監督並將社會底層暴露在大眾視線下的治安攝影與貧民窟調查報告（圖 2），是構成新的社會秩序再現不可或缺的部分。[9] 藉由採用明治時代寫頭們所創造的貴族頭銜體系，將其轉換成名人的幻想境界。該畫報進形「拜物化」，由具吸引力的個人和家族圖像取代新政權所創造的關係結構的政治現實。

圖1　大隈伯爵（右）與妻子、母親（《太陽》，一八九五年二月號）

圖 2
選自雅各・里斯拍攝紐約貧民窟的攝影名作《另一半的人如何生活》。雖然里斯並沒有記下這些人的名字，但就如同時期的照片雜誌製造的「名人」一樣，里斯的照片將這些「無流」人們的臉龐、身體和私生活模樣都展現在公眾面前。這本書於一八九○年發行第一版，大約二十年後，照相機也探入日本的貧民窟。

秩序化原則之一：天皇的櫥櫃

　　《婦人畫報》的第一層含義表現在圖片排序和呈現方式上。照片的整體編排反映出明治社會以天皇為中心的階級秩序。典型的雜誌是以皇室公主和王子的個人肖像開始，然後是根據爵位排列貴族的個人和家庭肖像，最後則是平民家庭。這期室內裝飾特刊也是以同樣的方式構成其內容。這種模式也可在同時代其他出版品中看到——例如介紹流行趨勢的家政手冊。但在室內裝飾特刊中，《婦人畫報》以一種特定的方式複製這個社會秩序，傳達出垂直階層社會存在之外的意義。貴族宅邸中私人房間的攝影作品為讀者提供裝飾自己家居時的樣式。不過，也許更重要的，如同雅各・里斯（Jacob Riis）著名的攝影作品《另一半的人如何生活》（How the Other Half Lives）向美國資產階級的讀者揭露一個隱密的世界，《婦人畫報》也向非貴族階級的讀者大眾展示這個國家精英神秘的家庭世界——另一半的人如何生活。[10]以無人在場的室內裝飾照片代替常見的貴族及家人肖像照，這本雜誌進一步地拜物——以宅屋和財物的瞥視取代趨炎附勢之欲望難以實現的親密接觸。例如，受到大眾歡迎的大隈伯爵，在此並非以其個人模樣呈現，而是藉由布置完善的客廳，展示其以層墊作為座椅（大隈在一次暗殺行動中失去一條腿），以及在照片

圖 3
大隈伯爵及夫人之起居室（《婦人
畫報》室內裝飾特刊）

中清晰可見、圖說中也明確提及妻子的繡花台等私密細節
（圖 3）。

在這一系列圖片中，為首的前三頁展示的是一件皇宮
家具照片。或是由於宮內省的限制，雜誌並未描述皇宮本
身。這件被稱為「帝室御用家具」的櫥櫃，是由東京美術
學校教員設計，花費十年時間和三萬日元的經費製造。冷
靜客觀、紀錄片的影像風格，使得這件裝飾性櫥櫃格外引
人矚目——獨立一處，占滿版面，後方的屏風阻止了任何
有關它被放在何處的判讀（圖 4）。相較之下，該期雜誌
其他圖片都有寬闊的室內空間。從三個不同角度拍攝這件
櫥櫃的照片，提供該雜誌所有圖像中最為詳盡的細節。繼
兩張櫥櫃外觀的照片之後，第三張照片展示這件櫥櫃的正
面，櫃門被打開，露出空櫃子裡的飾板（圖 5）。如同神
社最深處的房間內看不到任何聖像一般，空無一物的櫥櫃
內部使皇室的神秘感不致因為對任何有形物體的崇拜而受

圖 4
帝室御用家具（《婦人畫報》室內
裝飾特刊）

到影響，也讓這件櫥櫃更顯迷人。被隔離著，又缺乏日常脈絡，天皇的空櫥櫃散發著令人敬畏的距離感。同時，對其細節的呈現與照片媒體本身，都提供了能讓讀者凝視穿透、完全可知對象的一種內在幻覺。圖說文字宣示著東京美術學校及工匠們以十年時間、花費巨資所維護的皇室權威。當一件皇室物件（有意思的是，這是一件個人物品收納處）以這種形式被展示時，便透露出多木浩二與藤谷曾經討論關於天皇為人的表述方式，延伸至對於建築和室內布置的謹慎管理，只允許讀者觀看櫥櫃，與其說皇室和《婦人畫報》隱藏了天皇，不如說是展示了天皇的不在場。[11]

在接下來的四張照片中，持續可見的是當時對皇室宅邸的圖像管理原則。這些照片展示著皇室旁系成員東伏見宮親王及王妃的個人住所。房間風格是德川和明治時代宅邸建物中常見的書院式[12]，沒有任何西式家具。與該期雜誌中其他非皇室的室內裝飾相比，這幾處房間有更多的篇幅，卻相對比較少的說明資訊（圖6、圖7）。接下來是兩位非皇室血統公爵——岩倉公爵和二條公爵的宅邸，都各

圖5
帝室御用家具（《婦人畫報》室內裝飾特刊）

圖6
較大且鋪有黑色皮毛的東伏見宮親王起居室（《婦人畫報》室內裝飾特刊）。

有一張內部照片和一張外觀照片（只有這兩張外觀照片是印在蠟光紙[13]上）；緊接著是按爵位排列其他貴族的住宅，以及商業巨頭大倉喜八郎的宅邸（唯一被印在蠟光紙上的非貴族住宅）和私人博物館。東伏見宮親王宮殿沒有附上外部景觀，首見外部景觀展示的是岩倉公爵宅邸。除了一位侯爵（比公爵低一等的爵位）的宅邸以外，其他圖說都沒有關於房間審美特徵的評論。

　　東伏見宮親王宅邸的照片與其他圖像的呈現方式不同，照片中的室內裝飾風格簡樸（這些房間是作為日常起居而非待客用），不僅成為家居裝飾的典範，更是其高貴居住者身分的一種轉喻。更為抽象、更加脫離日常的手法，讓天皇的櫥櫃確立其貫穿一系列圖像秩序化原則的基礎。如果每一張圖像中物件的集合都代表著它們的主人，那麼這件櫥櫃的意涵最為深刻，其他圖像則逐漸趨於普通——可見和可知之間只有細微的差異。因此，這些圖像不僅遵循等級秩序來說明帝國官方階級制，更以明確的再現語彙來加以闡述。隨著爵位級等下降，呈現品質（例如紙質、

圖 7
東伏見宮親王妃的起居室較小，鋪有白色皮毛（《婦人畫報》室內裝飾特刊）。

圖像大小及所占篇幅）也轉為低劣；而圖像及圖說內容則相反，隨著級等下降，展示內容由孤立的物件到具有更多的空間脈絡（包含外觀照片），展示內容也更為多樣，圖說內容增加了圖像物件與其主人相關的評論（包含對於個人品味的提示）。以比喻來說，皇家櫥櫃或許可以被解讀為主神物，從這個空虛能指生產出其他的能指。[14] 這種將明治寡頭創造的政治霸權體系移置到物件再現的手法，應該被視為《婦人畫報》及其攝影師的創作，並非帝國法令強加；也不是「民族主義者」編輯的希求，而是源自帝國內製造和行銷名流的一種策略。

秩序化原則之二：天皇的鞋子

自從一八七二年穿著西式軍裝的明治天皇首次出現在日本民眾面前，便從未在公眾面前脫掉他的鞋子。這項政策（一直延續到最近）為涉及這些室內裝飾本身的文化決定因素——即第二個「秩序化原則」——提供了一個象徵性的起點。天皇的鞋子同樣踩踏在室內和室外，將「文明」——在日常實踐與再現層面上作為明治社會中運作的物質和空間秩序原則——的自我殖民過程體現得淋漓盡致。

在日本，鞋子對於室內建築形式有著非常直接的影響。為什麼第一代明治貴族要建造西式樓閣？答案不能被簡單地歸結是西方的時尚。事實上是出於商務和外交要務正式接待的需要，而決定了對於這種房間的需求。在這裡，時尚與必要的需求是分不開的。只要日本仍將不熟悉的習慣強加在西方人身上，在西方列強眼中，那仍是異域、東方化，也是不平等的。關稅自主和治外法權的議題潛伏於日本主人每一次和西方訪客的會面中，直到十九世紀末（有些情況還要更晚發生）。會面時，禮貌、舉止、菜肴、服裝以及室內裝飾形成一個完整而清晰的整體。德川幕府在外交舞台上採取了不同的方法，其儘可能地維持自身的禮節，而明治政府則是採取挽回顏面的做法——從天皇西化的外表便可以體現這一點。從此以後，日本透過將國際帝國秩序的要求和構造移置到其國內社會，以參與這種秩

序，這就是明治政權所謂「西洋模仿」的核心。相較於來
自日本土地上外國人的直接壓力，這種移置正是第一代貴
族西式樓閣出現的原因。特別是這些樓閣大都用來接待外
出巡幸的天皇，這個事實更具體地證明了這一點（圖8）。[15]
不管皇帝走到哪裡，他的新鞋都需要有代替榻榻米墊而鋪
上木地板和地毯的西式房間（這點根植於該國行為舉止最
深的習慣——室內禁止穿鞋）。當然這些為天皇而造的房
間也服務公眾（由君主與新生的資產階級所體現出的公
眾）。正如藤谷所觀察到的，天皇對地方的巡幸標示出國
家的版圖。同樣地，穿著西服的天皇造訪精英宅邸時，也
將文明刻印在這些宅邸的室內裝飾上。

　　明治君主制巧妙地將本國傳統元素（經常是局部創造
卻呈現為永恆）與現代西方王室浮華誇大的排場結合在一
起。本土與西方融合的說法，早在明治維新前就已存在（佐
久間象山在一八五○年代便創造出著名的「和魂洋才」一
詞），並非日本獨有。[16] 這種修辭通常受到單一原則所支
配，即特權的一種本質性本土精神（或者更準確地說，是
想像出這種精神並賦予其特權），是為了對抗現代西方的
衝擊而被保存下來的。如同帕沙・查特吉（Partha Chatterjee）
為十九世紀印度所提示的，對被殖民的知識份子而言，這
是一個根本性的論述。[17] 在日本，經過神聖化的帝國傳統
掩蓋霸權以滿足國家的需要。此外，本土精神論說（和天
皇的神聖形象）也滿足了透過神聖國家標誌合法化自己的

現代化精英（包括女性雜誌的出版者）的更廣泛的需要。

　　《婦人畫報》室內裝飾特刊揭示皇室貴族在展現現代文化的同時，也擁有保留文化精髓的特權，他們的宅邸實際上是在天皇領導的「文明化」進程中被殖民化的，藉由西方物質詞彙投射出他們自身在國內社會中的地位。天皇裝飾性的櫥櫃與東伏見親王宮殿日式風格部分的照片，反映出這種政治秩序及其文化逆向的重疊。這個櫥櫃是一件本土工藝製品，與缺少椅子、地毯以及其他西式標誌的宮殿室內裝飾，都是有別於該期雜誌中其他被拍攝的物件。這些本土設計獲得地方上的驕傲，但與其他圖像所提示的時尚論點相距甚遠——在該論點中，西方性占有統御的地位。本土美學雖被遏制為傳統，但因為受到帝國遺產神聖位置的保護，而被允許在一片脫離政治必然性與時尚變遷的永恆領域中，戰勝西方文明。

　　原本反映西方與日本之間的物質修辭，轉移到君主與國家之間的關係上，因而改變了其他關係的條件。總體來說，西式的服裝、家具和建築，在生產、取得和維護上的成本較高，這個事實影響了階級統治的修辭，使得那些展現新政府世界主義精神的國家精英同時，也展現權力與財富的新的關聯。[18] 性別也受到同樣的影響：西方性成為男性大眾的修辭，日本性則變成一個私人領域，被重構為女性的。《婦人畫報》特刊大多數照片中的會客室是屬於屋內的半公共空間，它們主要被配置為洋間（西式房間），其中男性的能指居於優勢。

　　然而，西方關於室內裝飾的著述使得洋間的性別性質更為複雜，因為它們傾向由女性來裝飾整個住所。這個問題因著「座敷飾」——最接近西方室內裝飾藝術的日本技藝——這個習慣上是由閒暇男性所從事的活動而加劇。[19] 參考西方女性雜誌和家政手冊的類型，《婦人畫報》將室內裝飾描述為女性的任務，但同時透過主要由男性作者所提供的文字意見，再現了移置到性別關係中的殖民關係：男性權威指導婦女，並在本土保留給女性的範疇內建構出

圖9　大鳥圭介男爵與孫女（《婦人畫報》一九〇六年四月號）。

西方男性的場域。

　　一九〇四年四月號《婦人畫報》以大鳥圭介男爵討論
室內裝飾的文章作為開頭。大鳥男爵敦促日本婦女學習西
方婦女，將室內裝飾納入她們的日常責任中。他勸勉讀者：
房間的裝飾可以向客人傳達主人的品格與性情。接下來，
他說道自己承擔家中所有室內裝飾的工作。隨附的照片展
示大鳥宅邸中的日式和西式客廳，以及大鳥本人穿著非正
式和服，與他的孫女一起坐在西式房間內的沙發上。該房
間放置了五張以上的動物毛皮，分別鋪放在地板上以及椅
子上。這種富野獸氣息的環境喚起野性與狩獵，傳達出男
爵的男子氣概。而男爵與其孫女一起拍攝的目的，應該是
為了柔化他在女性讀者眼中的印象（圖9）。鬍鬚作為男性
身分的身體特徵，與主人所擁有的動物毛皮有聯繫，在前
一代的日本人看來，男爵濃密的鬍鬚顯得很野蠻。不論大
鳥男爵本身是不是獵人，老虎與豹這類不存在於日本境內
的動物暗示著異國的征服，進一步強化了讀者的印象。[20]
在金子堅太郎男爵的客廳中，一張豹皮鋪展在地毯中央，

圖 10
金子堅太郎男爵的客廳（《婦人畫報》室內裝飾特刊）

隔扇上所繪的一隻生動的鷹、一張堆滿著皮革裝幀厚重書籍的小茶几，以及一張桌子上的羅馬胸像，進一步強調出主人的陽剛之氣（圖10）。東伏見宮親王及王妃客廳中的特色是一對「夫妻」熊皮，親王的那張較大，呈現暗色，而王妃的那張較小，呈現白色。相較於非皇家的大鳥和金子房間中大量的動物毛皮，顯然是透過征服野性的自然來表達男性特質——這是屬於維多利亞時代西方男性的語彙，而皇室室內裝飾對性別的表現則顯得較為含蓄。

　　一些女性的接待室也出現西式和日式裝飾風格，只是女性的西式房間傾向配備更小、更輕的家具和無扶手椅，也更常運用本土的美學圖案。小笠原伯爵夫人客廳的簾子、桌布和室內裝飾品，都帶有日俄戰爭期間所恢復應用於和服布料上的元祿圖案。這種對於歷史題材的挪用手法將這間房間的性別定義為女性，因為男性的西式商務禮服已經開始採用女性傳統服裝的裝飾圖案。此外，大倉夫人的客廳中有一張平安時代宮殿建築中常見的立式絲綢屏風（幾帳），可以追溯到與女性氣質裝飾物相關的古典時代。因此，天皇的西式鞋子所展現的生活環境殖民地化，透過內在美學論述的調節，由異國和本土、當代和古代的物件與圖案所建構的性別語言重新排序。

　　然而，在我們假設天皇的鞋子作為秩序化原則的概念，其主要或完全是在隱喻層面上運作前，讓我們先前思考一個實際的問題：《婦人畫報》中西式房間的主人或一般訪客是否會在房間中脫掉他們在室外穿的鞋子？當然基於現今日本人的做法，我們理所當然地預期這些人會脫掉室外穿的鞋子，換上拖鞋，然後踏上木地板或地毯。

　　在日本屋內脫掉戶外鞋，確實是日本明治維新時期西方遊客普遍同意遵守的極少數習俗之一——即使十分不情願地。西方遊記作家在一八七〇年代和一八八〇年代曾描述不得不坐在橫濱商店榻榻米地板邊緣以避免要脫下靴子，或者讓僕人或「苦力」為他們脫鞋這種麻煩事。

當然也有一些例外：美國旅行見聞錄《兩個青年人在日本和中國之旅中的冒險》（*Adventures of Two Youths in a Journey to Japan and China,* 1879）曾向讀者解釋，在日本的房子裡脫鞋才是禮貌，不過通常只要他們將鞋子清理乾淨，主人還是會允許訪客在室內穿著鞋子。一八七六至七七年到訪日本的英國人克里斯多夫・德雷瑟（Christopher Dresser），曾抱怨他同胞中有某些商人「大喇喇穿著大靴子走進（商店），踩在地板上，好像他們的目的就是要破壞這些榻榻米」。據稱發明日本拖鞋的裁縫師德野利三郎最初在明治初期製造這些拖鞋的目的，就是為了讓西方人可以穿著在室外穿的鞋子再套進這些拖鞋中，如此一來，他們就不用在室內脫鞋，所以這拖鞋並非是脫掉鞋子後才穿的。這些西方人不脫鞋進入室內的例子，似乎證實了政治權力與日常生活之間直接的相關性。生活日常中有某種合法的治外法權確實適用於西方訪客，如同法律層面上的治外法權適用於西方人一樣（圖11）。

　　實際上，這種關聯並不簡單，因為確實是天皇而非幾個麻煩的外國人，開始將內飾和鞋類習慣西化，並為上流社會樹立規範。我們可以想像日本人在房子裡穿著鞋子有多難受，因此才產生在洋間換穿拖鞋的做法。不過，拖鞋現今的角色似乎還要再過一段時間才出現。

　　根據明治時代房屋洋間或洋館特殊的公共功能，穿鞋和脫鞋之間的空間界線劃分與現今不同。例如以下這段來自一八九八年，在第三次伊藤博文內閣擔任文部大臣的社會改革家外山正一的一段聲明：

　　作為國民的風俗，至今為止，並無向家中吐唾沫或吐痰之事，而是手持痰罐，吐入其中。如今，即使是身居相當高位、高官堂堂之人都在家中隨處吐痰、吐唾沫而毫不在乎。我曾屢次見到有頭有臉的人物往漂亮的地毯上「呸呸」地吐痰，然後用鞋子去踩他們吐的痰，而這種習慣歸根究柢應是開起於人們開始穿著沾泥的鞋子進入自己家中以後。不過在西方，人們卻不做這樣的事。西方的街道都

圖 11
流行於一八九三年的西式鞋子（出自《東京百事流行案內》，收錄於《日本現代思想大系二十三——風俗、性》（岩波書店，一九九〇年），其中大都是不坐下來便很難脫掉的繫鞋帶或有較多紐扣的類型。

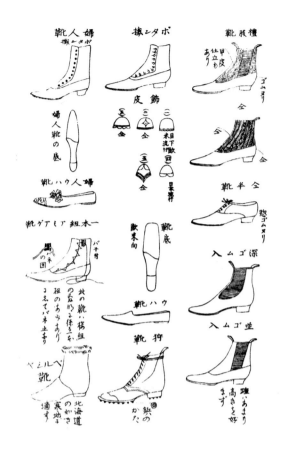

很乾淨，即使鞋子上稍稍沾些泥土，穿著它進屋時也不會將室內弄髒。[21]

　　他聲稱問題不在於這種做法本身，而是日本的街道並不像西方那樣乾淨這個事實。外山的抱怨暗示日本男性將洋間視為一種戶外空間，而不僅僅是以西方美學覆蓋在當地習俗的一個家居空間。雖然，外山指責的對象可能是在西方學會了這些習慣（外山也將吐痰稱為「應當還給西方的陋習」），但是讓他們以這種方式對待自己的居家卻不是來自西方遊客的壓力。相反地，這是因為洋間是在私人居家概念中包含一小塊概念上「西方」思維和行為的新習慣而隨之而生的（圖12）。

　　外山在一場關於日本社會該如何因應正在逼近的「內地雜居」的辯論中，寫下這段批評。當時，隨著條約的修

訂，外國人能獲得條約中規定的港口之外居住和擁有土地的新權利。對於外山這樣的社會改革家來說，問題不在於如何阻止西方列強進一步殖民日本，而是當整個日本都將處於都會文化空間的時代中，該如何糾正本土的和西方的日常生活習慣。隨著時間的推移，最終出現在日本大多數家庭的解決方案是更重視本地的習慣，也就是隨著在洋間使用拖鞋成為一種標準做法後，在整棟房子內脫鞋的要求讓家中空間私有化。然而，在這個過渡階段中，日本精英對於家居的觀念仍然不斷變化，被弄髒和未被弄髒空間之間的界限是政治的，仍處於待被確定的過程。即使在西方人同意脫掉他們鞋子很久之後，天皇依舊穿著他的鞋子。看起來，金子、大隈以及明治末期精英圈男性同僚都恪遵了他們君主的榜樣，繼續在一些房間內穿著外出鞋。

圖 12
穿著和服的女性在上級武士宅第的正門鋪板上迎接穿著西服的客人（高橋文次郎，《小學女禮式訓解》，平城閣，一八八二年）。明治時代的禮儀指南書為一般國民（尤其是女學生）重新制定武士階層的慣常做法，並將「洋」與「和」之間的對立放置到上下關係之上。

各種東方主義

這些房間所提及的裝飾語言——物件的選擇與放置、表面的處理——是如何表達國家與帝國？在這裡，我們要回到文化產品與東方主義關係的問題上，在那裡，是以重新確認政治支配地位的方式來擺設物體。明治日本東方主義的凝視或許是沿著文化—政治關係的三種可能軸心移動：面對亞洲大陸的軸線〔表現在史代芬．田中（Stefan Tanaka）於《日本的東方》（Japan's Orient: Rendering Pasts into History）一書中分析的「支那學」社會科學〕、面對西方的軸線（西方主義反轉的異國情調），以及以漸進的方式面對日本自身的過去。[22]

這些照片發布於日本甫獲帝國榮耀的初期。我們不應該假設日本在亞洲其他地區獲得軍事勝利及奪取新領土時，能立即在新的領域中充滿自信地東方化。[23] 日本在亞洲的地位仍不確定。在藝術的領域中，中國的影響極為廣泛且獲得認可，至少中國繪畫在收藏和鑒定界占有一席之地，而且往往比其他作品更受珍視。《婦人畫報》室內裝飾特刊中就有一頁重製秋元子爵夫人所擁有兩幅中國繪畫的照片。圖說將這些畫命名為宋代畫家所屬，並將這些畫作標為「名畫」。這是該期唯一占滿一個版面的作品。[24]

然而，在該刊中，我們可以發現西式室內裝飾展示與日本物件在一處的中國文物數量之多，暗示這些都是收集來的戰利品。在商業巨賈大倉喜八郎私人博物館令人驚歎的內部裝飾照片中，有來自日本、中國，以及來源不明的物件，被置於充滿泛亞洲幻想的氣息、異國情調的建築環境裡。有關這座博物館室內裝飾的三張照片中，展示了一座德川家廟的局部，其兩側放置著兩座來自其他地方的佛像；一條走廊的外部展示著建築師對於柱子、橫梁以及細木配件的特殊裝飾（具有中國、蒙古，以及可能是古代日本的色彩）；還有一個大型銀飾花籃雕塑，被放在兩把可能是中國製的座椅與據稱是來自豐臣秀吉聚樂第宮殿的彩繪屏風前，其中的花朵是用水晶球製成。[25]

　　該期雜誌還有一張大倉家餐廳的照片——一間西式餐廳的房間混有本土建築的元素以及看似來自中國的小藝術品。其中最顯眼的是自然與現代科技交織在一起的造作展示：一棵藤蔓植物從桌子正中央爬行向上，上面掛著一串串裝著電燈泡的假葡萄（圖13）。炫耀技術與泛亞洲審美華麗濃重的奇特結合，使人聯想起岡倉覺三理想化「東洋」的東方主義，其中日本具有既為向亞洲傳播文明與啟蒙福音的傳教士，又是「亞洲文明博物館」的獨特地位。[26]

圖 13
大倉邸餐廳，其中葡萄造型的電燈十分搶眼（《婦人畫報》室內裝飾特刊）

日本的公共論述透過將西方人和物件當作是與東方或日本對立的單一整體的一部分，將其在論述中普遍性的「西方化」。在明治時代對西式室內裝飾的描述或規範中，西方性被以「濃厚華美」這類形容詞刻板地定義，與日式「淡而精」特色形成對比。[27] 這種西方主義讓日本在謀取帝國權力的軍事和外交競爭之外所穿插的文化雜耍中取得勝利。

　　正如《婦人畫報》所展示的，從最富有、地位最高者的宅邸完全西式的室內裝飾可以看到：明治西方主義的西方性不僅體現在描述的語言中，也體現在對西方物件的處理方式上。由於在經濟條件允許的情況下，也出於對正式禮節的需要，這些房子裡會有一間融合本土生活習慣或工藝的洋間。這些房間中的西式家具確實沉重，而且似乎大多數是為了對照日式室內裝飾特色而選用，故沒有受到同時期歐洲正在流行的不那麼笨重又繁複的家具風尚之影響（如圖 14 中的黑田侯爵宅邸）。家具不僅是裝飾，也塑造人類如何占有空間的方式。這種嚴格的對比，將東、西方的兩極，轉化成適應和實踐〔布迪厄（Pierre Bourdieu）稱之為身體習性（bodily hexis）〕，決定主人和客人之間相遇的方式。西方會客室中不規則分散的椅子和沙發陣列，似乎要求訪客採取不同於日本「座敷」（鋪有榻榻米的會客室），而是平面、簡單性質和直線、清晰的行為模式。在那樣的空間，鄰近對應於社會地位的「床之間」，提供了即時定位；而缺乏大型固定家具的地方，社交互動的微妙則依賴空間的身體定義，從牆壁、門檻、「床之間」，以及房間裡其他人的相對位置而定。從日式待客做法的角度來看，照片中三間宅邸中的圓沙發或許是這些洋間中最引人注目的反常之處（圖 14）。一間座敷（不管面積有八十塊榻榻米還是兩塊）是主人與客人會面最重要的地方，因此身體的方向性也是至關重要的。相反地，很難想像沒有方向性的圓沙發的正確使用方法。不過，如果圓沙發只是用來填補空間，使其和諧，並讓一個西式房間看起來應有盡有，那麼，雖然它並不適用於日式社交情境，卻不可思議地符合洋間的異國情調——不僅僅是外觀，也存在於其

所需要的陌生空間輪廓線的物理性接觸與處置中。

　　直到目前為止，我一直迴避處理對品味來說是初步且
決定性的問題：帝國究竟是如何取得這些圖片所展示的物
件？談到帝國主義與藝術，就必須提到掠奪。日本帝國主
義與日本帝國房間裝飾的物件之間沒有直接關係嗎？要回
答這個問題，我們不僅需要知道更多有關這些宅邸中物件
的資訊，也需要知道在整個日本，一般私人收藏家具及藝
術品的來歷，包括皇室收藏品。

　　雖然我們對雜誌所展示的收藏所知有限，不過大倉宅
邸的收藏提示我們，日本實施帝國皇權這個事實對國內家
居裝飾物件有著直接影響。《婦人畫報》攝影師到訪時，
大倉才剛開始收購中國美術的收藏品（圖15）。大倉一開
始是一名軍火商，一九〇〇年，他轉而專注在中國擴展其
商業帝國。[28] 當時中國的政治混亂為他提供大規模收購的
機會。該博物館於一九三二年印刷的小冊上提到，他在義
和團事件時購入絕大部分的收藏品，並聲稱這樣做的目的
是為了阻止它們被帶到西方去。[29] 在帝國主義列強鎮壓義
和團後，隨即發生現代歷史上一次最為肆無忌憚的掠奪事
件。西方將這次大肆搶掠的報導描述為日本士兵對中國藝
術品和古董特別感到興趣。日本軍隊進入天津時，其指揮
官甚至發布指令，根據戰利品後續處理的方式而進行排序

的方針，排序第一的是優先考慮獻給皇室的上品，其次是在博物館和學校紀念展示的物件，再則是保留為軍官獎勵的物品，以此類推。不過，掠奪行動實際上是否確實以這種井然有序的方式進行？令人懷疑。[30] 大倉博物館小冊並沒有說明大倉的中國古董是透過何種途徑取得，不過大倉本人確實是在義和團事件兩年後才來到中國。他的回憶錄曾描述，其絕大部分收藏品都是從停泊在長崎的西方船隻那裡收購來的。[31] 只不過日本在鎮壓義和團和清朝崩潰時所扮演的角色，不僅影響日本人對中國的看法，也影響日本的中國古董市場，還延伸到日本資產階級的室內裝飾。同一時期，住友家族積累了世界上數一數二的中國青銅器收藏。毫無疑問地，我們也可以在明治時代實業家中找到其他例子。另一方面，鑑於日本與中國和韓國的貿易歷史悠久，沒有理由認為那些世系較為久遠的貴族家庭所展示的中國古董收藏（例如秋元子爵夫人的繪畫）都是明治帝國主義的掠奪品。[32]

　　在朽木百合子關於國際古董交易商山中商會的研究中，揭示在二十世紀動盪的前十年，中國古董流入日本和西方市場的一條重要路線。大阪古董代理商繼承人山中定次郎、繁次郎兄弟於一八九四年登上一艘從橫濱駛往溫哥華的蒸汽船「中國皇后」號，然後乘坐火車前往多倫多，最後抵達紐約。在那裡，他們受到歐尼斯特・費諾羅薩（Earnest Fenollosa）、威廉・斯特吉斯・比奇洛（William Sturgis Bigelow）和愛德華・莫爾斯（Edward Morse）[33] 的幫助，開始經營一家販賣中國和日本藝術品的商店。正值世紀之交，日本商業界的茶道愛好者開始投入更多金錢，以及一八九七年的《古社寺保存法》限制宗教塑像的流通，致使日本古董的價格飛漲。與此同時，正如朽木的研究，中國政治的混亂導致中國市場上的物件數量「呈指數般」增加。有記錄顯示，山中商會在一九〇一年時已經在中國營運一個採購部門。一九〇二年，波士頓收藏家、親日人士，同時也是岡倉覺三的友人伊莎貝拉・史都華・加德納（Isabella Stewart Gardner），為了裝飾其宅邸中正在建造、飾以混合中國和日本物件與圖案的「中國室」，於是向山中商會購買六

圖 16
伊莎貝拉・史都華・加德納宅邸（波士頓）的「中國室」

尊超過十英尺（一丈）高的大型中國青銅佛像（圖16）。這些銅像來自山中商會由中國購入的一組十八尊佛像。據說它們是德國軍隊在義和團事變時掠奪來的。其中十二尊流到了日本，剩下的六尊則去了波士頓。自然地，中國古董的流向會持續下去。一九〇八年後，山中商會在美國的拍賣紀錄顯示，當時該店銷售的主要是中國藝品。[34]

　　當然，我們在圖片中看到的物件沒有一件是從西方掠奪來的。相反地，至少在明治時代初期，日本人想要獲得進口西方家具和幾件藝術品的難度，遠遠大於西方人取得日本藝術品。值得注意的是，在這裡我們沒有看過西方建築的微縮模型（相較之下，微縮佛塔是西方流行的商品，特別是在世界博覽會日本專賣店中所販售的，圖17），也沒有西方宗教藝術品（佛像是被出口到西方的收藏品），只有少量的油畫。這樣的差距標誌著這些房間就像是在被歐洲定義的世界文化秩序中掙扎的二流大國。

　　只有少數的室內裝飾確認是展示著帶框油畫。幾個室內裝飾的牆上展示了有框圖片，大部分都很小，而且看起來裡面所裝裱的是照片。只有金子男爵宅邸中展示了一幅相當大的油畫。同樣重要的是，圖說特別提到十多件日本和中國畫家的作品，卻完全未提到油畫或油畫家。

圖 17
作為美術品的五重塔（一九一〇年代，巴爾的摩華特斯美術館藏）

在日本，正規的油畫訓練隨著一八七六年工部美術學校設立而開始。一八八〇年代，隨著作為與「日本畫」競爭的類別而出現「西洋畫」一詞，成為油畫的常用名稱。一九〇七年，《婦人畫報》推出室內裝飾特刊後一年，這兩個術語成為新政府主辦帝國美術院展覽會（帝展）的作品提交類別。[35] 但《婦人畫報》圖片中油畫的相對缺席暗示著，至少油畫在這些日本高級資產階級家庭的私人收藏中並沒有扮演重要的角色。它們更可能是屬於博覽會或帝展這一類美術展覽的公共場所領域，或是由特定的知識份子所收藏。

如同木下直之指出的，帶框畫在日本住宅中無法收藏的原因之一，是因為房屋缺少牆面，這是由於其大多數的房間是以可移動隔扇（襖及障子）所分隔。木下解釋道，許多明治早期的油畫都是不常見的規格，就是為了要符合門板上方的狹小空間（日語中叫做「小壁」），或是掛在柱子上。[36] 三越百貨店於一九〇七年（同年舉行第一屆帝展）開始銷售油畫，考量到較低的成本和對日本室內裝飾的適用性有助於向那些缺乏經濟能力建造固定式、塗灰泥牆壁之全西式房間的中產階級消費者進行行銷，該店特別推出小幅畫作（圖18）。多數明治時代的洋間並不是專門建造的，而只是在榻榻米墊上鋪上地毯並放置上西式家具，便逕其轉換為洋間。甚至《婦人畫報》的例子也是如此，例如金子堅太郎的書房及會客室。

儘管如此，沒有什麼能夠阻止這些宅邸主人將油畫掛在「床之間」的壁龕中。木下提到一些怪異的展示例子，例如將照片做成掛軸。金子堅太郎的會客室提供一個日式榻榻米室內裝飾搭配地毯和雕像變成準西式房間的範例，他也在「床之間」外部牆面上掛著傳統卷軸以及油畫。其他一些房間的室內裝飾也展示了懸掛傳統日本或中國藝術品，或是那些主人覺得是屬於「日本風格」的裝飾物件大面牆壁，但都不是帶框畫。所以，無論房間的建築形式如何，在這期雜誌中幾乎看不到油畫的現象，似乎比較可能是出自居住者審美品味的一種標誌，也有可能是進入西方美術市場的管道有限，但絕不是事實必定的結果。

　　日本過去容易遭到「掠奪」，雖然這是個隱喻的說法，但可能字面上的意義也是如此。比喻性的「掠奪」可以見於運用日本物件為西式房間帶來本土風情，讓展示這些物件就如同西方展示自己的東方文物一般。因此，陳列在這些房間中的日本物件捨棄了其先前的意義，而在西方室內裝飾作為藝術品或古董的再現系統發揮了作用。事實上，本土掠奪品的經濟動向並不清楚。這些財富的新貴（我們可能也應將皇室包含在其中）或許發現到，珍貴的日本藝術品比西方藝術品較容易取得，而且或許當時中國和朝鮮的藝術品更容易到手。正如克里斯汀・古斯（Christine Guth）所指出的，直至二十世紀，大多數的大名依然能持有他們巨大的財產，因此，當一九〇七年查理斯・弗利爾（Charles Freer）造訪日本時，他發現主要的大名收藏（包括在《婦人畫報》所展示的秋元及黑田家收藏）仍然完整無缺。[37]儘管如此，毫無疑問地，明治維新後所恢復的社會秩序也使許多以前不曾流通的物品品項大增。一八六八年後，隨著物件從過去富有的寺院、茶道學校，以及武士家族手中流入市場，一些明治時代的交易商和收藏家得以「掠奪」日本國內本有的富有階層。[38]

　　蘇珊・史都華（Susan Stewart）曾論及古董收藏癖的兩種動機：「浪漫主義的懷舊欲望」以及「認證的政治欲望」[39]。從某種意義上來說，這也是對與西方相對的本土文化所賦

予的認證，也就是，在這些室內裝飾中，本土審美的傳統物品和元素被挪用、轉化和重新調遣。這種挪用表現出的「政治欲望」將自我東方化，藉由將本土物件本質化，達到定義日本風格的政治目的。在《婦人畫報》室內裝飾特刊的表述中，這種日本風格自我東方化的構圖可以讀出三種互相關聯的美學動向：尺寸的誇大、媒介的物質轉換以及脈絡重構。

　　體積巨大是世界博覽會上許多展出物件的特徵。[40] 在這種國家之間文化競爭表現的場域中，超大尺寸製品能夠發揮的效果很簡單。在這個微妙的層面上，《婦人畫報》的照片透過誇大的尺寸來表達權威也有類似的效果。儘管這些室內裝飾的照片並沒有展示世界博覽會上常見的大型青銅器或奇形怪狀的陶瓷，其中一些仍顯示出主人對於大膽主題（金子宅邸，見圖10）的巨幅日本畫（大隈宅邸、大倉宅邸）、大件裱框書法（下田宅邸、秋元宅邸），以及對折疊屏風、超大尺寸的茶具架等物件的明顯偏好。這些物件及展示風格是否代表著一種與過去的割裂，還需要對德川時代室內裝飾進行更深入的研究，才能確定。雖然如此，當我們在與茶道品味相關的小型物件及主題進行對比時，這個累積效應更是突出。

　　傳統媒材趨向超大尺寸創作的直接源頭是一八八八年建造的新皇宮。這座新宮殿為上流階級折衷主義的室內裝飾提供關鍵性的範例（圖19），其建造也是「傳統派」當代藝術家的一大福音。在此之前不久，皇室才開始從國內展覽會購買藝術品，表現出對京都藝術家和高度自然主義描繪的偏愛。[41] 新宮殿的規模及其準西式的設計都需要非常大的作品。一本美術雜誌在一八八九年曾報導說，皇室訂購寬度達到史無前例兩間（約十二英尺）襯紙，並讓一位「知名畫家」畫上「草卉鳥以及日本人物」襯裝來裝飾宮殿的牆壁。該雜誌解釋，這些新的畫是必需的，因為舊的畫作看起來不適合這座新宮殿的內觀，特別是「在西方人的眼中」[42]。

圖 19
明治皇宮西等候室（攝於一九二二年，出自三之丸尚藏館編，《幻之明治宮殿》）

　　透過媒介的轉化——我指的是將審美形式或圖案從它們慣常出現的背景中抽離，便可以看到這些房間特別努力以「日本化」的方式來裝飾表面。前文提及的小笠原伯爵夫人使用和服布料當作家具的包覆材料及窗簾的客廳，可清楚地展現出這樣的一種轉換。處理牆壁的方法尤其可以看到這種轉化。黑田宅邸的一張圖片顯示出圓形、方形以及扇形繪畫的牆面（見圖14）。[43] 過往早有將小型繪畫，特別是扇面畫，重新裱貼到屏風上的傳統。在這裡，該手法擴大到兩處大型的牆面上。[44] 這間房屋的門楣（長押）上方牆壁也被貼上裝飾圖案。此外，還可以在這樣的房間找到這樣的媒介轉換：一般用於稱呼「襖」拉門上圖案化的絲或壁紙，被張貼在牆壁表面，特別是在德川時代書院式建築室內裝飾中很少被裱糊（黑田宅邸餐廳、細川邸「櫻之間」）的門楣上方牆面。也可以在東伏見宮親王夫婦表面「純日式」的書院式房間看到以相同的圖案壁紙覆蓋所有牆面的做法：一個鳳凰圖案覆滿整個室內裝飾，包括隔

扇、「床之間」牆壁，以及門楣上方牆面。[45]

　　自我東方化的第三種美學動向，即脈絡重構，是與現代帝國主義之前茶道美學悠久的傳統有關。從十六世紀開始，茶室設計吸收了農舍及隱士小屋的元素，並有意識地將其轉化為儀式審美環境中的質樸部分。簡素茶道的工匠們將亞麻瓶以及其他平凡的「自然藝術品」（Found Object）轉化為茶道用具。[46] 正如古斯所說明的，明治時代的茶道宗匠們在這種固有傾向上，自由擴展。他們在「床之間」展示佛像、建築物殘片、甚至地圖，將其轉化為藝術品。[47]

　　皇宮折衷主義的室內裝飾同樣顯露出明治時代對於將本土物件進行脈絡重構的偏愛，雖然不是根本上的創新，但對同時代品味而言，同樣意義重大。細察皇室收藏中現存掛軸的狀況後，美術史家大熊敏之發現當中許多都有長期暴露的現象。這或許是因為它們與帶框的西方繪畫一樣被掛在牆壁上，保持半永久的展示，而不是按照原本所設定的，每次拿出一兩幅短暫地展示在「床之間」的壁龕中。從《婦人畫報》刊出的一些折衷式房間，也可以看到傳統裝裱的卷軸被懸掛在貼有壁紙的牆壁上。由於有了很多新的室內牆面可以糊貼，以及以維多利亞風格富麗堂皇的客廳成為展示西式財富的標準，貴族階層的收藏家有相當的動機去遵循皇室的範例，也將他們的卷軸畫用作永久裝飾結構的一部分。[48]

　　事實上，任何屬於本土傳統的物件都可以進行脈絡重構，不過如何選擇和重新定義卻從來都不是隨意而為的。這些室內裝飾中許多物件被脈絡重構的方式都是馴化、簡化以及背景鑲嵌之做法。與明治以前茶道中常見的審美挪用相反，《婦人畫報》的這些物件鑲嵌在一種普遍化的日本性，或者具日本情調的風格中。《婦人畫報》室內裝飾特刊有一篇文章提到，將盆栽放在室內的做法在明治維新以前從未聽聞，而今變得十分普遍。[49] 幾個被拍攝的房間也證實了這點。另一篇文章則肯定展示收藏物件的做法，並舉例像古代陶瓷器、日本刀鍔、玩具、鳥類標本以及其

他類項的展示。[50]儘管明治時代以前也有許多古董收藏家，但以展示收藏品作為房間內部裝飾的概念還是源自西方。無論是裝飾在牆面上或放在櫥櫃中展示，日本刀鍔、陶瓷器及其他物件的收藏品都脫離了本來的功能，成為一種視覺消遣，就如同相簿（同樣是這篇文章的作者所推薦的）用來填充來訪者的時間及西式房間的空間一樣。

　　復古房間中的歷史主義傾向，正如同收藏品，將物件和建築技術系統變成一種「風格」，一個想像過去的能指。復古房間這個概念同樣是由西方傳入日本，日式復古房間也首度出現在博覽會上。《婦人畫報》室內裝飾特刊並沒有收錄明確描述的復古式房間，不過其中確實展示前文所提及的恢復流行的平安與元祿時期的家具和裝飾圖案（圖20），還有一些照片出現飾有藻井的天花板以及裝飾華麗的隔扇——在室內建築中使用這些元素，暗示這是桃山時代建築的回歸。菸草百萬富翁村井吉兵衛建於一九○九年的京都宅邸「長樂館」，其一、二樓分別有美國人詹姆斯·麥克唐納（James McDonald）所設計的歐洲和中國主題房間，三樓則有「桃山」及「德川」風格的房間（圖21）。[51]

　　廣義來說，誇大的尺寸、媒介的轉化以及物件的脈絡重構，這些為了建構一種「日本風格」而在室內裝飾中共同作用的手法，都有一個相同的方向，即泛化、強化與擴

圖20
小笠原伯爵夫人客廳。窗簾、桌布上是當時流行在和服布料上的元祿圖案（《婦人畫報》室內裝飾特刊）

大日本事物和圖案材料上的存在，並拓展日本性的概念範
圍。這些手法有一個政治基質，即暗示對於本土文化物件
的東方主義式挪用，是為了使某些權力關係合法化，即使
這個被合法化的權力尚未擁有明確的殖民對象。明治美學
擴大化的特徵，似乎是並行並重申那形成普遍民族文化、
以日本民族為名而擴大實體領土的帝國主義項目之國家政
治綱領。此處，在審美和政治領域之間移動的對應關係是
同調的，也就是功能／位置的關係，就像鳥的翅膀和人的
手臂一樣。超大尺寸的日本藝術品，以及將日本裝飾圖案
應用於更多、更大表面的品味，並不只是在表達日本的帝
國主義，也是在美學領域這種非政治領域的擴張。

填充框架：商品化的商品集合

這張照片以其透明的幻覺誘惑我們。室內裝飾是我們
手邊的事，但在這裡，它看起來就像躺在我們眼前，毫無
媒介地等待我們進入。我們不能忽視框架的重要性。事實
上，在《婦人畫報》室內裝飾特刊出版當時，資產階級客
廳與其在畫報雜誌被複製的這兩者意義是重疊的。西式客
廳（洋間）與其照片被用於展示商品的框架。這裡有兩個
重點：首先，客廳與照片都是框架；其次，這兩種框架是
以不同的方式主宰了商品化的形式。

洋間是一個安排展示新貨的集合體。儘管這是會客室
普遍特徵之一，但由於是新穎的展示模式，而且依賴新的
商品，明治時代洋間的這個特色尤其明顯。西式房間是裝

圖 22
作為填充物件盒子的洋間。「此為
大山侯爵宅邸會客室之光景。四方
牆壁均飾以金色燦爛之花朵圖案，
窗簾是在織成蔓草圖案的緞子上又
附上絲線結成的玉串，展示架上則
放置了景泰藍花瓶等各種雕刻品」
（《婦人畫報》一九〇六年三月號）。
這個時代室內裝飾指南書都認為洋
間的正確裝飾法應以「濃厚華美」
為重。

滿東西的箱子——牆壁需要裝飾，地板需要被覆蓋，空蕩
蕩的空間需要安置家具。因此，洋間必須被組構，使其構
圖充滿意義上的意識（圖 22）。如果書院式建築空間是流
體，缺乏固定的牆壁或家具，由臨時裝置的裝飾與區隔、
以及人在其中的自身來定義；相較之下，西式房間是靜態、
有界限的，是一個三維的框架。不同於歐洲資產階級的客
廳經常是包含超過一代人的品味與積累的沉澱，這些使用
進口或仿照西方風格訂做家具的洋間，只是一次性的整體
建構。當然，它們也建構出一個與屋主小時候曾居住過，
而且在大多數的情況下，現在大部分時間仍舊居住的房子
完全不同的環境。顯然，所有為出版品拍攝的內景照片或
多或少都像是演出。不過，可以肯定的是，《婦人畫報》
刊登的這些房間，與西方客廳相比，更接近展覽會的展示，
距離日常生活更遠。它們不是、也不可能是家族歷史的沉
積之地，因為日本明治時代環境中的身體次序已經徹底被
改變了。

透過這些室內裝飾的拍攝，《婦人畫報》為這些室內

裝飾重設框架，再向大眾販售這些圖像（如果這些讀者們
不是透過雜誌販售，可能永遠都不會見到貴族宅邸中會客
室），創造了一種形而上的商品，集合最初選擇的商品後
再商品化，以展示給視野範圍更狹窄的家庭消費者大眾。
照片固定了室內空間，迫使觀者只從一個位置來閱讀房
間。如此，加強了房間作為一個充滿展示物件的框架，而
不是由人的在場來定義的地方感知。許多建築攝影傾向於
消除人類居住者及其混亂，並避免帶有動作，以試圖否認
居住空間的社會多重意義。當鏡頭對準書院式建築的內部
裝飾時，所帶來的轉變效果特別明顯。當照片將流體的內
部空間任意裁剪，並將其轉變為字面上空白的框架時，便
可賦予視覺更強大的閱讀能力（圖23）。在為了展示整個
空間，並儘可能地捕捉其中內容以供展示的努力下，《婦
人畫報》的攝影師選擇傾斜角度來強調景深。這些內部觀
點與之前工匠、教授禮儀的師傅以及茶道家之中常見的建
築、內部裝飾表現不同。後者是以平面及立面來展示房間
及其裝飾物，是將室內裝飾詮釋為由鉸接式的平面所結合
而成的交錯組合，而非一個量體。[52]

　　室內裝潢在當時的日本並不是個獨立的行業。[53]《婦
人畫報》室內裝飾特刊所刊載的「裝飾師」作品很有可能
都是出自於當時有這個頭銜的單位，即三越百貨店（此處
仍被叫做「三越吳服店」）與皇室。圖版最後一頁的兩張

圖23
照片中成為巨大空白的榻榻米座敷。
黑田侯爵府的大廣間（《婦人畫報》
室內裝飾特刊）

60

照片，展示了「宮內省裝飾師」吉田幸五郎所設計的混合風格會客室（「和洋折衷之應接間」）、以及三越百貨店二樓會客室（圖24）。前者結合日本民間的工藝元素，以及表面看起來像是中式設計的屏風和西式桌椅。三越百貨店的會客室則是高度維多利亞風格，天花板上裝飾有花卉飾邊，並配有厚重的窗簾帷幔及一套日本盔甲，前面還有一個明亮（可能是金葉）的折疊屏幕。皇家裝飾師吉田的折衷風格房間，在裝飾比例上以及豪華程度上顯得較不起眼。與三越百貨店徹底西式的布置手法、以及將本土元素簡約為藝術品的做法相比，吉田的設計明顯混合日式與西式圖案及物件，運用日式或以日本風情的元素來包裹、並塑造整個房間。因此，這位皇室裝飾師被恰當地定位為合成技法大師。房間位置則未被命名，如此使其看起來更像一個是特定場域，以保持皇室與普通人的距離（圖24）。

然而，儘管這兩種類型的室內裝飾具有以上的差異，它們在同一個頁面進行相同的處理，意味著其中的可比較性。最後一組圖像（圖24），其中一張與皇室的神聖領域有關，另一張則因商業機構缺乏對貴族政治的要求，而似乎與該雜誌整體運作的階級秩序原則相悖。不過，當然這種平衡衝動一直在運作。畢竟所有的圖像都是為了吸引讀者的目光，在這點上，吳服店和皇室可以發揮同樣的作用。編輯將最顯著的位置給了皇室有關的物件，其次是皇親以及按頭銜排序貴族的所有物，但這不意味著以天皇為中心的社會秩序，在實際上定義或保障了一種不變的合法品味

圖24
「宮內省裝飾師」吉田幸五郎所設計的「和洋折衷之應接間」以及三越百貨店二樓會客室（《婦人畫報》室內裝飾特刊）

階層。根據西方具有所有事物優越地位的先設，我們可以想像出一個簡單「殖民化秩序」品味，或是一個為了促進「國家本質」反向作用的簡單反動秩序。然而，市場行銷的決定並不一定總是依循地位的差異或國家意識形態而定，最終還是消費者的慾望在指揮《婦人畫報》。不論是作為新社會秩序的啟示性肖像畫、或是室內裝飾的簡明教材，該雜誌為了大眾消費而有的包羅萬象的圖像，暗示東、西方作為風格的可交換性——再現的模式並非本質。這揭示了審美的二分法實際上只是遮掩商品體系的面具，在其中，差異化才是成為提升市場價值的唯一手段。[54]

結語：全球展覽複合體中日本的室內裝飾

在《東方主義》（*Orientalism*）一書中，薩依德關注殖民者與被殖民者之間的論述關係，而前者的權威被假定為絕對的。薩依德筆下的帝國主義者似乎對於再現語言有著不容置疑的控制力，能允許他們將他人寫入政治決定的敘述框架中。受到薩依德的影響，以往東方學研究往往只將注意力集中在直接複製國家之間政治權力界限的帝國秩序表現上。

在這種政治—文化的統治模式中，生產者單獨挪用並自由定義其物件，《婦人畫報》的室內裝飾作為西方外圍產品，其大膽程度引人注目。這些折衷主義室內裝飾的作者重新定義日本性以及廣泛想像出的東方，然後再以一種驚人老練的融合手法，將「東方主義」與西式家具裝飾並列。我們毋需決定這些房間在審美上是否成功或媚俗地認證這點。它們並非模仿之作，不能以任何簡單的意義歸入歐洲所建立的審美秩序。只是其中有一個矛盾：日本加入全球文化競爭之時，正值折衷主義在歐洲成為一種時尚，日本資產階級又因國際秩序的邏輯所迫而必須展示出民族獨特性，因此徹底改變本土主題作為一種折衷主題。所以，我們無須太大驚小怪地發現，他們證明了自己非常擅長自我東化的「東方」，甚至比起外國東方主義者更具某種優勢（圖25）。

圖 25
金子堅太郎男爵邸前座敷（《婦人畫報》室內裝飾特刊）。油畫、掛軸與「床之間」的《米羅的維納斯》構成大膽的折衷主義。

但從另一方面來說，這些房間的西方、日本本土和中國物件之折衷組合，並不代表著一種自由選擇。實際上，所有被展示的房間都配備有一般會將這些房間歸類為西式房間（洋間）的西式桌椅。這提醒著我們，事實上，先發制人的自我殖民地化是明治時代「室內裝飾」（日語中的對應詞「自身」就是從英語翻譯而來的）審美表現的基礎。東方主題的帝國主義再現，並非帝國主義體現其自身的唯一文化樣式。從明治精英身處的特殊位置，在照片中——他們對自身的陳述，可以看到帝國主義所造成的全球文化狀態在其他層面的共鳴，有一些是協調一致，有一些則否。

正如同布迪厄的論點所強調的，並不是有權者簡單地創造品味，而弱小者服從前者的選擇。[55] 這是一場與政治競爭相對的象徵性商品競爭，不同之處在於這不僅是透過政治來支配，也是藉由與政治背道而馳的方式來聲稱其權威。政治領域中的主導和支配邏輯在審美領域中重新出現。這個邏輯放在國際政治，也可以看到社會階級對於意

義生產的內部鬥爭,並為所有反殖民主義的民族主義共有本土精神是優於外國帝國的論調提供了一種解釋。「日本性」在國內價值體系中享有特殊地位,儘管如此,作為政治上最有力量成員的日本資產階級,卻總是或是至少部分地,透過西方形式來展示其財富。

在《東方主義與展示秩序》(*Orientalism and the Exhibitionary Order*)這篇文章中,蒂莫西·米契爾(Timothy Mitchell)提出,展覽會、百貨店、博物館以及現代城市自身的視覺秩序,都與殖民主義世界觀有著根本關聯。[56] 這些地點構築起一個「物件世界」,一個「商品、價值、意義及再現的體系」。它們運用逼真、客體與觀看主體的分離、以及在計畫書和說明指南中的複製,生產一種肯定的幻覺,再現帝國主義以「客觀的」形式產生的現實。畫報雜誌也有著類似的功能。如同米契爾所分析的展覽一樣,攝影雜誌創造一個物件世界,暗示其內在和真實性,同時也確立一個與觀看主體不可橋接的分離。它帶有滲透性幻覺的目光。室內照片提供了特別的偷窺經驗。透過相機、框架、暴露和複製所做的安排,室內裝飾從真實的生活空間傳遞到了商品。

然而,這僅止於討論技術的本質,並未考慮技術開發中獨特的社會背景。隨著技術進步(半色調印刷)、國內市場變化(日本與中國古董出現在市場上,及用於購買西式家具之私人財富增加),還有軍事擴張(在面對西方和亞洲其他國家時,有助於重新想像日本性,使貴族階層膨脹,將更多的財富和國外產品引入國內市場),日本上流階級進入帝國的展示秩序當中。這種展覽秩序改變它所挪用的物件(當然,這是很個人地進行這種實際挪用,所以我們不該一直忽視他們)。有些東西為它而造(例如折衷式的家具和室內設計),有些是物理性的變化(繪畫重新裝裱入紙牆,榻榻米房間鋪著地毯),其他則透過重新定義脈絡(掛軸從「床之間」壁龕中被移除,改放《米羅的維納斯》雕像縮小複製品)。在畫報雜誌中,展示的秩序透過神秘、名人、本土精華和大都會品味的視覺召喚,讓人迷戀新的政治結構,例如帝國主義與貴族的稱謂制度。

我以一個提問來命名這一章。若現在我所得出的結論說明了這一切都不是東方主義？那麼，我便是帶領我的讀者進行一次漫無目的的智力迷走。或者並非如此，因為透過測試薩依德術語的使用極限，我們來到了帝國主義世界中，在他所理解的文化生產典範之外某處。正如米契爾所指出的，東方主義是某種更大物件的一部分，一個「渲染和布局世界意義的新機制」。如同沒有出口的迷宮，帝國主義形成一個空間，在其中，每一個移動都會遇上在其自身界限中配置好的物件。日本人一旦進入，便會發現他們的審美選擇是受到以下的因素所限制——他們在世界上的政治地位，如歐洲所定義的，以及政治所預先決定的本土與西方、傳統與現代的對立。顯然，在某種意義上，這些室內裝飾布置以及其出版品再現中的審美動向，並非都是驗證殖民征服的「東方主義」，但這其中每一個都可能被視為以一種置換所創造、在國內空間中複製或反映帝國秩序的微觀世界。

註釋

1. Edward Said, *Orientalism* (New York: Pantheon Books, 1978).

2. 基於同樣的模仿邏輯，拉瑪五世——其在位時期（一八六八—一九一〇）與明治天皇基本上是重疊的——統治下的暹羅（泰國）皇家建築也曾被描述是「庸俗」的。見 Koompong Noobanjong, "Power, Identity, and the Rise of Modern Architecture from Siam to Thailand," PhD dissertation, University of Colorado, 2003。殖民者與被殖民者之間的文化關係以及殖民地屬民的模仿中所潛藏的顛覆性危險，可參見 HomiBhabha, "Of Mimicry and Man: The Ambivalence of Colonial Discourse," in Frederick Cooper and Ann Laura Stoler, eds., *Tensions of Empire: Colonial Culture in a Bourgeois World* (Berkeley and Los Angeles: University of California Press, 1997), 152–160.

3. 即如同殖民主義的論調，在那些追求恢復被殖民者之獨立主體性的東方主義評論中，總是存在著將人種或民族性設想為一種普遍性規定屬性的危險。

4. 《婦人畫報定期增刊—室內裝飾》二：三，一九〇六年二月十五日。

5. 大宅壯一，《文壇ギルドの解体期》（一九二六），轉引自前田愛，《近代読者の成立》（岩波書店同時代 Library，一九九三），頁二一二。

6. 川村邦光，《乙女の祈り—近代女性イメージの誕生》（紀伊國屋書店，一九九三），頁二五一二七。這一時期的發行數量無法確定，但或許每期在一萬至十萬冊之間。

7. 坪谷善四郎，《博文館五十年史》（博文館，一九三七）；John Clark, "Changes in Popular Reprographic Representation as Indices of Modernity," in John Clark and Elise Tipton, eds., *Being Modern in Japan: Culture and Society from the 1910's to the 1930's* (Honolulu: University of Hawai'i Press, 2000)。《報知新聞》在其一九〇四年元旦的那一期，提供另一個刊登貴族婦女（及女演員）照片的先例，展示能夠在同一頁面中，既能印刷文字又能刊登照片的新技術。James L. Huffman, *Creating a Public: People and Press in Meiji Japan* (Honolulu: University of Hawaii Press, 1997), 283.

8. 浅見雅男，《華族誕生—名誉と体面の明治》（リブロポート，一九九四年）是最近一本討論關於日本近代貴族制形成的日文著作。其英文摘要見於 Takie Sugiyama Lebra, *Above the Cloud: Status Culture of the Modern Japanese Nobility* (Berkeley: University of California Press, 1993).

9. 關於圖像使用在維持社會秩序方面的作用，可見 John Tagg, *The Burden of Representation: Essays on Photographies and Histories* (London: MacMillan Education Ltd., 1988)，尤其是第二章和第三章。Jacob Riis 揭露紐約廉價出租公寓生活的著名圖片 *How the Other Half Lives*，最初出版於一八八〇年。二十年後，照相機也探入日本的貧民窟。

10. Jacob Riis, *How the Other Half Lives: Studies among the Tenements of New York* (NY: C. Scribner and Sons, 1890).

11. 多木浩二，《天皇の肖像》（岩波新書，一九八八年）；Takashi Fujitani, *Splendid Monarchy: Power and Pageantry in Modern Japan* (Berkeley: University of California Press, 1996)。

12. 譯註：「書院」是自室町時代（十四至十六世紀）發展起來的日本武士階層住宅中的主要建築，通常鋪有榻榻米，設有被稱為「襖」的隔扇，以及被稱為「床之間」的壁龕。

13. 在目錄中被稱為「アートペーパ」（art paper，即銅版紙）。

14. Slavoj Žižek 所提出的，應將前近代對君王的崇拜視為一種「人際關係的拜物」，以與近代資本主義社會的商品拜物相對照。Žižek, *The Plague of Fantasies* (London and New York: Verso, 1997), 100–102。在這一視點下，這件充滿魅力的櫥櫃或許應當被視為明治帝國混合性質的含蓄表達。鑒於這種近代天皇崇拜試圖透過讓皇室人物周圍的神秘感更為精緻，使日本臣民與其君主之間的關係拜物化，重新採用將天皇制度視為近代性之不完全證據的觀點似乎是有其好處的。對於商品化的問題，接下來還會繼續討論。

15. 內田青藏，《日本の近代住宅》（鹿島出版會，一九九二），頁一四一一九。

16. 多木浩二認為佐久間象山應該從最為相對的視點來看待西方，因為在他那一代知識份子中，「魂」與「才」還無法體現出一種嚴格的二分法。多木浩二，《天皇の肖像》，頁六〇一六一。此外，結合外來物與本土元素的概念在日本有著非常長遠的文化歷史。同其他學者一樣，磯田光一將與外來文化的接觸及對其吸收的做法視為是自奈良王朝建立以來形成日本文化的基礎歷史模式。見磯田光一，《鹿鳴館の系譜——近代日本文芸史誌》（文藝春秋，一九八三），尤其是第十一章《三人の鹿鳴館演出者—聖德太子，伊藤博文，吉田茂》。

17. Partha Chatterjee, *The Nation and Its Fragments: Colonial and Post-Colonial Histories* (Princeton, New Jersey: Princeton University Press, 1993).

18. 這種情形在服裝方面並未持續很長的時間。一九一〇年代，一個新的「洋服細民」白領階級發展起來，而傳統男裝則成為閒暇與財富，並非落後的標誌。

19. 日本本土的室內裝飾活動集中於在名為「床之間」壁龕中擺放藝術品。在這一領域有很強的影響力的茶道學校，一直是男性的保留地，直到明治年間，才開始透過對女性的教育來尋求新的市場。見熊倉功夫，《近代の茶の湯》，收錄於《茶道聚錦六—近代の茶の湯》（小學館，一九八五），頁八四一八五。

20. 明治以前的日本並非沒有動物毛皮。德川時代以前的武士就曾使用過異域動物的毛皮。葡萄牙傳教士曾將織田信長描寫為身穿毛皮，而且據說足利義滿會進口的毯子和虎皮來裝飾他最精緻的房間。J. Edward Kidder, *Japanese Temples: Sculpture, Paintings, Gardens and Architecture* (Tokyo: Bijutsu shuppansha; Amsterdam: Harry N. Abrams, 1964), 476. 一位明治晚期的作者描寫在榻榻米上鋪設毛皮的做法時，將其視為一種西化時尚而加以反對。山本文太郎，《日本住宅室內裝飾法》（建築書院，一九一○），頁一七四。

21. 外山正一寫於一八九九年，後收錄於稻生典太郎編，《內地雜居論資料集成》第五卷，原書房，一九九二年，頁四五二─四五三。

22. Stefan Tanaka, *Japan's Orient: Rendering Pasts into History* (Berkeley: University of California Press, 1993).

23. Donald Keene 的經典文章 "The Sino-Japanese War of 1894–1895 and Japanese Culture" 顯示出在中國人被日本打敗後，日本民眾對其尊敬消失得有多麼迅速。見 Keene, *Landscape and Portraits: Appreciations of Japanese Culture* (Kodansha, 1971), 259–299. 其他研究成果則表明，在德川時代，中國在日本世界觀中的地位已經下降。不過問題並不只在於尊敬。Tanaka 的研究則顯示服膺於日本帝國主義的一種看待中國歷史及文化學術眼光漸進、持續的發展。直到一九二○年代，一個成熟的「支那學」領域才伴隨著學術的組織化而出現。關於鏈接這種學術構建的東方與收藏者的東方博物館學紐帶，則需要進一步的研究予以說明。在關於日本殖民時代考古學與建築學史的批評性研究中，這一研究方向已經有了開端。見 Hyung Il Pai, "The Search for Korea's Past: Japanese Colonial Archeology in the Korean Peninsula," in *East Asian History* 7 (June, 1994), 25–48；村松伸，《從軍建築家たちの夢》，《現代思想》一九九三年七月號。

24. Christine Guth 注意到宋代繪畫在明治時代鑑賞家中獲得的鑑價要高於任何日本畫作。Christie M.E. Guth, *Art, Tea and Industry: Masuda Takashi and the Mitsui Circle* (Princeton, NJ: Princeton University Press, 1993), 133.

25. 這座博物館以及其中許多藏品都毀於關東大地震，餘存下來的藏品被收藏在建築史家伊東忠太在原址上興建的新博物館中。伊東的設計體現出十分明確的中國及朝鮮宮殿風格。

26. 岡倉覺三，Ideals of the East(1904)，引自 Tanaka, *Japan's Orient: Rendering Pasts into History* (Berkeley: University of California Press, 1993), 13. 關於岡倉對於日本作為一個博物館的看法，還可參見 Karatani Kōjin, "Japan as a museum: Okakura Tenshin and Ernest Fenollosa," in Alexandra Munroe, *Japanese Art After 1945: Scream Against the Sky* (New York: Harry N. Abrams, 1994), 33–39. 大倉對與豐臣秀吉有關屏風之收藏使人想起日本擴張主義早期。桃山時代的室內裝潢同樣以其規模和富麗堂皇而聞名。

27. 下田歌子，《家庭文庫第七篇　家事要訣》（博文館，一八九九），頁二六三、二六九。在本期《婦人畫報》中，一位作者曾就西方與日本的花藝同樣表達「妖冶」的西洋花與「粹雅」的盆栽之類似的對比。前田曙山，《日本室の花卉》，《婦人畫報》第二年第三號，頁一三。

28. 渡辺渡、森寿夫，《初期大倉の対外活動》，收錄於大倉財閥研究會編，《大倉財閥の研究─大倉と大陸》（近藤出版社，一九八二），頁一一一。

29. 《大倉集古館》（一九三二），頁三。

30. 小林一美，《義和団戦争と明治国家》（汲古書院，一九八六），頁三五六、三六四、三七○。

31. 田中日佐夫，《美術品移動史─近代日本のコレクターたち》（日本經濟新聞社，一九八一），頁一○四。同時需要指出的是，義和團事件深深影響設計第二座大倉博物館的建築家伊東忠太的生涯。伊東在義和團事件之後隨即首次來到中國，調查被日本及其他歐洲列強所占據的故宮內部。這是史上第一次故宮被攝影和記錄。

32. 在一份出版於一九二二年的古董收藏指南指出，對於上古中國青銅器的興趣，隨著德川末期一些研究成果的出版而高漲，不過直到中日甲午戰爭和義和團事件時，三代的青銅器及其他古董大量流入日本為止，在日本幾乎沒有上古時代中國青銅器實物。這份指南特別提到住友吉左衛門的收藏。見今泉雄作，《骨董　知識及鑑定法》，收錄於《書畫骨董叢書第八卷》（書畫骨董叢書刊行會，一九二二），頁一三五─一三八。今天，住友家的收藏為京都私立博物館泉屋博古館所擁有。關於其他收藏的來源，可參見佐藤道信，《歷史史料としてのコレクション》，《近代畫說》第二號（明治美術學會，一九九三），頁三九─五一。

33. 譯註：歐尼斯特‧費諾羅薩（一八五三─一九○八），美國東方學家、日本美術史學家；威廉‧斯特吉斯·比奇洛（一八五○─一九二六），美國醫師、日本美術品收藏家；愛德華·莫爾斯（一八三八─一九二五），美國動物學家、東方學家。

34. 朽木百合子，《ハウス. オブ. ヤマナカ─東洋の至宝を欧米に売った美術商》（新潮社，二○一一），頁五七─五八、八六─八七、一三四。

35. Bert Winther-Tamaki, *Maximum Embodiment*, 7.

36. 西方存在著相反的問題。在那裡，成對的屏風被拆開販賣，因為收藏家們沒有足夠的地面空間來展示一對屏風。這也反映出像「襖繪」這樣的日式屏風是一種建築性、建構室內空間物件這一事實。當時幾乎沒有西方收藏家能夠這樣看待它們，因為絕大多數人都將來自亞洲的進口物件視為牆上以及壁爐上的裝飾品。朽木，頁九。

37. Guth, 89–90,138.

38. 一位元東京的古董交易商在《美術商的回顧》（一九三六年）中描寫了明治維新後大名及旗本財產的「廟會式」銷售所帶來的古董行業的「革命」，見瀨木慎一編，《東京美術市場史　歷史篇》（東京美術俱樂部，一九七九），頁一六六─一六七。高橋義雄，《近世道具移動史》（一九二九，複製版，有明書房，一九九〇），頁二二─一〇五中，詳細描寫明治維新帶來的，尤其是對茶道用品交易的衝擊。

39. Susan Stewart, *On Longing: Narratives of the Miniature, the Gigantic, the Souvenir, the Collection* (Durham and London: Duke University Press, 1993), 140.

40. Peter Trippi, "Industrial Arts and the Exhibition Ideal," in *A Grand Design: The Art of the Victoria and Albert Museum, edited by Malcolm Baker and Brenda Richardson* (New York: Harry N. Abrams with the Baltimore Museum of Art, 1997), 80.

41. 大熊敏之，《明治日本画と皇室及び宮內省─明治十年代─二十年代》，收錄宮內廳三之丸尚藏館展覽會圖錄《明治美術再見 II》（一九九五年九月─十二月），頁五─一六。關於這一時期互相競爭的繪畫流派以及國家作為贊助者所發揮的角色，可參見 Ellen Conant, *Nihonga: Transcending the Past* (Saint Louis, Missouri: Saint Louis Art Museum, 1995), 15–43.

42. 引自大熊，頁八。提到日本人物作為繪畫主題之一是很有意思的話題，清晰地反映出在皇宮委托創作時，似乎特別考慮到西方人的眼光。

43. 文字說明中將這面裝飾過的牆壁描述為「最為有名」。應當注意的是，這種來自屏風及隔扇裝飾圖案的轉換，一部分是出自更大牆面的產物。在一般書院式建築的室內裝飾中，很少有固定的牆壁可以用來裝飾。

44. 據我所知，以扇面畫來裝飾整個建築平面的做法有一個先例，那就是京都妓院角屋中有名的「扇之間」，其中裝飾性扇面布滿整個天花板。儘管兩者之間可能並沒有系譜上的關聯，但德川時代最高級妓院之一的室內裝飾顯示出與明治時代最高級別貴族宅邸之一室內裝飾之間的類似性這一事實，還是非常有趣。

45. 幾年後，三越百貨店最初的室內裝飾師林幸平將在公共建築及私人宅邸室內裝飾中，經歷到這種更為大膽的轉換。林幸平從漆器等裝飾藝術中提取圖案並將其轉用到牆面、天花板、地毯及家具上。

46. 關於大阪及堺市的城區中自覺構建的樸素環境，可參見高橋康夫，《洛中洛外─環境文化の中世史》（平凡社，一九八八），頁四七─七六；以及谷直樹，《初期茶人の住環境─堺を中心に》，《茶道聚錦 七》，頁一〇四─一一五。關於「自然藝術品」，參見 Louise Allison Cort, *Shigaraki, Potters' Valley* (Tokyo and New York: Kodansha International, 1979).

47. Guth，頁一〇〇─一二八、一四六。

48. 大熊，頁八。

49. 前田，頁一三。三越百貨店的設計師林幸平曾在一間西式房間內部使用過用於室外的銅燈籠。

50. 天放生，《室內裝飾四十則》，頁一九。

51. Dallas Finn, *Meiji Revisited: The Sites of Victorian Japan* (New York and Tokyo: Weatherhill, 1995), 212–213.

52. 由作為商品集合的西式室內裝飾以及作為形而上商品的照片中的室內裝飾，都起源於最初出現在展覽會上的表徵秩序，大鳥圭介男爵作為室內裝飾專家出現在《婦人畫報》中看起來是很適切的。除了身為政治家、外交官，以及曾一時擔任過華族女學校的校長（有可能是其與《婦人畫報》雜誌的關聯之一）之外，大鳥還在其生涯中長期參與日本內國勸業博覽會。在一九〇一年，他擔任第五屆內國勸業博覽會審查總長。在向《婦人畫報》讀者致辭時，大鳥催促他們展示種類儘可能豐富的物件，頻繁地更換展示品，並保持展示品間的視覺和諧，以免客人重複看到之前來訪時曾見過的東西。

53. 室町幕府將軍專門用來處理審美事務的侍從「同朋眾」，代表一種可以被認為是職業裝飾師的較早傳統。像明治時代的裝飾師們一樣，他們實質上是藉由結合本土物件與外來物（在這裡，來自亞洲大陸的美術品被稱為「唐物」）的能力，來展示其專業技能。Murai Yasuhiko, "The Development of Chanoyu," in *Tea in Japan: Essay on the History of Chanoyu, edited by Paul Varley and Kumakura Isao* (Honolulu: University of Hawaii Press, 1989), 17.

54. 中谷禮仁，《国学・明治・建築家─近代「日本国」建築の系譜をめぐって》（波乘社，一九九三），頁三八。中古在統一空間中的東西方可互換性的前提下，討論異國情調的概念。

55. 例如參見 "The Field of Cultural Production, or: The Economic World Reversed," in Pierre Bourdieu, *The Field of Cultural Production edited and introduced by Randal Johnson* (NY: Columbia University Press, 1993), 29–73。

56. Timothy Mitchell, "Orientalism and the Exhibitionary Order," in Nicholas B. Dirks, ed., *Colonialism and Culture* (Ann Arbor: University of Michigan, 1992), 289–318. 同時可參見 Mitchell, *Colonising Egypt* (Cambridge University Press, 1988)。

第二章
味之素
味道、帝國與全球化

一九二〇年代中國雜誌刊登的味之素廣告，
似乎是名年輕女傭正對著湯裡撒味之素。
在置有書架、壁爐和油畫的西式房間中，
圍坐飯桌的三個人看似小家庭。
在此，廣告將西式現代符號與商品相連結。
但與日本國內味之素廣告形成對照的是，
這裡不是現代主婦親自做飯的場景。

味道與帝國

味覺是一種特別直接、本能的東西。我們傾向認為味覺偏好是屬於一種前意識型態層面文化遺產的一部分：我們只是學著喜歡那些我們在成長過程中吃喝的東西。某種程度上，味覺也是遺傳性的。但其實味覺也會受到社會力量的影響。我們之所以學著喜歡一些東西，像是酒精與咖啡的味道，就是出於社會與心理上的原因，而非我們舌頭的愉悅反應。[1]另一方面，當你期待將某種東西放進你的嘴巴，結果卻被塞了不一樣東西——即使你嚐到的是某種你平時喜歡的東西——所招致的不快感，揭示了味覺體驗所包含意識上的偏見，而不只是一種身體反應。臨床研究顯示，當人被提前告知某種味道很鮮美時，他們的大腦會對這種味道做出不同的反應，這說明有意識的認知——詞語——能夠直接影響某種東西在嘴裡的味道。[2]

由化學家池田菊苗（圖1）發明、一九〇八年在日本取得專利的谷氨酸鈉（日語的「味之素」或中文的「味精」），提供了一個現代食物社會史中顯著的例子。今天，全球人們消費著谷氨酸鈉，而且大部分的時候都沒有察覺到。對其味道的愉悅反應——池田稱之為「鮮味」——似乎與蛋白質食物的先天反應有關，因此可能是人類歷史以前就存在的原始物質。然而，「味之素」此一商品無疑是現代工業的產品，味之素與其競爭品牌透過貿易及移民交流路線在亞太地區擴散開來，顯示這種味覺體驗也與日本帝國的歷史緊密相連。至今仍在東亞和東南亞地區廚房中無所不在的谷氨酸鈉，正是帝國的無形殘餘。[3]

谷氨酸鈉不僅是一種味覺體驗，而且是一種現代化學工業產品。它在帝國及其後時期中不斷擴散的故事不僅關係到食物的層面，也關係到科學與工業的層面。谷氨酸鈉一開始以一種新的食物添加劑——而非一種食品，以一種令人非常陌生的東西，進入市場和食物體系，在此之前，並沒有明確的先例或確切的市場需求。因此，它以一種異常純粹、直接的形式，表現現代科學對味覺體驗的影響。

圖1
最初從海帶中提煉出谷氨酸的理學博士池田菊苗（攝於留學德國時期）。圖版提供：倫敦漱石紀念館，恒松鬱生氏。

對這種新產品的反應，不僅顯示其味道如何與不同國家既有的食物相調和，也呈現來自不同背景的消費者如何理解現代科學所帶來的承諾與威脅。在二十世紀歷史的進程中，谷氨酸鈉科學經歷了不同意義的階段，從對健康的許諾到便利性，再到其能夠增進智力的許諾，然後轉而成為損害身體的威脅。直至最近，新的論述進入味覺科學領域，並普及「鮮味」這個詞語，將人們的注意力從其對健康有益或有害的問題，轉移到味覺愉悅的享樂論。人們對「鮮味」這個味道的來源，以及谷氨酸鈉產品對人體作用各種問題之科學研究，已經追尋逾一個世紀。不過，這個現代產品社會史的首要問題，不在於現在證實或某一天將證實，它與人類健康或人類欲望的關係——因為科學本身是一個不斷進化的過程——而是在過去實驗室曾傳達過何種知識給廣大的消費者群眾，以及現在大眾如何理解和闡釋這些訊息。

　　儘管在日本，谷氨酸鈉以其商標「味之素」聞名，但在中國和台灣通常被稱為「味精」，在北美則以其化學名「monosodium glutamate」及其縮寫 MSG 為人所知。在北美，即使不具備有機化學知識的人，都可以叫出這種化合物的名字。大多數的人都知道它與「中餐廳症候群」此一不適的生理症狀有關。另一方面，很少北美人知道——不過很多日本人都知道，谷氨酸鈉是日本人發明的。要理解谷氨酸鈉如何從誕生地進入中餐廳及全球食物系統，我們必須進行一次東亞和北美的廚房之旅。谷氨酸鈉如何在最初受到歡迎，後來又如何受到詆毀——儘管它仍繼續在全世界被大量消費——的故事，揭示了二十世紀食品科學、食品市場與帝國互相交纏的歷史。

大眾的工業營養品

　　池田菊苗在當時是有機化學研究重鎮的德國接受訓練，他與他的德國同事都希望發明一種價廉、量產的營養品。這個領域的開創者尤圖斯‧馮‧李比希（Justus von Lieb-ig）因其發明的牛肉膏而聞名，牛肉膏後來成了德國軍糧，

圖 2
李比希牛肉膏廣告。李比希公司是第一個擁有全世界最早商標名和現代廣告戰略的跨國企業之一，一八六五年開始將牛肉膏作為理想的健康食品銷售（出自本章註 4）。

隨此，它的發明者也變得極為富有（圖2）。[4] 當時歐洲的人們普遍相信肉類消費是國力的關鍵和歐洲列強得以統治殖民地人口的原因——殖民地的人們往往被描繪為靠吃米或馬鈴薯存活。歐洲軍隊及工業勞動階級的強壯體格需要依賴肉類供應，不過，肉類既昂貴又容易發生短缺，相較之下，美洲草地上養牛的成本較為低廉，惟運送成本很高。一八六五年李比斯在倫敦開設公司，並在烏拉圭的弗賴本托斯（Fray Bentos）設立工廠，將烹煮過的南美牛肉榨汁後，進行壓縮、裝罐，運到歐洲銷售。三十四公斤的牛肉可以生產出一公斤牛肉膏。

幾乎就在李比希牛肉膏開始銷售的同時，其他化學家和醫師卻懷疑其營養價值。直到一八六八年，李比希還在針對牛肉膏所含鉀鹽對健康有害的指控進行辯解。[5] 不過，李比希的牛肉膏公司仍持續擴大市場，藉由尋求廚師與家政學家，而不是醫生的支持，直接打動想要方便、便宜方法烹調牛肉味清湯（或是當時英格蘭人普遍所知的「牛肉茶」）的消費者——當時的人認為該湯既美味又富有營養。有機化學對大眾福祉的貢獻——許多消費者幾乎難以察覺——從提供工業濃縮營養，轉移到提供工業濃縮味道。競爭對手跟著推出其他產品，同樣以廉價濃縮物提供蛋白質或蛋白質味道。這些廠商宣稱其產品對健康有益，並聲稱他們推出這些產品是出於關心大眾福祉。不過，其實這些產品主要是因為使用便利而被接受，其大部分的營養價

值並未被科學證實。瑞士企業家朱利亞斯・美極（Julius Maggi）在一八八六年推出以乾燥豆類製造的即溶湯粉，接下來，又推出以「美極醬」之名銷售的水解植物蛋白液（HVP）。在一九〇八年，池田為其谷氨酸鈉調味料註冊專利的同一年，美極開始銷售工廠生產的肉湯粉塊，而李比希的公司在一九一〇年以名為「Oxo」的粉塊作為回應（圖3）。同時期其他英國競爭者還包括用牛肉製作的保衛爾（Bovril）肉汁、和用蔬菜製作的馬麥（Marmite）醬（圖4）。

池田抵達歐洲時，在有機化學領域有幾個對其接下來的職業生涯極為重要的特徵：化學家正在品嘗他們實驗室的產品、人們普遍認為化學家的科學掌握著餵飽工業化世界不斷增長人口的關鍵、以及工業生產的味道——滿是希望卻又模棱兩可地與工業生產的營養緊繫在一起——可以帶來財富。德國化學家卡爾・希特豪森（Karl Ritthausen）在一八六六年發現谷氨酸並觀察到它有牛肉膏的味道，但沒有追求其商業潛力。埃米爾・費雪爾（Emil Fischer）——在一九〇二年因為糖類研究而獲得諾貝爾獎——同樣是研究谷氨酸，但發現它的味道並不討人喜歡。[6]因此將企業家視野以及料理味蕾這般正確組合帶給谷氨酸鹽的，正是池田。

圖3
繼李比希牛肉膏之後開發的工業生產食品：美極肉湯粉塊以及「Oxo」廣告。廣告主題主要是孩子和健康。

池田後來回憶，他是從日本醫生三宅秀一篇認為美味有助消化的文章獲得靈感：

　　由於長期以來對我國貧乏飲食的遺憾，我一直思考著如何改善，卻苦於找不到好辦法，直到讀到這篇文章。讀了該文後，想到可以透過生產廉價、優質的調味料，讓富有營養但味道欠佳的食物變得美味，這實現了我的目標。[7]

他的發明如何具體改善日本人的飲食？哪些味道欠佳，卻富有營養且負擔得起的食物是日本人更需要的？池田並沒有具體說明。與李比希和美極一樣，池田在這篇回憶文中似乎更多是意指味道萃取、化學濃縮與營養的概括組合。當時認為科學可以改善飲食，有機化學能夠找到人

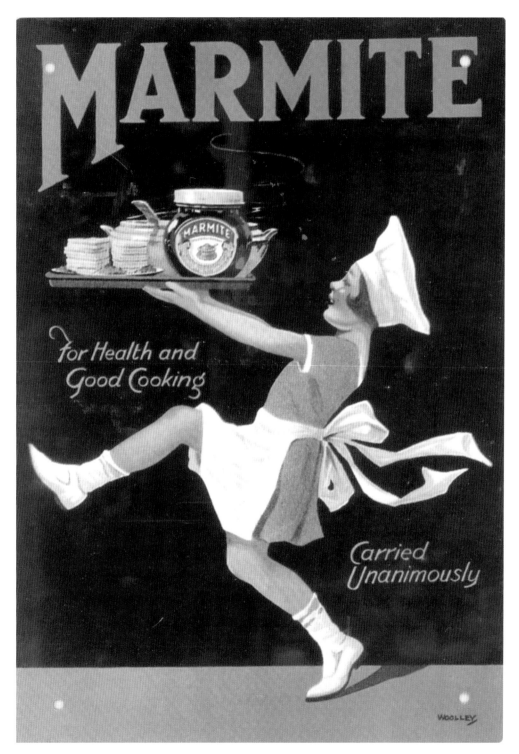

圖 4　保衛爾和馬麥的廣告

體所需要濃縮的「素」，而且更有效地將之輸送到人體中的想法很普遍，我們沒有理由懷疑池田想要改進民族飲食的真誠想望。當時，化學在飲食中的應用、改善廉價量產食品的味道、以及透過實用科學來賺錢等，這三點構成整體的條件。池田同樣看到與他的同胞相比，歐洲人身材何等高大。福澤諭吉以及其他一些人曾鼓吹要吃更多的牛肉，以便在力量和身材上與歐洲人相抗衡。也許池田相信，如果能夠有便宜肉類來源，而且其對吃米飯的大眾具有更多吸引力，則整個民族將變得更強健。一八八〇年代，出自「腳氣病是缺乏蛋白質」所引起的想法，日本海軍決定採用與英國海軍相同的食譜。[8] 從中日甲午戰爭起，罐頭牛肉對軍隊愈發重要，池田的志向與國家的目標終於達成一致。

繼在日本取得專利後不久，谷氨酸鈉也在美國、英國和法國取得專利。日文專利申請稱該味道為「快美之味」，英文申請則稱為「谷氨酸鹽的味道」，不過在這個發明的國內宣傳文字中，池田將其特殊味道稱為「旨味」（umami）——這是池田的造詞，源自日語口語形容詞「旨い」（好吃的）。池田將粉末狀的谷氨酸鈉帶給碘的製造商鈴木三郎助，鈴木製藥所（一九一二年改名為鈴木商店[9]）從一九〇九年起開始以「味之素」商標名銷售粉末狀谷氨酸鈉。鈴木製藥所最先進的技術與池田提出的飲食改革相結合，谷氨酸鈉成為化學科學與十九世紀對國民健康的進步的關注交叉點。科學對其行銷以及生產至關重要。明治（一八六八－一九一二）末期，味之素開始建立其國內市場，當時日本正在迅速發展工業以加入西方列強的行列。那個時代受過教育的日本人對當代科技所帶來的益處懷抱極大的信心。正如商業史家路易莎‧羅賓芬（Louisa Rubinfien）指出，味之素提供「可預見、效率、便利，以及對衛生和營養的科學保證——這些都與明治時代『文明開化』目標一致」。[10]

谷氨酸鈉與日本家庭主婦

鈴木製藥所最初難以吸引顧客，上市後最初四年間，

谷氨酸鈉沒有為其帶來利潤。在發現他們的產品遭到醬油釀造業者和餐廳老闆拒絕後，公司轉變策略，開始以家庭主婦為目標。世紀之初，資產階級的女性、資產階級的廚房以及日本料理，都處於重大轉變的陣痛中。一種新的家庭習慣正成為在明治國家保護下，作為統治者精英階級身分認同的關鍵。受到啟蒙的資產階級家庭主婦努力地根據衛生、泰勒主義效率以及科學營養來管理她們的廚房。為了如此行，她們聽勸告承擔所有備餐的工作，因為其家庭的安康不能交給無知的僕人。故許多資產階級女性正在擁抱她們在廚房中的新角色，積極應對每天調製新的、富有營養膳食的挑戰，以取悅家人並獲得個人的滿足。在這個過程中，她們打破產品季節的迴圈和多人參與沉重勞動的廚房傳統。因此，儘管自己的母親是從她們的母親學習做菜，或者自己的母親僅僅只是監管家庭帳戶而讓僕人去做菜，二十世紀的日本女性購買食譜書、閱讀充滿照燒[11]、炸豬排等混合風格料理的報紙專欄，並參加由男性廚師傳授廚藝的烹飪課程。這些發展使得明治晚期資產階級女性特別容易接受新的烹飪工具和材料，尤其是那些宣稱具有基於科學實驗合理與便利性的材料。[12] 經過改良的廚房，與關於營養、衛生及效率的專家知識，使谷氨酸鈉這樣的新商品與知識體系結合，成為日本主婦通向全球現代性的大門。

不過，即使對那些熱切渴望嘗試最新烹飪發明的主婦來說，使用酸鈉仍有困難要克服。一九一二年，一瓶「家庭裝」谷氨酸鈉售價為五十錢（當時五十錢可以買到將近十磅[13]麵粉），並不便宜。對那些被灌輸節儉為最高美德的家庭主婦來說，必須讓她們相信這種陌生粉末是廚房中必要添加物。因此味之素使用多種手段達成這個目的——將她們設定為消費目標。公司商標是一位穿著神氣白色圍裙、梳著西式髮髻的女性，這兩項都是現代資產階級女性的標誌。為了在審美上吸引資產階級女性，產品裝在看起來像是香水瓶的細長玻璃瓶中出售。最重要的是，味之素的行銷人員訴諸日本主婦將自己視為專業烹飪人員、以及將廚房視為實驗室的新意識，來打動她們。

為了達到這個目標，西餐、營養和家政管理方面的專家都被找來代言該產品。這些人物都是女性雜誌及報紙專欄的常客。[14] 其中一個將自己的名字出借用於味之素品牌宣傳的人物，就是人氣記者村井弦齋，他的產品代言出現在味之素第一則報紙廣告當中（圖5）。「添加在味噌湯中，其味最妙」他寫道，並稱該粉為「每天早晨餐桌上必不可少」、「便利至極」。村井的代言很具分量，因為幾年前他寫了連載小說《食道樂》（《愛好美食》），是明治時代極為暢銷的書之一。《食道樂》不只是一本小說或烹飪書，而是從廚房開始，對日本民族進行社會和道德大規模改造的呼籲，是一部厚實的著作，最後出版了四卷，其中包括數百種食譜。這部書成功地奠定村井家喻戶曉的地位、以及在食物及營養方面公認的權威。根據製備食物時增加對能量和額外精力的需求，會減少消化過程中的消耗因此破壞食物成分此一理論，村井主張增加蛋白質攝取量、膳食多樣性以及注意烹飪方法。在村井看來，烹飪改革能夠帶領可鄙無知的日本人走向文明。[15] 儘管它們不能提供谷氨酸鈉實際健康效益的證明，不過，與這位著名飲食改革者聯手的結果，有助於谷氨酸鈉獲得該公司欲追求的有益健康形象。

味之素直接向日本高等女學校——訓練精英階層家庭的女兒們如何操持資產階級家庭的中等教育機構——的學生和畢業生提出呼籲。由於接受了受到美國影響的家政課程，這些女性滿腦子都是有益科學的理論；她們成了醫療與營養專家說教的理想對象。家政學教科書讚揚味之素是製作傳統肉湯時所使用的昆布及柴魚的替代品。[16] 味之素的廣告相對應地強調該產品是「純白的」，因此，它的衛生形象也符合當代女性所受教育中對漂白和消毒的強調。[17] 一九三二至一九三七年間，公司寄給每名高等女學校的畢業生一瓶樣品和一本烹飪書。附帶的信函稱讚味之素為多年科學研究成果，並指出其已被帝國發明協會所認可。味之素被描述為成本、精力及時間方面最具經濟效益的調味料，也是現代生活（或用原話來說「文化生活」，是當時提到任何關於進步、新潮的東西時都喜歡用的標語）中不

圖5
味之素第一則報紙廣告（《東京朝日新聞》，一九〇九年五月二十六日）。白色圍裙和束髮是現代中產階級家庭主婦的象徵。

可或缺的部分。[18] 一九二〇年代，接受中等及以上教育的
女性人口增加，一系列新媒體推動家庭的理性化，伴隨著
受到啟蒙的家庭主婦使用最新科學發明得以增進家人健康
和幸福的這種生活方式形象。透過理性化語言——包括廚
房勞動和身體消化勞動——的包裝，味之素完美地融入日
本家庭現代化的進程中（圖6）。

很快地，報紙上的烹飪專欄開始普遍將味之素納入食
譜。然而，東京餐廳的廚師很不情願地讓這種白色粉末進
入自己的廚房。最初，匠人的自尊讓他們拒絕這種任何業
餘者都能用來製作傳統湯汁（出汁）的調味料。一九三〇
年代，日本最著名的餐廳老闆和美食家北大路魯山人便曾
對味之素表示輕蔑。不過，即使是刻薄的魯山人，也不是
一味地譴責這種流行的調味料，而是含蓄地承認它在家庭
中被廣泛使用：

近年「味之素」廣受宣傳，但我不贊同它的味道。如
果將它放在廚師旁邊，那麼出於懈怠，最終他將不可避免
地過度使用這種東西，他的美食將受到影響⋯⋯它或許適
合用於小菜，但絕不是上等的料理。目前，為了高級料理
的目的，我認為最好還是儘量少用「味之素」。[19]

越來越多的餐廳偷偷使用味之素。一九三九年，接受
公司雜誌《味》的採訪時，一位名廚承認，如今使用味之

素是必須的，因為人們將其用於家中每一道菜餚，他們的味蕾已經習慣它的味道，以致沒有它就無法享受所燒的菜餚（圖七）。[20]

一九三一年標誌著谷氨酸鈉傳播的第一階段到來。這一年，鈴木商店開始大規模推廣一種在餐桌上而非在廚房中使用的撒鹽瓶式玻璃瓶。[21] 同年，味之素被正式指定用於天皇的餐桌上。一九一八至一九三一年間，公司在川崎工廠的產量增加超過十二倍，由年產八十五噸增加到年產一千零七十七噸。[22] 到了這個時期，對日本帝國城市地區市場的滲透有顯著的成果，行銷工作開始更集中於農村地區、殖民地以及其他海外市場。撒鹽瓶式玻璃瓶標誌著味之素完全被日本城市的家庭主婦所接受；她們現在已經準備好將味之素放在餐桌上，就像鹽或醬油那樣，讓每個家庭成員都能夠將它直接添加到食物當中。受到高等女學校和日本婦女擁抱有益科技之惠，味之素成為日本家庭的一部分。

谷氨酸鈉在帝國、中國及海外華僑

與在日本谷氨酸鈉首先進入家庭，接下來才進入飲食機構相反，在日本殖民地台灣，谷氨酸鈉似乎採取一條相反路線，從公共場所出發，再到私人家庭。味之素公司歷史報告指出，總體來說，台灣的廚師對味之素並未表現出任何抗拒。實際上，當公司總經理鈴木三郎助於一九一四年訪問台灣時，該產品已經用於某些路邊攤和餐廳。[23] 作為一個小島殖民地，台灣為味之素提供了一個易於管理的壟斷市場。該公司在台灣主要城市所有街燈柱上都貼上搪瓷標誌，其品牌名稱徹底覆蓋街道的景觀，甚至引起其他廣告主的抱怨。由於缺少可以作為推銷目標的女子中學生，在此，公司是向小學生進行推廣，他們寄給這裡每一所小學樣品，並提供老師使用關於谷氨酸鈉的測驗題。[24]

一些台灣餐廳和麵店不請自來地幫忙推銷這個產品。如果說放在桌面上的撒鹽瓶式玻璃瓶象徵味之素在日本

圖 7
豎立在一九二六年於東京舉辦的第二屆化學工業博覽會主館入口處的味之素女神像。由此可見，池田的發明對當時日本的化學工業領域來說是多麼重要的標竿（《旬刊寫真報知》，一九二六年四月二十五日）

本國飲食體系的成熟地位，對台灣而言，這樣象徵則是一九二八年首次引進台灣、金色四角形的一公斤裝罐子。食品商店和麵店藉由展示這種罐子向顧客表明他們有使用味之素。[25] 據測，他們這樣做的原因是為了顯示自己沒有使用在一九二〇年代已經出現在市面上的一些冒牌貨。對消費者來說，大型金罐也有特別的意義，因為台灣商人開始在店裡將其開罐，依重量散裝出售。當鈴木三郎助於一九三四年再度來到台灣時，他發現連渡船工都在購買味之素——每天購買約五錢的分量。[26] 這些有關味之素在台灣成功的故事表明，谷氨酸鈉在這裡的文化地位與在日本的明顯不同：即使沒有專家的正式認可，沒有關於衛生及效率的修辭，也沒有對味之素在日本傳播而言極為重要的現代生活內涵，但在台灣的大街小巷及所有階層的家庭中，它已將自己定位為一種便宜、常見的飲食素材。

烹飪與社會因素的結合促使谷氨酸鈉在台灣迅速被接受。研究味之素公司史學者注意到，湯底的重要性、以及為烹調出台灣菜——以及一般中式菜——複雜風味而使用的材料豐富性，是他們的產品能夠適應台灣市場的原因。[27] 台灣廚師比起日本廚師無疑地更習慣使用粉末香料，這可能使得這種外來白色粉末對他們來說顯得不那麼陌生。相對於其他社會因素，我們應該將台灣飲食中街頭小吃的重要性也包括其中。街頭攤販販售的是一種速食，需要加重食物的口味，故使用谷氨酸鈉這種加強味覺的刺激物。同時，味之素的浸透式行銷顯然也扮演著重要的角色，今天台灣依然是世界人均消費谷氨酸鈉數量最多的地區之一。[28]

一九三〇年代，谷氨酸鈉的產量再次大幅上升，從一九三〇年到一九三七年增加四倍多。大多數的谷氨酸鈉依然在日本內地生產和消費（在一九三五年，谷氨酸鈉總產量大約有百分之四十四用於出口），但大陸和殖民地的消費量也迅速增長。[29] 一九二五年，味之素在大連建立工廠，以擴張滿洲國建立之後的當地市場，然後一九三七年又在天津為中國的市場建立工廠（圖8）。[30] 一九三一年，公司建立京城[31]營業所，並開始摸索適應當地情況的行銷

圖 8
在滿洲國街頭巡迴的味之素廣告看板（出自《味之素沿革史》）

方法。該公司將樣品拿到朝鮮的定期集市上，派出吹拉彈唱的化妝廣告員和廣告一起到大街上，將產品連同禮物一起發給麵店和快餐店，而且印刷由人氣妓生——當時朝鮮的傳統藝伎——主打的海報。[32]一九二六年時，出口到朝鮮的谷氨酸鈉只有二十九噸，到了一九三五年增加至一百三十六噸。同一時期，滿洲國的消費力與此相當。一九三六年以前，台灣和朝鮮所消費的谷氨酸鈉都是來自味之素公司在川崎的工廠。一九三六年，味之素的競爭對手——大豆化學工業公司的「旭味」——出現在朝鮮市場上。不過，以人均消費量來說，朝鮮的數字與台灣相較依舊很小。一九三五年朝鮮的人口為二千二百八十九萬九千人，而人均消費味之素約為五點九克，低於日本內地在一九三一年的平均數字，比起大阪府——內地消費者數量最多的地方——的人均消費量（一九三一年為人均消費三十四克）則更低。不過，更令人驚訝的是，這個數字還不到同年台灣人均的消費水準——每人六十九克（五百二十一萬二千四百人的人口共消費了三百五十九噸）——的十分之一。[33]絕大多數的朝鮮人仍繼續自行製造味噌和醬油，如果住在城裡的話，則從小作坊那裡購買必需品。這些年來，傳統烹飪方法及朝鮮國內食品生產力，或許是谷氨酸鈉無法像在台灣那樣成為廚房中重要物品的主因。[34]

　　儘管台灣菜系與中國南部菜系關係密切，味之素在中國的推行卻遇到了障礙。一九一八年，該公司在上海和

廣東展開行銷，並在一九二二年發動與在台灣相似的全面廣告攻勢，但顯眼的看板反而使味之素被視為日本帝國主義的象徵，成為抗議活動的目標，銷量因而受到影響。[35]一九二〇年代末一份公司調查報告顯示，味之素已進入世界都市上海的餐廳和中產及以上階級的家庭，但在南京和其他幾個城市市場仍苦苦掙扎。[36]同時，民族主義的反應刺激國產谷氨酸鈉的發展，而導致進口量下降。中國自己最大的谷氨酸鈉生產商天廚公司成立於一九二三年，吹捧自己的產品是「國貨味精！完全國貨！與洋貨不同！超過味之素，價格更公平！」[37]天廚有意識地模仿味之素的包裝和廣告。在市場競爭的貓鼠遊戲中，一九三〇年發生的抵制和攻擊零售店的事件再次傷害味之素時，味之素的回應是取一個中國名字，並模仿其中國競爭對手的包裝。然而，此時中國人所經營的模仿品總銷量，已超過味之素在中國的銷量。[38]

味之素在中國的廣告是由上海一家公司設計，如同在日本所做的廣告那樣，吹捧產品的現代性，只不過中國的廣告沒有將身處廚房的家庭主婦形象合理化。其中一則廣告是一個資產階級家庭正在等待僕人；另一則廣告是一對男女一起用餐；第三則廣告是一位現代女性獨坐在桌旁（圖9）。這些廣告都未暗示女性自己備餐，相反地，其所突顯的只是產品是最新的，可以使食物變得好吃。

圖 9
一九二〇年代上海街頭的廣告（出自《味之素沿革史》）

（图中文字）

國慶兒童比賽電報

報晨 THE CHEN PAO, CHILDREN'S CONTEST PICTORIAL SUPPLEMENT

老佛牌手

天廚味精

天廚的廣告則是由穿著高雅的女性帶著它調味食物，但這些女性既沒有穿上圍裙，也沒有在廚房中忙碌著。上海報紙《晨報》一九三三年出刊的副刊《國慶兒童比賽畫報》，刊登一則天廚的廣告則強調了營養。廣告中，一個衣著得體的小女孩正用勺子從天廚的瓶子（與當時味之素使用的瓶子形狀相同）舀出些許谷氨酸鈉，加到一盤蔬菜中。隨附的圖說描述兒童的消化功能弱，需要幫助他們發育。這則廣告聲稱：「若用味精調食，既足以增進食量，尤與滋養相宜。家有寧馨兒，不可不備味精。」（圖10）

顯然，中國女性並未對普及科學的呼籲免疫。在民國時期的中國城市中可以看到大型國際大都會中產階級的成長，有許多女性的出版物與日本的女性雜誌類似，都是鼓吹現代家庭生活和新的消費習慣。但在中國，進入女子中

圖10
一九三三年《晨報》副刊上刊登的天廚味精廣告，其中強調產品可以增進兒童的健康以及公司的現代性。

學的學生數量卻遠比日本少得多，而這些學校在日本是烹飪改革的實驗室。一九二三年，接受中等教育的女性數量為三千二百四十九人，而男性則為十萬人。此外，儘管這些學校向學生灌輸現代家政理想，但在公立學校烹飪並不是課程的一部分。[39] 在家庭中，即使是在城市，中產階級女性並不像日本中產階級女性那樣願意自己管理廚房，或是為小家庭烹飪。在一項對天津現代家庭的研究中，伊莉莎白・拉庫蒂爾（Elizabeth LaCouture）表明，儘管一九一九年以後新文化運動的作品將「小家庭」理想化了，但實際上大多數的城市專業人士仍然生活在大家庭中。據拉庫蒂爾所言，上海和天津的女性雜誌經常呈現理想的家庭，卻很少描寫廚房或討論廚房中的工作。[40] 所有這些因素都顯示出，與日本相形之下，中國創新的家庭主婦不會是谷氨酸鈉進入飲食系統的主要管道。

在日本，谷氨酸鈉第一代廣告透過在其上方寫著「理學博士池田菊苗先生發明」字樣，強調這產品是出自化學實驗室。同樣，天廚公司創立者吳蘊初的名字也在廣告中占據顯著位置。然而，這麼做的目的主要是為了強調產品是國貨，而非宣揚其與科學益處的關聯。由於天廚調味料作為進口貨替代品的銷量增長，吳蘊初成了民族英雄，他的名字也反過來促進了產品的銷售。[41]

天廚行銷策略中還有另一個值得注意的面向，就是暗示谷氨酸鈉融入中國飲食之際的獨特之處。天廚的品牌被稱為「佛手」，標籤是藍色和金色——根據吳蘊初的官方傳記所言，這兩種顏色是淨土的標誌。[42] 這種形象證明谷氨酸鈉進入中國飲食的方式，不僅是湯料成分的廉價替代品，也是素食調味料。在一本英文小冊子中，該公司宣稱谷氨酸鈉僅使用小麥製作，並說這是其產品最大的優點。[43] 雖然在日本，佛教寺院素食也是谷氨酸鈉行銷的重要市場，但似乎在中國更顯重要——或許是因為有更多的中國人定期吃素。[44]

因此，比起科學的勝利，谷氨酸鈉進入中國菜是因其

作為一種即時製湯的廉價方法和新潮的進口貨以及素食的提味劑，並很快地成為大獲全勝的進口貨替代品。根據該公司的統計資料和流行烹飪書籍所顯示，在第二次世界大戰以前，它已成為華僑常見的家庭用品。味之素及天廚的產品被出口到香港、新加坡以及亞洲其他華人聚居地區，同時也被出口到美國西海岸的城市。一九三八年在紐約出版的 Henry Low[45]《在家中做中餐》（Cook at Home in Chinese）一書裡，每道食譜都提到了谷氨酸鈉。Low 將其稱為「美食粉」，並將其列為美國家庭料理中餐時的五大「中國必備食品」之一。[46] 不過這樣的好評並不普遍：在一九四五年首次出版的楊步偉經典著作《中國食譜》〔How to Cook and Eat in Chinese，賽珍珠（Pearl Buck）為之作序〕，特別有一條註釋說明作者不支持使用谷氨酸鈉，指出「近年來，對於提味粉的廣泛使用導致正確烹飪方法的標準降低，並使所有菜色均同化為一種味道」。[47] 一九三〇年代，味之素開始對城市地區市場滲透，許多日本廚師——以及一部分中國廚師——對其表示嫌惡。

谷氨酸鈉在美國

　　一九三〇、四〇年代中國料理的英文書籍，將使用「美食粉」視為天經地義，或者抱怨人們過度使用它，這可推論出一個合理的假設，即當時美國的中餐廳都會使用它。而當時正是許多美國白人開始到中餐廳用餐的年代。出於日本入侵期間對中國人的同情，以及伴隨著正式承認蔣介石的中國為盟友後的文化交流，改變了美國人對中餐的態度。非華裔人們開始探索他們城市中的唐人街，本是以非華裔為客源而經營小飯館和雜貨店的中國人也開始賣起中餐（圖11）。[48]

　　然而，在開始隨意追溯中國移民以前的美國人消費谷氨酸鈉的根源前，還需探索另外一條不那麼明顯的重要管道：工廠加工食品和美國的軍事工業的複合體。早在一九二〇年代，味之素公司便已嘗試銷售小香水瓶裝的谷氨酸鈉給美國家庭主婦，只是成果有限。儘管如此，美國

一九三九年八月二日，中日戰爭正
酣，洛杉磯開始一座為吸引觀光客
的新唐人街（China City）。門上可
以看到美國國旗和中華民國國旗。
據說，這些像主題公園一樣的建築
物有一部分是從賽珍珠小說《大
地》拍攝片場轉移至此〔出自刊登
於《洛杉磯時報》〈唐人街今昔〉
（Chinatown Then and Now）一文〕

很快就證明它是一個廣闊的市場。事實上，從一九三○年
代中期到一九四一年，除了日本本土和台灣，美國人消
費的味之素超過其他國家。[49] 以金寶湯公司（Campbell's Soup
Company）為首的美國罐頭食品製造商承接了這個需求（圖
12）。如同其發明者一樣，這些廠商認識到谷氨酸鈉能夠
讓平淡、廉價的食物變得美味。確認美國市場後，谷氨酸
鈉重新被包裝。在日本，谷氨酸鈉被裝在為個人使用而設
計的玻璃瓶裡，成為進餐時間不可或缺的一部分。在台灣，
谷氨酸鈉以店家打開後散裝出售的一公斤裝罐，融入本土
的烹飪習慣。在一九二六年之後，谷氨酸鈉被裝入罐頭，
放在十磅裝的木箱條中，越過太平洋來到北美，送往那些

金寶湯。創立於一八六九年的金寶
湯公司於一八九七年開發出濃縮湯。
從一九二○至三○年代開始，這家
公司開始使用日產谷氨酸鈉。

企業消費者的手中。[50]

在當時，美國食品比世界上任何其他地方都更工業化。日益高科技化的軍事技術轉移，對食品加工發展有著重大的貢獻。第二次世界大戰後，軍方對谷氨酸鈉的優點產生興趣，原因是——以美軍食品與容器研究所軍需官約翰·彼得曼（John D. Peterman）上校的話來說——「無味的軍糧可能像軍隊生活裡其他任何因素一樣，快速地削弱了士氣。」[51]由食品與容器研究所贊助的兩次研討會，集結了一批工業界智囊，討論關於谷氨酸鈉新的應用方式，在此之前的一九三〇年代，谷氨酸鈉在味之素的監督下開始在美國生產，但直到戰爭爆發為止，所取得的成果仍很有限。美軍因此熟悉谷氨酸鈉，並可能已經在二戰時運用於部分軍糧。不過，對軍人食物偏好的研究本身是全新的。一九四四年，軍需官辦公室成立了關於食品偏好的研究部門，第一次關於這個主題的會議在一九四五年十二月召開。[52]

軍隊一直是工業食品的特殊實驗室，這不僅是因為軍隊需要大規模食物供應，也是因為軍人構成一個固定不變的消費人口，需要以某種方式滿足他們的口味，讓他們儘量多吃、少浪費（圖13）。在一九二〇、三〇年代，日軍努力解決軍人食品偏好的問題，並開發出許多包括西式和中式菜單在內的高蛋白飲食。[53]由於原料短缺，在一九四〇至四一年政府限制谷氨酸鈉的生產時，只有味之素得到提供大罐裝特別軍需配額的例外待遇，[54]由此可見，處於戰時國家體認到谷氨酸鈉對日軍的重要性。一位在美軍第一次谷氨酸鈉會議的與會者講述到，他在戰爭期間駐紮太平洋地區時，發現日軍的罐頭魚和罐頭肉上鋪著一種美國軍人非常喜歡的「水解大豆製品」製造的調味料。日本和美國軍事力量在太平洋地區的衝突有助於這種調味技術的轉移。美國會議的與會者對日本食品並沒有興趣，也沒有人接受池田菊苗提出的以谷氨酸鈉代表「第五種味道」的想法。其關心的重點只在於用來喚醒食欲，並儘可能提供更多廉價蛋白質的文化同質軍隊飲食，讓兩國的烹飪體系

圖13
一九四二年第二次世界大戰中美軍使用最廣泛的軍糧「K—口糧」早餐版。據說在軍人之間並不受歡迎。

圖 14
一九四七年開始銷售的美國品牌谷氨酸鈉 Ac'cent

找到共同點。正如首次研討會所指出的，戰後美國軍需辦公室也有如何提供美國軍事統治下的大量平民人口美味、廉價的營養品的類似擔憂。[55]

二十世紀中葉美國消費者的傾向是，餐廳、食堂以及成品食品製造商使用食品添加劑，但不是自己在家中使用。自一九四七年的 Ac'cent 開始，美國已生產許多味之素的同類製品，提供超市上架（圖 14）。[56] 儘管在二戰結束後的二十年間，這些製品已經在廚房和戶外野炊中很常見，但卻沒有一種能取得味之素在日本家庭中如此普遍的自豪地位。不過，就在谷氨酸鈉滲透到整個食品加工業的那些年間，中餐廳也成為美國無所不在的景觀。因此，不管個人消費者是否有意在家中將瓶裝谷氨酸鈉添加到食物中，其他幾種飲食體驗——罐裝、冷凍食品以及中餐熟食——都已經將這種味覺刺激物大量送進美國人的口中。

一九六〇年代，消費者對食品工業的信任遭到破壞。環境、健康及食品安全運動使得大眾的注意力集中在食品體系中化學品所帶來的風險。一九六二年，瑞秋·卡森（Rachel Carson）《寂靜的春天》（Silent Spring）一書的出版，引發大眾對於使用殺蟲劑的抗議，而隨著對於食品添加劑新的警告，六〇年代末的抗議聲勢更顯浩大。一九六八年，科學家警告人工增甜劑糖精可能致癌。翌年十月，美國食品和藥物管理局禁止另一種人工增甜劑甜蜜素，迫使廠家回收價值數百萬美元的汽水飲料。

中餐廳症候群的「發現」，正值美國消費者開始反對餵飽他們的食品工業之時。一九六八年四月，《新英格蘭醫學雜誌》（New England Journal of Medicine）刊登一封居住在馬里蘭的華裔美國醫生 Robert Ho Man Kwok [57]的來信，信中提到「自從我來到這個國家之後的幾年來，每當我外出去中餐廳，尤其是那些提供中國北方菜的餐廳用餐後，我都會經歷一種奇怪的症候群。」Kwok 描述的症狀包括麻木和心悸。該雜誌給這封信下了這樣的標題：「中餐廳症候群」，而當其他醫生在接踵而至的來信和報告中使用這個

術語後，該說法開始大行其道。儘管鹽、茶、烤鴨醬及進口蘑菇都曾被提出可能是引起中餐廳症候群的罪魁禍首，但人們很快就達成共識，認為是谷氨酸鈉惹的禍。接下來還進行問卷調查和實驗室實驗。[58]

一九六〇年十月二十三日，就在美國食品和藥物管理局宣布禁用甜蜜素的數日前，白宮食品、營養和健康會議的主席尚‧邁爾（Jean Mayer）提議禁止在嬰兒食品中使用谷氨酸鈉。邁爾是根據當年早些時候由約翰‧奧爾尼（John Olney）博士提出，注射谷氨酸鈉引起老鼠病態肥胖和腦部損傷的一份報告而做出這項提議。[59]鑒於甜蜜素引發的爭論，尼克森總統下令食品和藥物管理局重新審查「總體安全物質」名單上的全部食品添加劑。[60]不過，儘管有奧爾尼的證言、進一步的動物實驗，以及整個一九七〇年代由眾多醫生提出報告的傳聞證據，谷氨酸鈉卻從未遭到禁用或成為進一步管制的對象。與當代世界食品體系中的糖精及其他許多安全性曖昧不明的物質一樣，即使關於健康影響爭論持續存在著，人們仍然繼續消費谷氨酸鈉（圖15）。

圖15
現在有許多在北美的中餐廳會在功能表中表明未使用谷氨酸鈉。圖片右下角是普遍使用的標記。

「食用谷氨酸鈉讓你變聰明」

奧爾尼的老鼠並不是第一批被注射谷氨酸鈉的實驗室動物。一九五七年，英國眼科醫師盧卡斯（Lucas）和紐豪斯（Newhouse）就曾進行類似的實驗，將大劑量、尚不足致死的各種谷氨酸鹽溶液注射到成年及剛出生的老鼠體內。他們發現注射可能會造成視網膜的損傷。[61]儘管這項實驗結果後來被包括奧爾尼在內其他人士引用，但在當時卻被大眾忽視。盧卡斯和紐豪斯並沒有提到食物中的谷氨酸鹽。即使有，也有可能沒被注意到。因為他們的發現被刊登在眼科醫界一本專業期刊上。而且在一九五七年，食品添加劑也還沒有像一九六〇年代末那樣成為媒體關注的對象。相反地，奧爾尼是在被廣泛閱讀的《科學》（Science）雜誌發表他的研究結果。由於 Kwok 的案例在媒體依然新鮮，不足為奇地，奧尼爾在論文中提到了谷氨酸鈉「在中餐廳症候群中扮演的角色」。[62]不過，可能造成與奧爾尼、

盧卡斯和紐豪斯的研究結果有所差別的最重要原因是，在那十年間，美國實驗室科學及食品的氛圍發生變化。刊登奧爾尼文章的那一期雜誌同時收錄關於處方箋安全性、殺蟲劑的報導文章。

　　甚至在盧卡斯和紐豪斯之前，還有其他實驗室也有谷氨酸鈉相關作用的研究。然而，取決於如何設計實驗及對其結果的解讀，相同的谷氨酸鈉可以被視為增強大腦，而非損害。在一九五〇年代末至一九六〇年代的日本，人們普遍相信食用谷氨酸鈉能夠讓人更聰明。此一信念的主要支持者不是谷氨酸鈉製造商，而是生理學者及人氣作家林髞。在他的暢銷書《頭腦：激發才能的處方箋》（《頭脳：才能をひきだす処方箋》，一九五八），林髞指出大腦中有大量的谷氨酸，研究人員發現谷氨酸具有重要的神經性功能——儘管人們尚未對這些功能有充分的了解。在該書他處，作者以比較通俗的語言描述谷氨酸的重要性：

　　　那麼，我在此描述的物質（谷氨酸化合物）是否可成為治好傻子的藥方？不能。傻子和智力不足是治不好的。那麼，它們能不能讓感覺遲鈍的人變得敏銳？這似乎是可能的。至少在預期不久的將來，這是有可能的。無論如何，構成這些物質基礎的谷氨酸是由蛋白質分解產生的，為了從中受益，透過食物來攝取蛋白質是不可或缺的。當然，以原始形式攝入谷氨酸也可以被人體吸收。因此，喜歡「味之素」的人可以透過口服谷氨酸得到益處。

圖 16

　　這段文字佐以一則醫生在一個愁眉苦臉的人頭上噴撒谷氨酸的漫畫來說明，圖說標題寫著「治半傻的藥是有的。那就是谷氨酸。」（圖 16）[63]

　　林髞有充分的理由要推動關於谷氨酸神經性效果的研究，因為他就是這個主題執行實驗的關鍵性科學家之一。林髞於一九三〇年代在伊凡‧巴夫洛夫（Ivan Pavlov）處接受培訓，並將巴夫洛夫的制約反射理論介紹到日本。巴夫洛夫建議他研究不同的化學物質對狗的制約反射的影響，不

過林顥專注於谷氨酸鹽——當時已證明注射這種物質會影響運動反射（引起抽搐）。在戰後一份發表其研究的英語出版物中，他總結說，注射谷氨酸能夠刺激大腦中的神經細胞，雖然大劑量的注射會引起嚴重的痙攣，但小劑量的注射卻能夠促進制約反射（也就是說，使狗會更容易學習制約反射、記起曾經學習過的制約反射）。後來林顥的結論被一些人引用為注射谷氨酸鹽導致破壞性後果的證據，但對他自己而言，最突出的資訊是谷氨酸鹽的潛在價值。在《頭腦：激發才能的處方箋》一書中，林顥告訴讀者，他們大腦全部潛能只有三分之一得到發揮。如果得到有效的刺激，便能提升大腦。不過隨後，這被林顥視為谷氨酸鈉能增強大腦能力的標誌之一的刺激效果，卻影響約翰·奧爾尼造出「興奮性毒素」（excitotoxin）一詞。二者的區別在於如何看待化學物質所帶來對大腦的人工刺激，因為這是一個與實驗結果相關的問題。[64]

　　在法國和美國，其他研究人員在一九四〇、五〇年代以谷氨酸鈉作為治療癲癇方法，並用於智障病人、老鼠與其他動物大腦機能可能的改善劑的實驗。一九四七年，《時代》雜誌刊登一篇關於哥倫比亞大學齊默曼（Frederick Zimmerman）博士及其同事的計畫短文。齊默曼博士和同事曾經為智力障礙和癲癇兒童餵食谷氨酸，並報告說如此提高了這些兒童的智商。[65]不過，這些研究人員和《時代》雜誌都沒有提到商業食品添加劑的問題。隨後，進一步的研究對於谷氨酸——尤其是作為口服給藥的谷氨酸——與智力之間的關聯提出疑問。然而，希望的種子已經種下，這部分還要歸功於林顥的通俗寫作，這顆種子發芽、成長最為茁壯的地方就是日本。日本消費者將林顥的理論付諸於實踐並沒有什麼困難，因為每個家庭對於谷氨酸鈉都已相當熟悉。戰前，在女子學校進行推廣時，就賦予該產品有益科學的光環，認為其一定會發揮更大的作用。不過，如果明治晚期的科學承諾增進民族飲食，是讓日本人長得更高大、強壯的話，科學現在要讓你的孩子變得更聰明而不只是更高大的承諾，正好符合一九六〇年代日本社會——當時，接受高等教育和白領職業成為父母對子女的普

遍期望；由於人們生育子女數變少，因此還誕生了「教育媽媽」一詞。

傳聞食用谷氨酸鈉能夠增強大腦機能的證據在其他各地都有報導，但在亞洲並沒有廣泛傳開來。許多中國消費者似乎相信谷氨酸鈉有益健康，但這並非指它能夠促進智力。一九六〇年代，當谷氨酸鈉與智力關聯的言論在日本已司空見慣時，它在中國還是一種奢侈品。那些年間來自日本的消息少之又少，當時又只有日本將谷氨酸實驗與谷氨酸鈉消費品特別連結起來。後來，當谷氨酸鈉在中國的名聲變壞時，有人說它會引起掉髮，這可能是來自谷氨酸與大腦機能說法的聯想。一九六〇年，一份台灣報紙曾刊載一篇報導谷氨酸鈉對大腦有益的文章。但這篇文章並沒有指出消息來源。[66] 我曾聽說一位在一九一〇年代出生於台灣的女性，在一九七〇年代不斷告訴她的家人：谷氨酸鈉能讓孩子更聰明，還將這種產品寄給海外的親戚。而根據一個韓國部落格的報導，由於芝加哥醫學院鼓動谷氨酸鈉能讓他們變聰明這項未經確認的研究，準備入學考試的學生曾短暫流行過吃下一整勺的谷氨酸鈉。部落格中並未說明這種做法在何時開始流行。以上這兩個例子說明了即使在發生「谷氨酸鈉會讓你生病」危機之後，這些前日本帝國偶而還是會流傳「谷氨酸鈉讓你變聰明」的說法——雖然這信念似乎在這些地方並沒有像在日本那樣被廣泛重述和被長時間信奉。[67]

危機與回應：「鮮味」的重新發明

一九六〇年代，消費者對食品工業意識的巨大變化席捲美國，也發生在全世界的富裕國家中。一九六八年，日本消費者團體為爭取針對米糠油的禁令發起抗爭，當時這種常見的食用油被發現含有多氯聯苯（PCBs），許多日本人聲稱這種產品對他們造成損傷，因此同年還通過了一部消費者基本保護法。[68]

儘管關於甜蜜素和其他食品添加劑的報導，在日本引

起與在美國同樣強烈的大眾警戒，只是谷氨酸鈉恐慌在日本有著特別的迴響。味之素仍是世界領先的谷氨酸鈉製造商、以及日本食品工業領域最大的公司之一，它與日本消費者之間有著長期供需關係。四十年前，當東京一家雜誌散播味之素是用蛇肉製造的傳言時（圖17），該公司透過在報紙廣告保證傳言不實作為回應，重新贏回消費者的信賴。當時，即使產品出口到國外，仍然能夠將食品醜聞控制在國內範圍。日本的製造商也與國內市場保持足夠緊密的關係，使其利用自發性的公共承諾就能夠消除消費者的疑慮。[69] 與此相反，在一九六〇年代，媒體和其所報導的工業事件都是全球性的，消費者也更傾向於懷疑食品企業巨頭，因為他們的商業活動是無形的，其生產方法也是難以理解。在白宮食品、營養和健康會議作出提議後，奧爾尼的老鼠在兩天之內就成了日本報紙的頭條，該產品在美國和日本的形象都受到永久性傷害。[70]

一九七〇年代初在日本，曾環繞谷氨酸鈉四周的科學光環變得更像是一片烏雲。一九七〇年，味之素銷售量出現史上首次下滑。該公司高層以兩種方式回應此次危機：一是多樣化產品線，降低瓶裝谷氨酸鈉所占的比重；二是著手改造批發企業的形象。當一九六〇年代谷氨酸鈉銷量到達頂峰的跡象出現，公司就做好充分準備迎接未來的衝擊，啟動產品多樣化的進程。到了一九七一年，國內市場飽和已眾所周知。[71] 在日趨過時的小撒鹽瓶之外，味之素又推出一條「天然香料」產品線，例如魚基即溶湯料「出汁之素」。[72] 此外，公司也迅速投向其他加工食品的生產。一九六六到一九七四年間，調味料在味之素銷售額所占比例從百分之五十二下降到百分之二十四，而加工食品所占比例則從百分之三上升到百分之十六。此後，加工食品生產量持續上升，直到一九八〇年，達到總銷售額百分之三十五。此一策略確保公司利潤在這十年間穩健增長。[73]

一九七〇年代，隨著谷氨酸鈉在美國成為有害科學同義字，味之素公司的關係企業公司及其競爭對手擴大在亞洲和拉丁美洲的生產及市場，它們的大獲成功顯然是沒有

圖17
宮武外骨的諷刺雜誌《頗》（《スコブル》）刊登了一則名為《有趣的懸賞》的詼諧猜謎廣告，宣稱味之素是用蛇肉製造的（一九一八年十月）

受到美國與日本負面報導、以及第三世界中正在萌芽的食品消費者運動影響。聯合化學公司（Union Chemicals，味之素關係企業）在菲律賓的產量從一九七〇年每月四百八十噸，上升到一九七八年每月七百五十噸。一九六二年建立的泰國味之素，產量則從一九七〇年每月六百噸上升到一九七四年每月一千二百八十噸。味之素的印尼工廠建立於一九六八年，一九七〇年開始生產。其零售量從一九七二年五十六噸上升到一九七七年四百一十六噸。秘魯的味之素在一九六九年四月開設一家工廠，其產量從一九七三年一百五十噸上升到一九七七年三百噸。該公司的巴西工廠開設於一九七七年，其產量很快就達到每年八千噸以上，大部分用於出口。除巴西之外，幾乎全部的產量都用於當地零售。與歐洲人和北美人不同，這些國家的消費者習慣購買味之素和其他廠商品牌的瓶裝和袋裝產品。

與谷氨酸鈉能讓你變聰明的說法一樣，谷氨酸鈉讓人生病說法也是不平均擴散，儘管毫無疑問地，後者更為廣泛。其傳播情況很大程度上取決於消費者組織——這些組織起源於美國和歐洲，在一九六〇年代開始建立全球性網絡。國際消費者聯盟組織則成立於一九六〇年。其亞太地區分部一九七三年設立於馬來西亞，在歐洲總部旗下聯結一些已經存在的亞洲消費者團體。一九八〇年代早期，亞洲開始出現反谷氨酸鈉運動，國際聯繫增強這些團體的力量。當味之素廣告在馬來西亞的報紙印上聯合國糧食及農業組織以及世界衛生組織的標誌時，當地團體便向聯合國及日本消費者團體進行投訴。該公司被迫撤回這些廣告。[74] 成立於一九八三年，同樣受到國際消費者聯盟組織支援的韓國消費者保護市民聯盟，在一九八六年開始推動減少谷氨酸鈉消費量運動。[75] 如同在馬來西亞，這個運動成功激發對這一熟悉產品的新意識，也就是說，這是一種有著化學名稱的危險添加物，而不是能夠打動人的品牌名稱。一九九〇年代，一些韓國的包裝食品製造商在廣告中宣稱自己的產品「不含 MSG」——此處使用引進自美國的拉丁字母縮寫，使自己有別於競爭對手。同時相對地，仍有一些國家未受到反谷氨酸鈉運動的影響。例如菲律賓，現

在電視上仍可見向家庭主婦們展示準備食物時撒上這種白色粉末的廣告——但在日本味之素公司的廣告中已看不到了。

在發生於一九六〇年代末的食品添加劑恐慌之前，尖端技術是味之素公司極力展示其自豪的理由之一。該公司生產的增味劑通稱「化學調味料」，長期以來在公司文件、以及在法律與傳媒界都是標準用語，如今卻產生一個明顯的負面效應。為了取代它，味之素及其他日本的谷氨酸鈉生產商回歸到池田發明味道時所使用的最初用語，表達「美味」意思的口語日語詞。為了讓日本消費者更熟悉谷氨酸鈉，聽起來更像自然產品，它們將其重新命名為「鮮味調味料」。一九八二年日本鮮味調味料協會成立，同時還設了一個鮮味研究中心。[76] 一九九〇年出版的第三部味之素公司史，作者們努力以其他多種方式，將谷氨酸鈉與自然而非科學連繫起來，其中包括將這部書的標題命名為《耕作味道》（《味をたがやす》）這一個讓人聯想到農業的短語（圖18）。談到用語方面的問題，《耕作味

圖18
一九七一年、一九九〇出版的味之素公司史中最前面的圖片。一九七一年版的圖片帶有科幻風格，是川崎重工業區主工廠的夜景（左圖），以強調工廠生產。而一九九〇年版的公司史則在「Ajinomoto Dream」（味之素之夢）這一英語標題下，將強調自然形象的照片擺在最前面（右圖）。

道》的作者暗示「化學調味料」一詞，是在一九五〇年代由國家宣傳政策強加給自己公司產品——儘管之前的公司史一直使用該詞語，甚至曾引用過使用這詞語的公司戰前檔案。[77]

　　味之素讓池田博士的「鮮味」一詞復活所具有的意義，遠遠超出公司史僅僅幾頁的記載。它標誌著企業全面努力以重拾從前作為有益科學擁護者的公司形象。池田曾提出鮮味是第五種基本味道，與公認的甜、酸、鹹、苦這四種基本味道不同。[78]一九八〇年代，公司開始透過味覺生理學的最新實驗方法來證明這一點。公司高層希望關於味覺的「好科學」能夠像一個好女巫一樣到來，宣告食品添加劑「壞科學」的死亡，並大膽地將味之素設置在前進的道路上。為此目標，味之素資助了一系列研究案，首先是一九八五年在夏威夷召開的國際研討會。會上，來自日本和美國的研究人員報告了用碼錶、彩色味覺樣品，以及用鑷子將浸了液體的濾紙放到實驗者舌頭上的實驗（圖19）。

　　研究人員的結論暫時是以有益科學的說法認可「鮮味」的存在。[79]雖然有些研討會的與會者質疑四種或五種基本味道說法的邏輯連貫性，[80]但這種合格的支持已足以

圖19
為探索辨識「鮮味」能力的遺傳性而在新生兒身上做的實驗。右邊三列是新生兒被給予混合谷氨酸液體後的表情（出自《鮮味：一種基本味道》，一九八七）

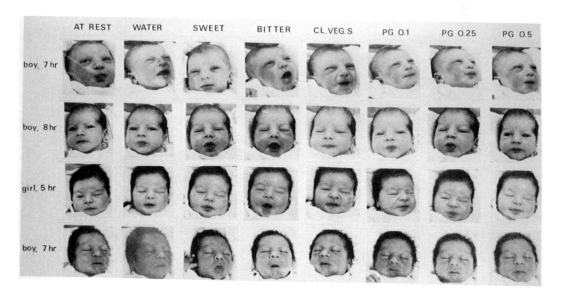

讓味之素公司宣稱其產品確實是科學證明為第五種基本味道的來源。[81] 為宣揚此一觀點，首次研討會英語論文集標題為《鮮味：一種基本味道》(Umami: A Basic Taste)。

二○○○年，美國生理學家宣布其有了一些發現，顯示舌頭上有一群份子能夠對谷氨酸鈉引發的刺激作出特別反應。二○○二年二月《自然》雜誌報導說，「研究人員已經查明能夠讓我們品嚐出組成蛋白質基本單位的受體。這些氨基酸感受組織觸發增味劑所帶來的咂嘴『鮮味』。它們的發現或許有助於開發新的添加劑。」[82] 味之素公司因此準備好要宣布一次科學的勝利，只是壞科學這個邪惡的女巫還沒有被打敗：二○○一年末，日本弘前大學的科學家報告說，發現被餵食高含量谷氨酸鈉的老鼠視網膜變薄，最終導致失明。[83]

值得注意的是，上述《自然》該篇文章的作者提到其所討論的味道時，使用的是「umami」一詞，而非「谷氨酸鈉的味道」(MSG flavor)、「美味」(savoriness) 或是其他說法。這表示味之素公司將人們的注意力從被妖魔化的谷氨酸鈉轉移到更能打動人的鮮味上的努力，有了成效。[84] 這一外來詞語的使用，暗示這種味道有著難以言喻的日本品質，並鼓勵人們去想像，此產品的壞名聲或許是來自有益科學能夠克服的文化誤解。當面對英語世界的讀者時，池田自己使用「谷氨酸的味道」(glutamic taste) 一詞；一些戰前的英語廣告使用「美味調味料」(savory seasoning) 一詞；中國的廣告商則選擇「鮮味」這個詞。每一個詞語都描繪出一套不同的味覺體驗，不過也因為口語對味道描述的不精確，每個詞語都可以充分地向非日語讀者傳達出池田的發明。隨著二十世紀末世界進入一個烹飪全球化和國際文化競爭的時代，「umami」一詞攜帶一個可以提升日本作為烹飪革新者地位的印記。它也激發那些環遊世界的非日本人廚師在將一個新單字加進他們的字彙同時，也在他們的烹調風格中添加一組新的技巧與感性。這些廚師大部分是從味之素公司代表接觸到這個概念 (圖20)。

圖20
二○○七年二月十八日，《紐約時報》刊登一張以美國典型的中餐外賣容器為素材製作的圖片，以及一篇聲稱臭名昭著的 MSG 其實是流行「umami」之源的正面報導。

同時，最近這些味覺發現的研究人員是美國人，而發現谷氨酸鈉有害於生理作用的研究人員是日本人，這樣一個巧合的事實說明，生產谷氨酸鈉的意義領域不再只是映射在國家領土上。在一九三〇年代的上海，商業民族主義將谷氨酸鈉捲入街頭的戰爭（有時甚至升級至肢體暴力）；與此不同的是，今日戰爭是為了全球性目標而展開，人類身體本身就是競技場。

無論使用何種名稱來稱呼它，也無論是由誰來進行研究，科學家正在尋找的鮮味感受組織成了谷氨酸鈉一個微型生理認證者。如果能證明人類的舌頭能夠像感受鹽和糖一樣，感受這種味道，那麼谷氨酸鈉或許就能夠在基本味道的萬神殿中取得一席之地，不再只是一種添加劑。因此，在這裡獲得實踐的「好科學」之性質及動機，與池田最初投入的味覺科學不同。池田於一九〇八年創造出「旨味」一詞時，是在為一種由實驗室釀造的味道命名，藉以提高消費者的欲望；當味之素公司於一九八〇年代重新使用這一名稱時，卻是為了消除消費者由於實驗室的神秘使得所有消費都籠罩在一種與未知相遇的不安之感所做的努力。如此，池田的科學是為物質商品的傳統資本主義生產而服務，而新近的鮮味科學則是為印象化和後工業資本主義共同作用生產。

谷氨酸鈉自有益科學到有害科學所經歷的道路——超出健康科學的範圍，進入到與消費者欲望有關的專業領域——重演一個世紀以前李比希牛肉膏的故事。同樣揭示了帝國與全球化現代科學之間的辯證：李比希和池田的研究都與建造強大的軍隊有關。營養科學最初是為帝國服務，隨後這種科學受到挑戰，味覺體驗的製造者轉而投入全球化現代欲望經濟，與消費者聯手，將產品的醫學功效拋諸一旁。今天，鮮味迷們不再關心改進國家飲食，正如李比希牛肉膏忠實的消費者是將它作為享受美味牛肉湯捷徑一樣，通常是更注重味道而非熱量價值。

今天的谷氨酸鈉全球影響圈

（按國別劃分的2011年人均需求）

韓國
703g

中國
821g

日本
767g

泰國
1,298g

台灣
1,285g

沖繩
1,032g
（1968年）

越南
854g

印尼
351g

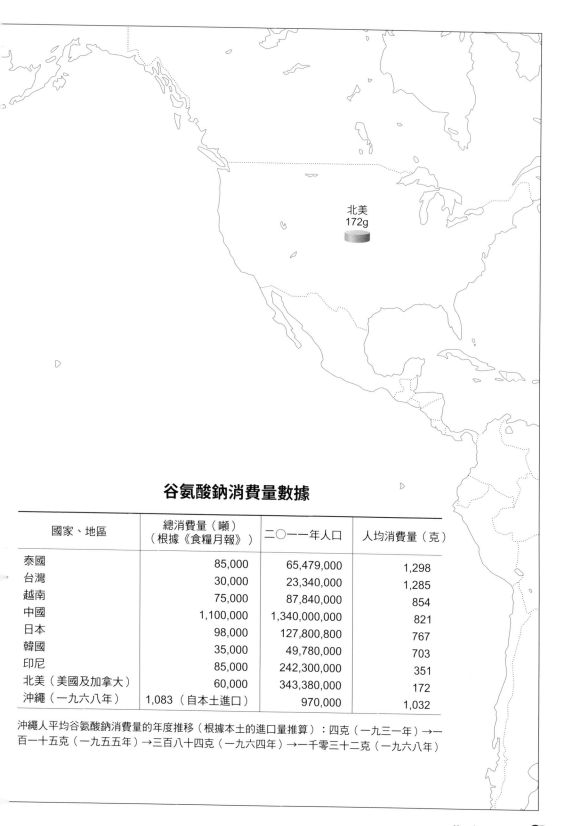

北美
172g

谷氨酸鈉消費量數據

國家、地區	總消費量（噸） （根據《食糧月報》）	二〇一一年人口	人均消費量（克）
泰國	85,000	65,479,000	1,298
台灣	30,000	23,340,000	1,285
越南	75,000	87,840,000	854
中國	1,100,000	1,340,000,000	821
日本	98,000	127,800,800	767
韓國	35,000	49,780,000	703
印尼	85,000	242,300,000	351
北美（美國及加拿大）	60,000	343,380,000	172
沖繩（一九六八年）	1,083（自本土進口）	970,000	1,032

沖繩人平均谷氨酸鈉消費量的年度推移（根據本土的進口量推算）：四克（一九三一年）→一百一十五克（一九五五年）→三百八十四克（一九六四年）→一千零三十二克（一九六八年）

帝國的餘味

　　前頁地圖標示出消費等級排名全球前八名的谷氨酸鈉人均消費量國家的地圖，暗示飲食文化和帝國經驗融入當地消費習慣。在進行比較之前，從這些數據來看，首先需要注意的是，所有這些國家和地區今日人均消費水準，都是二戰以前味之素產量達到頂峰時，日本帝國人均消費量的十倍以上。這些統計資料包括零售和大宗消費。隨著一九五〇和一九六〇年代全世界加工食品業興起，大部分谷氨酸鈉的使用由家庭轉移到工廠。一九五六年引入發酵製造法，使得品質穩定、不產生廢物的量產谷氨酸鈉成本大大降低。結果是爆發了一場價格大戰，以及谷氨酸鈉大規模融入世界食品體系。[85] 其中第二點需要注意的是，前七名都是在東亞和東南亞，排在第八位的則是味之素史上首個非亞洲進口商。很難評斷這種以太平洋為中心的味覺分布，多大程度是來自已經存在的口味與飲食模式的產物，多大程度是日本帝國行銷及移民網絡的產物，或者有多大程度可能是其他更晚近歷史偶然事件的結果。儘管如此，讓人感到吃驚的是，沒有一個來自歐洲、拉丁美洲、南亞及非洲的國家或地區在這份名單上。印度擁有次於中國的十七億多人口、以及比世界其他地方都多的素食人口比例，似乎可以成為一個巨大的市場，但根據台灣一份工業報告指出，二〇〇九年這一個地區僅消費二千噸谷氨酸鈉，相當於日本消費量的六分之一，同時此地也沒有生產谷氨酸鈉。在日本帝國主義時代，印度是味之素行銷所未能觸及的。[86] 一九四七年以後，尼赫魯（Jawaharlal Nehru）保護國內農業和工業，對進口商品課以高額關稅。這或許是阻止印度人購買谷氨酸鈉的原因。傳聞證據顯示，谷氨酸鈉在一九七〇年代的印度中產階級中成為一種時尚，但本土飲食的力量以及保護主義貿易政策的遺留，導致谷氨酸鈉的消費依然低迷。前七名中的台灣、韓國和中國，在一九四五年以前都是味之素的主要市場。今日進入谷氨酸鈉全世界消費量最多國家之列的泰國和越南，在太平洋戰爭爆發以前並不在日本的占領之下，雖然當時味之素產量嚴重受限，但它們卻都位於日本帝國的商業圈內。這兩個

國家與台灣及其他城市化的東南亞社會一樣，擁有濃厚的街頭飲食文化。一九五〇年代末，這兩個國家成為日本谷氨酸鈉製造商及台灣競爭對手擴展市場的目標。

儘管未出現在前八名中，但歐洲的谷氨酸鈉產量十分可觀。在戰後早期當日本所有的殖民地市場被剝奪之後，日本生產的谷氨酸鈉大部分都出口到西歐國家，進口量最大的是德國和瑞士。[87] 不過在歐洲，谷氨酸鈉幾乎全部用於大規模量產的罐裝蔬菜、湯粉以及肉湯塊等加工食品中。瓶裝谷氨酸鈉粉末的零售市場很小，以致於很多西歐人既不知道其日本品牌的名稱，也不知道其化學名稱縮寫。因此，它在歐洲是隱形的，不論是作為科學進步產品的推廣行銷，或是因為被視為健康威脅而遭致的批評，大都不受重視。

直到一九四五年，味之素仍是谷氨酸鈉的主力生產商，約莫占一半以上的全球市場。在這個階段，谷氨酸鈉的全球勢力範圍，或者說「味之素圈」，相當程度上是由日本帝國所定義的。如同森下仁丹、星製藥及其他製藥公司一樣，鈴木商店追隨者日之丸旗[88] 的腳步。當一九二〇年代時機到來時，這家公司開始跨越太平洋向美國出口商品。從經濟的角度來說，一九四五年以前的味之素圈同樣可以被視為帝國式的：在戰爭中，這家公司從日本控制的領土進口原物料——從滿洲國進口大豆餅，同時向殖民地市場出口成品。同時，這也反映出美國在全球經濟上的支配地位。當味之素越過太平洋時，日本在貿易關係中的地位是「半邊陲」（用世界體系理論的話來說）：公司出口的半成品（工業用大型罐頭中的谷氨酸鈉）用於製造成品（美國罐頭湯及罐裝蔬菜）。

谷氨酸鈉的後殖民地歷史十分明顯，前日本帝國的每一個部分都反映帝國下各種政治及文化體驗的多樣性。鄭根埴曾描述韓國的情況：日本產的谷氨酸鈉於一九四三年停止在韓國銷售，國內的谷氨酸鈉工業歷經長達十二年很難找到谷氨酸鈉的斷裂後，於一九五五年重新起步。如同

圖 21
韓國谷氨酸鈉品牌「味元」的廣告，
袋子上印有英文「世界調味料」。

鄭根埴一文所顯示的，兩個最大的韓國谷氨酸鈉品牌都與味之素產品有著很深的關聯，而這本身就是個有爭議的問題。「味風」從一九七〇年起開始，在廣告中宣稱其產品是與味之素聯合生產，試圖以這家殖民地時期市場領導品牌的記憶作為賣點（實際上，在谷氨酸鈉銷售中斷時期，走私進口的味之素主要供高級餐廳使用）。國內領先的競爭對手「味元」，則展開對抗性的廣告攻勢，宣稱他們的公司是「民族企業」，以此暗示與日本製造商聯手是對民族的背叛。不過，味元自身並沒有完全擺脫殖民主義的痕跡，因為「味元」這兩個字明顯模仿日本產品的名稱（圖21）。[89] 最終，在一九七〇年代末，兩家製造商開始採用全新韓語名稱，不再使用「味」這個漢字的萬能調味料。鄭氏主張說，只有到了這一階段，韓國的調味品業才終於戰勝殖民時代的遺產。在韓國，由嚮往和憎惡所組成的充滿矛盾的後殖民地情感，凝結在「味」這個字中，並使其成為一種禁忌。[90]

　　沖繩在一九三〇年代還是日本領土中谷氨酸鈉的低消費區域。直至美國軍事統治時期，其谷氨酸鈉進口量開始以空前的速度增加。根據味之素公司資料顯示，在一九三一年，沖繩人平均每人消費量約為四克，相當於日本全國平均水準的一半。從一九五五年開始，依據日本所有谷氨酸鈉生產商出口總量數據顯示，此時，沖繩的消費

量已經增長三十倍。一九五五年日本向美國占領的沖繩出口一百噸谷氨酸鈉，在當地同時還有來自美國產品 Ac'cent 的競爭。[91] 這一百噸中的一部分或許是被占領者消費的。一九五五年沖繩人口為八十萬人，加上估計約為八萬人（一九六九年的最高數字）的美國人員，意味著平均每人消費大約一百一十五克日本產谷氨酸鈉，此外，還有數量不明的美國產品。[92] 一九六四年，本地人口約為九十五萬人的沖繩，從日本進口三十九萬五千七百九十三千克谷氨酸鈉，可以說每人進口約三百八十四克（包括美國人員）。到一九六八年，人口約為九十七萬人，進口量上升到一百零八萬三千三百三十千克，也就是每人消費一千零三十二克。在一九六八年回歸日本前不久，沖繩已經能夠與二十一世紀初台灣和泰國並列為谷氨酸鈉消費水準最高區域。從一九三一年到一九六八年這一代人的谷氨酸鈉消費量增加二百五十倍。[93]

我們無從得知沖繩進口的谷氨酸鈉有多少是島上居民消費，有多少是美國軍事人員消費。不過，由於沖繩食品工廠生產或裝罐加工數量很少，這些進口的谷氨酸鈉不會用於再次出口的加工食品中，故我們可以確信它們都是在島內被消費。谷氨酸鈉消費量的激增與美國影響下沖繩飲食混合化同時發生，實際上，這可能表現出兩個帝國重合所帶來的放大效應，是軍事聯盟味覺方面的進一步闡述，可以追溯到美國人在太平洋戰爭中與添加谷氨酸鈉的日本軍糧的相遇。

在美國占領下的沖繩，美國家政專家進一步具體地促進此一味覺聯盟（圖22）。如同小碇美玲所記載的，冷戰時期美國文化外交包括透過美國軍人妻子組織活動、教育交換、和生活改良普及事業，來教育和同化沖繩女性的努力。由密歇根州立大學派遣、設立於一九五〇年的琉球大學家政顧問，是被小碇稱為「家庭生活的軍事化和馴化軍國主義」過程的一部分。這些女性專家與夏威夷大學也有聯繫，曾到過東南亞其他地方。她們相信沖繩飲食缺乏小麥、牛奶、動物蛋白及脂肪，故教導沖繩主婦烹煮混有肉

Bulgur Wheat Introduced in Okinawa

圖 22
在美國占領下的沖繩舉辦的講習會上，美國農業部烹飪研究家瑪喬麗・赫爾德（Marjorie Held）正在講解如何製作加了小麥片的雞肉咖哩（出自一九六四年四月八日美軍《星條旗報》）。這一年美國援助團體向沖繩運送一千二百萬磅煮過後加以乾燥的小麥片。赫爾德的烹飪筆記每一道食譜都含有谷氨酸鈉（小碇美玲提供）。

類的咖哩、和燉菜食譜、麵包的做法以及奶粉的用法。她們寫下的食譜——有的是為美國讀者，也有用於沖繩的生活改良——大都含有谷氨酸鈉。一個美軍駐沖繩婦女俱樂部將麵粉、糖和其他不易變質的食物、以及大瓶裝的谷氨酸鈉放入聖誕禮物籃，送給那些為了建造美軍基地導致房屋被拆遷的沖繩女性。[94] 因此，太平洋地區的美國軍事帝國接收到一種早先曾在整個日本帝國傳播的味道，並進一步將其擴散到之前被忽視的從屬性飲食體系中。

結論：作為飲食文化的食品科學

我們可以從這段跨國商品歷史中學到什麼？谷氨酸鈉或鮮味顯然沒有什麼亞洲特色：其他許多調味料和食品添加劑都已透過大量生產的食品進入世界各地的飲食中。含有谷氨酸鈉的罐裝和速食產品在全球大獲成功，說明了至少在這種「美食」的低美食標準範圍內，這種物質不需要對原產國致敬，也通常不需要直接面向消費者行銷，便能夠打動人們的味覺。不過，仔細觀察其銷售和使用方法後發現，儘管谷氨酸鈉無臭、無味，而且經常被無意識地消費，但它卻從未缺乏文化特性。誕生於行銷活動、民族及帝國政治、科學研究計畫、資助機構以及烹飪體系，谷氨酸鈉文化因應環境進化，而人們的口味也隨之變化。

什麼樣的條件下的科學能夠使原始味覺體驗具有附加價值？在什麼條件下不具有附加價值？科學在對谷氨酸鈉的肯定和否定認知中扮演的角色問題，使我們關注到一般消費者對於全球現代性的經驗，都是因為科學（不管被視為有益的還是威脅）一次又一次地代表任誰也無法拒絕的普遍價值想像源頭。對於為了應對與家庭新科學相關運動而在廚房採用谷氨酸鈉的第一代日本主婦來說，谷氨酸鈉無疑是全球現代化的標竿。儘管到了一九六〇年代，環繞著這個發明的光環早已褪去，谷氨酸鈉已是一種普通的調味料，但大眾接受林龢宣稱的谷氨酸鈉對大腦有益的說法——使得一些母親鼓勵她們的孩子吃更多的谷氨酸鈉——或許可以被解讀為這種全球現代信仰的殘餘——這說法在

其他地方沒有這麼大的吸引力。理論上，對於這種商品已經在廚房站穩腳跟的亞洲國家而言，如果明治末期以來在日本培育出來的有益科學光環還有類似影響力的話，那這些谷氨酸與智力相關聯的實驗報導應當已是一種常識。另一方面，一九五○年代美國已完成一些這樣的實驗，對有益科學的期待也很高，如果谷氨酸鈉在美國家庭廚房有著類似於亞洲的地位的話，該實驗結果也應當會像在日本一樣，與這種商品發生聯繫。然而卻是相反，在林毓大眾讀物問世與 Kwok—奧爾尼醜聞爆發之間的十二年，也是谷氨酸鈉全世界銷售量大幅增長時，其銷量幾乎沒有受到實驗結果的影響，幾乎只有在日本才有大量消費者相信谷氨酸鈉是一種「補腦食品」。這反映出，谷氨酸鈉作為一種本土發明而在日本享有特殊地位，也作為這些年間日本在全球現代意義上的特殊信仰。

味覺科學的成功——包括美極醬以及其他地方發明的許多食品添加劑——提示我們，即使沒有日本帝國的幫助，谷氨酸鈉最終也可能會擴散到全球市場。然而，在受到日本帝國影響的亞洲地區，谷氨酸鈉是被清楚地記憶成一種帝國商品，透過帝國內交流路線傳播，背負帝國現代經驗的內涵。對大多數的亞洲人來說，谷氨酸鈉只是在一九六八年以後才與全球現代性發生關聯，當時它是與威脅健康科學，而非與有益的科學相關。從這時起，谷氨酸鈉就屬於能夠觸及全球媒體、健康以及消費者機構的領域。與此同時，在後殖民脈絡下，谷氨酸鈉可能有害的資訊在美國和日本以外地區散佈的滯後現象之事實說明，即使在一個「全球化」時代，知識傳播仍未達到普遍和無地理差異的程度。科學知識還是需要由專業機構、專家及媒體所構成的通路來詮釋、強化和轉發。

追蹤味之素在日本帝國內的傳播軌跡，我的目的並非主張企業對帝國主義的責任或共謀。沒有人會反駁現代資本主義與帝國主義密不可分。味之素及其他谷氨酸鈉製造商在這方面與其他公司並無不同。相反，我的意圖是在帝國和全球現代性辯證法範圍中，分析商品以及這種味覺

體驗的地位。谷氨酸鈉誕生於為帝國服務的科學，旨在建立健康的民族以及強大的軍隊，然後透過帝國管道進行銷售，回饋給受到反殖民民族主義者所抵抗的殖民地人口，然後又被以後殖民的矛盾心理被欲求著。另一方面，它又代表著全球科技透過現代工業的合理性承諾，從正面和負面兩種意義上，藉由實驗醫學宣稱了解人體的化學性質。

　　無論是透過有益的科學和有害的科學，或是簡單熟練的市場行銷，顯然地，人類味蕾一定程度上是在歷史中被塑造的。一九一〇年代，日本食品專家和受過教育的家庭主婦相信谷氨酸鈉是一種文明的、理性的產品，他們嚐了它，發現它的味道出其意外地好。對二十世紀早期在自己廚房使用谷氨酸鈉的日本城市中產階級主婦來說，谷氨酸鈉不僅便利、鮮美（旨い），它還是全球現代性的標誌。儘管具體的知識體系來自透過西方列強主宰的、廣泛的帝國管道——有機化學知識來自德國，家政經濟學來自美國等等——衛生、效率、營養及便利性卻不被視為西方的舶來品，而是一種價值。一旦學到這些，它們就成為她社會身分的一部分。很少有女子學校的畢業生會拒絕它們。

　　一九二〇、三〇年代，中國將谷氨酸鈉當成肉湯的一種素食代用品，其國產品則成為對日本帝國主義的反擊；中國人嚐了它，再次發現它的味道出色。一九七〇、八〇年代，美國人知道谷氨酸鈉是一種與稱為「症候群」相關的添加劑，他們認為這是一種壞東西而迴避它。如果日本、台灣或是其他任何東亞及東南亞菜系，如同二十世紀中期的中國菜一樣進入北美飲食，那麼這種症狀可能會同樣輕易地被稱為日餐廳症候群、台灣餐廳症候群，或是其他餐廳症候群。中國廚師的不幸之處在於，人們發現他們的爐子旁放有這種白色粉末時，正逢這種曾受到讚揚的「增味劑」突然被認為是「化學添加劑」。一九八〇年代起，由於味之素公司宣傳和味覺科學領域的發展，谷氨酸鈉的意義正在重塑味覺樂趣。在這重塑那一刻，中國廚師們又一次不走運，因為「旨味」（umami）這個日語詞給這種味道打上日本的印記，使得中餐——至少在盎格魯血統的美

國人看來——依舊陷於圍繞著谷氨酸鈉否定性意義的泥沼中（即使「旨味」與谷氨酸鈉在本質上是同一種東西）。儘管中餐在全世界受到歡迎和認可，但值得注意的是，它從未發展出那種伴隨「和食」及「旨味」的高級餐飲名聲。

　　谷氨酸鈉誕生於十九世紀末文明理念、維多利亞時代科學、飲食革命及現代家庭主婦職業化之間的轉折點上。透過日本帝國主義擴張的傳播，成為台灣、中國以及其他亞洲美食的一部分，但在此過程也成為與民族主義抵抗日本不可分割的政治商品。經由中國華僑及美國加工食品工業這兩個互相獨立的管道進入北美後，谷氨酸鈉被大多數的美國人無意識地消費，直到一九六〇年代末環保主義時代的消費者意識令人不安地看到了它。一九八〇年代，獨特鮮味感受組織的研究在味之素公司對全球化危機的回應中扮演關鍵角色，使得鮮味研究成為二十世紀末日本資本主義文化的一部分。儘管或許科學可以將鮮味建立為自然

圖23
左到右分別為味之素、天廚味精和Ac'cent。其顆粒有著微妙的區別，反映它們在各自國家的形象和使用方法。日本商品為粒狀，撒到食物上之後不會立刻溶解，而能用眼睛看到，這可能反映出它曾是一種顯示社會地位的東西。中國的商品為小麥粉狀，撒到湯裡面後會立刻溶解。美國品牌則與食鹽一樣，人們曾認為將它撒到牛排上面後肉會變軟。

本身的一部分，但谷氨酸鈉的全球軌跡卻是與二十世紀社
會的歷史緊密相連著（圖23）。一壺濁酒喜相逢，古今多
少事，都付笑談中。白髮漁樵江渚上，慣看秋月春風。

註釋

1. 參見 Wolfgang Schivelbusch, *Tastes of Paradise: a Social History of Spices, Stimulants, and Intoxicants* (NY: Vintage Books, 1993)。

2. Edmund T. Rolls, "Functional Neuroimaging of Umami Taste: What Makes Umami Pleasant," *American Journal of Clinical Nutrition Supplement: 100th Anniversary Symposium of Umami Discovery*, v.90 no.3 (September, 2009), p809S-810S.

3. 我在這裡使用「谷氨酸鈉」這一化學名詞來指稱這種物質自身，以與其商標名「味之素」有所區別。

4. Mark R. Finlay, "Early Marketing of the Theory of Nutrition: The Science and Culture of Liebig's Extract of Meat" in *The Science and Culture of Nutrition, 1840-1940,* edited by Harmke Kamminga and Andrew Cunningham (Amsterdam/Atlanta, GA: Rodopi, 1995), 48-73.

5. Finlay, 60.

6. 廣田鋼藏，《旨味の発見とその背景―漱石の知友. 池田菊苗伝》（千葉：廣田鋼藏私人出版，一九八四），頁一八一。池田曾在文章中引述過費雪爾的發現。池田菊苗《新調味料に就いて》，《東京化學會雜誌》第三十帙第八冊（一九〇九年八月），頁八三二－八三三。

7. 廣田鋼藏，《旨味の発見とその背景―漱石の知友. 池田菊苗伝》（千葉：廣田鋼藏私人出版，一九八四），頁一七二－一七三。還見於《味の素株式会社社史》（味之素株式會社，一九七一）第一卷，頁四一－四二。這段曾被多次引用的文字，出自書寫於一九九三年的回憶錄，惟三宅的文章從未發現過。不過，在當時的化學家和醫生中，這種想法很普遍。此外，同樣很少有人注意到這段話之後，池田坦率地承認他希望賺錢：「脫離困境的願望亦是使余轉向應用（這一發現）方面的潛在動機之一。」

8. Katarzyna Cwiertka, "Popularizing a Military Diet in Wartime and Postwar Japan," *Asian Anthropology* (2002) 10.

9. 譯註：其後又經過幾次改名，一九四六年起，改名為味之素株式會社並延續至今。

10. Louisa Rubinfien, "Commodity to National Brand: Manufacturers, Merchants, and the Development of the Consumer Market in Interwar Japan," Ph.D. dissertation,(Harvard University, 1995), 8.

11. 譯註：在雞、牛、豬或魚肉外層塗抹醬油、糖水等調味料後進行燒烤的烹調方法。

12. 參見 Katarzyna Cwiertka, "How Cooking Became a Hobby: Changes in Attitude towards Cooking in Early Twentieth Century Japan," in *The Culture of Japan as Seen Through Its Leisure*, edited by Sabine Frühstück and Seth Linhart (New York: SUNY Press, 1998), 41-58; Katarzyna Cwiertka, "Minekichi Akabori and His Role in the Development of Modern Japanese Cuisine," in *Cooks and Other People*, edited by Harlan Walker (Devon, England: Prospect Books), 68-80; Jordan Sand, *House and Home in Modern Japan: Architecture, Domestic Space and Bourgeois Culture, 1880-1930* (Cambridge, Massachusetts: Harvard University Press, 2003), 55-94.

13. 譯註：一磅為零點四五四千克。

14. 曾協助宣傳味之素的名人名單見《味の素株式会社社史》第一卷，頁二〇七註釋。

15. 關於村井弦齋及《食道樂》，可參見村瀨士朗，《食を道楽するマニュアル―明治三十年代消費生活の手引き》，收入金子明雄、高橋修、吉田司雄編《ディスクールの帝国―明治三十年代の文化研究》（東京：新曜社，二〇〇〇），頁一六五―一九八；以及黑岩比佐子，《「食道楽」の人　村井弦齋》（岩波書店，二〇〇四）。

16. 如吉村千鶴，《実地応用家事教科書》第一卷（訂正六版，東京開成館，一九一九），頁一一五。

17. 實際上，在一九三一年味之素被指定用於皇室、公司的科學家們為此開始製造一種更白的結晶形式之前，味之素的粉末帶有一些淺褐色。鈴木三郎助，《味に生きる》（東京：實業之日本社，一九六一），頁一五四。

18. 《味の素株式会社社史》第一卷，頁二〇九―二一〇。

19. 北大路魯山人，《日本風料理的基礎理念》，《星岡》，一九三三年十二月。

20. 味之素沿革史編纂會，《味の素沿革史》（味之素株式會社，一九五一），頁八八、九一。

21. 長谷川正《味の素の経営戦略》（東京：平言社，一九八二），頁二二三。當然，這種撒鹽瓶式的瓶子也可以用在廚房中，但公司在標籤上明確地寫出用於餐桌。

22. 《味の素株式会社社史》第一卷，頁一四八。

23. 《味に生きる》，頁一〇六。

24. 《味の素沿革史》，頁四六三―四六六。

25. 《味の素沿革史》，頁四五四。這種金色罐子的容量實際為一千一百二十五克，比一公斤略多。《味の素沿革史》，頁三八三。

26. 《味の素沿革史》，頁四五五。類似地，一個一九三四年到訪台灣的日本人報告說，陪同他訪問的黃包車夫妻子每天購買味之素兩次，每次購買的分量為三錢。《味の素沿革史》，頁九一六―九一七。

27. 《味の素沿革史》，頁二〇一。

28. Aurora Saula Hodgson, "Some Facts about Monosodium Glutamate(MSG) ," *Food and Nutrition*, November 2001. http://www2.

ctahr.hawaii.edu/oc/freepubs/pdf?FN-8.pdf.

29.味之素株式會社編，《味の素グループの 100 年史》（味の素株式會社，二〇〇九年），圖表。

30.《味の素株式會社社史》第一卷，頁二三六、三〇〇。

31.譯註：即今天的韓國首爾。

32.《味の素株式会社社史》第一卷，頁二三〇一二三一。

33.統計基於《味の素株式会社社史》第一卷，頁二〇二一二〇五中的圖表以及《味の素グループの 100 年史》。

34.許多朝鮮人大都是透過合成醬油第一次嚐到了工廠生產的「鮮味」。一九三七年日本侵華戰爭爆發後，由於日本政府對醬油生產的限制，合成醬油開始進入朝鮮市場。這種醬油使用味之素及其競爭對手在製造谷氨酸鈉時的副產物水解植物蛋白液（HVP）。直到一九九〇年代，合成醬油一直支配著韓國市場。參見 Katarzyna Cwiertka, *Cuisine, Colonialism and Cold War: Food in Twentieth-Century Korea* (London: Reaktion Book, 2012), 65-69。

35.《味の素沿革史》，頁四六七一四六八，四七二一四七五。

36.《味の素株式会社社史》，頁二三三一二三四。

37.《吳蘊初與中國味精業》，http://www.novelscape.com/js/l/liuyu/zgbn/011.htm。該網站講述開發出中國谷氨酸鈉的化學家吳蘊初的生涯。在這裡，吳蘊初被描繪為民族英雄。參見 Karl Gerth, "Commodifying Chinese Nationalism," in *Commodifying Everything: Relationships of the Market*, edited by Susan Strasser (New York and London: Routledge, 2003), 235-258。還可參見 Karl Gerth, *China Made: Consumer Culture and the Creation of the Nation* (Cambridge, Massachusetts: Harvard University Press, 2003)。Gerth 向我們表明，在中國購買國貨是一個十分重要的政治問題，以致於產於哪個國家成了眾多商品的一個決定性特徵。

38.《味の素沿革史》，頁四七九一四八〇。

39.Zurndorfer, Harriet T. "Gender, Higher Education, and the 『New Woman': The Experiences of Female Graduates in Republican China," in Mechthild Leutner and Nicola Spakowski, eds., *Women in China: The Republican Period in Historical Perspective. Munster: Lit*, 2005, 458, 461.

40.Elizabether LaCouture "Modern Families in Tianjin China, 1860-1949," PhD dissertation, Columbia University, 2010, 102, 104, 313.

41.Gerth, "Commodifying Chinese Nationalism," 252 圖片說明。

42.王丕來、王鈺《東方味精大王吳蘊初》，收入趙雲聲主編，《中國大資本家傳五：工商大王卷》（長春：時代文藝出版社，一九九四），頁三六二。

43.天廚食品生產公司，〈調味料一個世紀的發展〉（上海，約一九三二），頁六。吳蘊初英雄式傳記也確立這一錯誤概念，即天廚的谷氨酸鈉是從小麥中提取的，為其與日本競爭對手區隔開來。實際上，兩者都主要以進口北美小麥為原料，這在當時是最便宜的麩質來源。其後，谷氨酸鈉繼續透過將小麥和甜菜、玉米，以及其他廉價含有澱粉的東西進行發酵來製作。2001 年，在印尼，味之素被發現在生產過程中還使用了豬體內的酵素，這違反印尼大多數穆斯林人口所遵守的伊斯蘭飲食戒律，因此還引發一樁醜聞。

44.有趣的是，盡管味之素和同類產品似乎沒有在中國以有益科學的號召來行銷，歐洲的牛肉膏及其中國模仿品卻這樣做。牛肉膏被當成一種茶來消費，在推銷時尤其注重其健康上的益處，而似乎沒有用在一般的烹飪中。

45.譯註：Low 似乎是中文姓氏的音譯，可能為羅、盧、劉之一，但因無法確定，故文中直接使用其英文名。

46.Henry Low, *Cook at Home in Chinese* (NY: MacMillan, 1938), preface.

47.Buwei Yang Chao, *How to Cook and Eat in Chinese* (NY: John Day Company, 1945), 28. 不過，楊步偉確實在一道叫做「羅漢齋」（Arhat's Fast）的素食以及其他幾道素食譜中推薦「提味粉」。譯註：楊步偉為中國著名學者趙元任的夫人，故其英文名冠以夫姓 Chao。

48.J.A.G. Roberts, *China to Chinatown: Chinese Food in the West* (Reaktion Books, 2002), 152-153.

49.《味の素沿革史》，頁五一二反面圖表。

50.《味の素沿革史》，頁五一三。

51.John D. Peterman, "Flavor: A Major Aspect of Ration Improvement," in *Monosodium Glutamate: A Second Symposium* (Chicago: Research and Development Associates, Food and Container Institute Inc., 1955), 3.

52.Herbert L. Meiselman and Howard G. Schutz, "History of Food Acceptance Research in the US Army," *Appetite* 40 (2003), 199-216.

53.Cwiertka, "Popularizing a Military Diet."

54.《味の素株式会社社史》第一卷，頁四〇九、四四三。

55.Daniel Melnick, "discussion," in *Flavor and Acceptability of Monosodium Glutemate*, symposium 1948, 66.

56.http://www.accentspices.com. 到一九九九年為止，Ac＇cent 為貝氏堡（Pillsbury）公司所擁有。一九五三年版的《烹飪之樂》（The Joy of Cooking）中稱谷氨酸鈉為「來自東方的神秘『白色粉末』……被其愛好者暱稱為 M.S.G.」。Irma S. Rombauer and Marion Rombauer Becker, *The Joy of Cooking*(3rd edition; Indianapolis and New York: Bobbs-Merrill Company,

1953), 834.

57. 譯註：Ho Man Kwok 應是中文姓名的英譯，但因其對應的漢字無法確定，故文中仍使用英文拼音。

58. Robert Ho Man Kwok, "Chinese-Restaurant Syndrome," *New England Journal of Medicine* 278:14 (4 April 1968), 796. Jeffrey Steingarten 在「Why Doesn't Everybody in China Have a Headache?」一文機智地看待這樁醜聞，並引用本段文字中所引的話，見 *It Must have Been Something I Ate: The Return of the Man Who Ate Everything* (NY: Alfred Knopf, 2002), 91-99。在反谷氨酸鈉活動組織 Truth in Labeling 的網站（http://www.truthinlabeling.org/o-u-reactionsReferences.html）可以找到一份有關谷氨酸鈉的醫學文獻的實質書單。有趣的是，Kwok 特別點出賣北方菜的中餐廳加以批評，而他的名字拼寫卻暗示他是個南方人。這種區別對待或許是地方民族主義的無意識表露，但卻並未被非華裔美國人注意到，因為他們之中很少有人知道自己吃的中餐是北方菜還是南方菜。

59. 味之素株式會社，《味をたがやす―味の素八十年史》（東京：味之素株式會社，一九九〇），頁三五二―三五三。

60. "Milestones in U.S. Food and Drug Law History," *FDA Backgrounder*, May 3, 1999. http://www.fda.com/opacom/backgrounders/miles.html.

61. D. R. Lucas and J. P. Newhouse, "Toxic Effect of Sodium L-Glutamate on the Inner Layers of the Retina", *AMA Archives of Ophthalmology*, 58:2 (1957): 193-201.

62. John Olney, "Brain Lesions, Obesity, and Other Disturbances in Mice Treated with Monosodium Glutamate," *Science*, New Series, Vol. 164, No. 3880 (May 9, 1969): 719-721.

63. 林髞，《頭腦：才能をひきだす処方箋》（光文社，一九五八），頁一一九―一二二。在本書中，林髞還聲稱，與吃小麥的西方人相比，吃米的日本人在發育上受到阻礙。林髞發明了這種在一九六〇年代曾經很流行的產品「頭腦麵包」。

64. 同樣值得指出的是，作為巴夫洛夫的學生，林髞主要是在狗身上進行實驗，而奧爾尼則是在老鼠身上做實驗。在實驗中，林髞使用的狗被訓練對刺激物做出反應，它們因此成為行為主義者對智力的機械理解的典型體現。身為學習者，它們也成為科學家知識生產的能動參與者。與此相反，奧爾尼的老鼠只是用以接受注射和測試化學毒性的被動有機體。

65. "Brain Food?" *Time*, 6/9/1947, Vol. 49, Issue 23.

66. 〈味精能補腦〉，《徵信新聞報》一九六〇年四月二十七日。

67. 本節中的傳聞都來自作者於二〇一三年間透過學術郵寄清單 H-Asia 進行調查時所收到的回覆。

68. 《日本勞働年鑑第五十八集》，一九八八，http://oohara.mt.tama.hosei.ac.jp/rn/58/rn1988-361.html。《仙台消費者支持基本計畫本文第三章：基本方向》，http://www.city.sendai.jp/shimin/syouhi-c/shienkeikaku/honbun5.html。

69. 見《味の素株式会社社史》，頁一三八―一三九。

70. 《味をたがやす―味の素八十年史》，頁三五三。

71. 日本食糧新聞社編，《食糧年鑑》，一九七二，頁六〇。

72. 《食糧年鑑》，一九七一，頁二六。《食糧年鑑》一九七〇年的報告說「天然香料」正大行其道，因為當時存在著「極為強烈的『無論如何必須是自然的』情緒」。《食糧年鑑》，一九七〇，頁六一。

73. 《味の素の経営戦略》，頁五二。

74. "Being Sold Short: Consumer Power in the Third World," *New Internationalist* 147 (May 1985).

75. 有關一九七〇及一九八〇年代韓國消費者運動高漲情況的討論以及谷氨酸鈉的幾處案例，可參見 Eunsook Moon, "Examination of Consumer Activism and Its Impacts: An Empirical Study of the Korean Consumer Movement," PhD dissertation, Oregon State University, 2004, 80-90.

76. 《味をたがやす―味の素八十年史》，頁四九六―四九七。關於這名為「鮮味研究會」（うま味研究会）的研究中心，見 http://www.srut.org。

77. 《味をたがやす―味の素八十年史》，頁四九七；《味の素株式會社社史》，二七五。

78. 廣田鋼藏，《旨味の発見とその背景―漱石の知友．池田菊苗伝》，頁一六二―一六三中所引池田菊苗語。

79. Bruce P. Halpern, "Human Judgements of MSG Taste: Quality and Reaction Times," in *Umami: A Basic Taste*, edited by Yojiro Kawamura and Morley R. Kare (New York and Basel: Marcel Dekker, 1987), 328.

80. O'Mahoney and Ishii, "Umami and the Dogma of Four Basic Tastes," in *Umami: A Basic Taste*, 75-79. 儘管這些鮮味的研究人員，或者至少是間接地，從味之素公司那裡獲得對研究的資助，但正如 O'Mahoney 和 Ishii 的文章所透露的，他們並非必須要得出符合公司利益的研究結果。我在此指出這類研究對味之素公司企業形象策略的重要性時，並無意質疑其本身的意義。

81. 《味をたがやす―味の素八十年史》，頁四九八。

82. John Whitefield, "Yum, Amino Acids," in *Nature News Update*, February 25th, 2002。http://www.nature.com/nsu/020218/020218-

21.html#b2。

83. Huda Majeed Saleh, "MSG Found to Injure Retina, Damage Eyesight," *ANI-Asian News International* 2001。http://www.rense.com/general33/found.htm。

84. 其他最近對「Umami」一詞的使用顯示出，這個詞已越來越多地為英語食品傳媒界所接受。例如，《好胃口》（*Bon Appetit*）雜誌便將其稱為「全國廚師中最新的流行詞」。Maureen C. Petrovsky, "Umami Dearest: The Chef's Secret Fifth Flavor," *Bon Appetit*, September, 2004, 45.

85. 佐藤獎平、木島實、中島正道，《戰後うまみ調味料産業の構造変化》，《食品經濟研究》第三十九號（二〇一一年三月），頁三三—四七。

86. 蘇遠志，〈台灣味精工業的發展歷程〉，《科學發展》第四五七期，二〇一一年一月，頁一五三。

87. 數據見《グルタミン酸ソーダ工業協会拾周年記念史》（谷氨酸鈉工業協會，一九五八），頁五二—五三。

88. 譯註：即日本國旗。

89. 譯註：「味元」的「元」和「味之素」的「素」在日語中都讀作「moto」，在意義上也可以互相換用。

90. Jung, "Colonial Modernity and the Social History of Chemical Seasoning in Korea," *Korea Journal Summer*, 2005: 10, 28-29, 34.

91. 《グルタミン酸ソーダ工業協会拾周年記念史》，頁五三。

92. 同時期夏威夷的人均消費量與此相當。

93. 《日本化學調味料工業協會二十週年紀念志》（一九六九），頁七六—七九。

94. Mire Koikari, " 'The World is Our Campus': Michigan State University and Cold-War Home Economics in US-occupied Okinawa, 1945-1972," *Gender and History*, Vol.24 no.1 (April 2012), 83-84, 87.

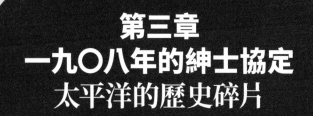

帝国日本

の

第三章
一九〇八年的紳士協定
太平洋的歷史碎片

生活空間

一九〇八年十月，
三越百貨店為歡迎美國海軍所謂的
「白色大艦隊」而印製的廣告明信片（局部，波士頓美術館藏）。
該年度所進行的大艦隊環球航行以炫耀海軍武力為目的，
對海軍士兵來說，
這也是一次可以盡情購物的觀光旅行。
絲織品與和服是很受歡迎的日本特產。

引言

本實驗性章節採用一系列獨立的片段,與一九〇八年日本人、朝鮮人、澳洲人以及北美人的移民、種族、帝國、激進政治、家庭規範、疾病與健康、展覽會、住宅、家具、服裝、髮型,以及行為舉止有關的事件形式。我在本章中避開傳統的歷史論證方法,以便讓這些看似不相關的事件和話語之間的聯繫關係能夠略為浮現,透過它們之間的相互共振,召喚出一種歷史背景。斜體字部分為解釋性的評論。日文和韓文名字皆按原始的順序顯示,姓氏在先。

在構成本章主體的五十個片段中,我尋求事實的特異性、以及最少的解釋干預。同時,我也沒有試圖隱藏在選擇和並列事實時行使的權力,或彌補它們之間和圍繞它們的不確定性差距。

儘管線性因果的解釋對於歷史實踐來說,具有巨大的價值,但為了符合學科訓練所接受的敘述和論證模式,也犧牲很多東西。特別是我們犧牲了一種稱為「整體背景意識」的東西:過去任何特定時刻經驗的深度相互關聯。而蒙太奇提供一個恢復這種意識的方法。美國棒球比賽中所唱的一首曲子讓一種含糖零食廣為流行,提供棒球場地以平息夏威夷甘蔗園罷工這兩個事件之間,或是美國演藝界某位年輕女演員的頭髮,與前韓國統監的暗殺者證詞中關於他的頭髮的這兩個事件之間,很可能都是找不到因果關係的——至少透過傳統因果關係概念來說。然而,這些事件和話語粗糙的同時代性,使我們得以想像那將它們聯繫在一起的社會和文化模式——只不過,這些模式都被那些用來解釋它們其中任何一個事件的傳統構建論證所阻隔了。[1]

寫作本文時，我嚐試使用法國團體「烏力波」[2]作者所進行的歷史學家式文學實驗版本。這些作家對自己施加任意的限制——例如避免使用字母表中的某一個字母。[3]我對自己設下的限制包括：（1）我盡量使用最不會引入主觀評論作者的形容詞、副詞，以及那些聲明這些事件該如何被解讀的抽象框架之概念名詞。相反地，我自由地運用引用法、允許文本並列，以及這些文本有時會有出人意表的獨特性，來暗示歷史的可能性並不是要求它們要作為一個總體論點的代表性陳述。[4]（2）在抽象的層面上，我選擇以註釋代替話語的統一；在寫作中，我研究並強調一些名詞或一組相關的對象：紳士、勞工、動物；平房、外廊、鋼琴、椅子、鞦韆；以及殖民地（但不是「殖民主義」）、展覽會、運動、食物、羅曼史、衛生、傳染病和謀殺。我嘗試透過使用一些與身體運動有關的活動動詞，來提示這些事物和人物恆定的運動及流動的趨勢：旅行、移動、漂流、分散（每個都暗示著不同等級的意志程度），並在我描述或引用它們的那個時刻，儘可能精確地說明誰在哪裡、向哪個方向移動。（3）我安排一連串事件，其中的一個事件得以在下一個事件中重現某些特徵，以促進不同事件敘述之間的共鳴，並且避免資訊的雜亂。（4）最後，我試圖儘可能地限制本章內容皆是發生在一九〇八年的行為和話語範圍內。我允許自己偶爾偏離這些原則，以便更緊密地編織整體的構造。隨著提到伊藤博文之死（一九〇九年十月）以及大逆事件審判（一九一〇至一九一一年）進入本章尾聲時，我會介紹那些在紳士協定期間開始展開的特定序列事件之結論。

與歷時性的歷史相反，共時研究法提醒我們時刻很重要。日間新聞傳達給我們目前與世界各地同時發生事件的奇特並置。每一天，我們的思想都在吸收資訊的蒙太奇，並從中形成一個世界。然而，在撰寫歷史時，我們卻很輕易地就忘記過去時刻的人和事件也同時占據了一個世界。一九〇八年，這個世界有很大一部分已經「全球化」了，是被鐵路、蒸汽輪船、電報線和報紙連接在一起。雖然可以藉由對「全球化」的不同定義，使其發端於過去幾個世

紀、甚至是幾千年前，但全球共時性在十九世紀末以前是無法想像的。十九世紀中期以後，接近即時性的通訊開始迅速出現。一八七○年倫敦與孟買連上線時，第一條成功穿越大西洋的電纜才剛鋪設不久。美國於一九○二──一九○三年達成紳士協定的五年以前，才鋪設了經夏威夷、關島和菲律賓的電纜。

　　因此，共時性的歷史蒙太奇可能特別適合於描述全球現代化，就如同視覺和文學蒙太奇在現代主義早期審美實驗中，如此生動地喚起其身體和心理的體驗一般。那些二十世紀初在太平洋周圍移動，其移動軌跡被我暫時中斷地截取到本章中的人物，不只是我回顧想像太平洋歷史碎片的登場角色；當時他們自身也意識到，而且受到資訊、想法及其他沿著同樣交通路線加速運動的人之影響。蒙太奇形式所蘊含的深層相關性，與人們在一九○八年剛剛開始體驗到的真正互相關聯，形成對應。

　　蒙太奇帶來一個開放而非有明確界限的歷史。顯然地，一年之內的聯想可以無限地轉動──理論上，它們在一天、一小時或一分鐘內都是無限的。華特・班雅明的「拱廊街」（Arcades）計畫，或許是「歷史是從碎片中組合起來的」最著名例子（儘管我在為本文收集碎片時，並沒有特別意識到班雅明）。[5] 班雅明主張將超現實主義的蒙太奇技法引入歷史之中，作為一種實現「高度圖像性」，並克服他所謂「庸俗歷史自然主義」的手段──我認為他指的是由線性散文敘事創造出來的序列偽性表象和必然進程。他寫道，希望透過蒙太奇，「在對個人微小個別時刻的分析中，發現整體事件的晶體」。在拱廊街的例子當中，整體事件是指整個十九世紀。擁有非凡的想像力、並沉浸在浩瀚法國國家圖書館中的班雅明，最終未能完成該計畫。[6] 我的野心比較克制。我不奢求史學實驗中「整體事件的結晶」，但我希望它能夠具有一些班雅明所要求的「高度圖像性」。

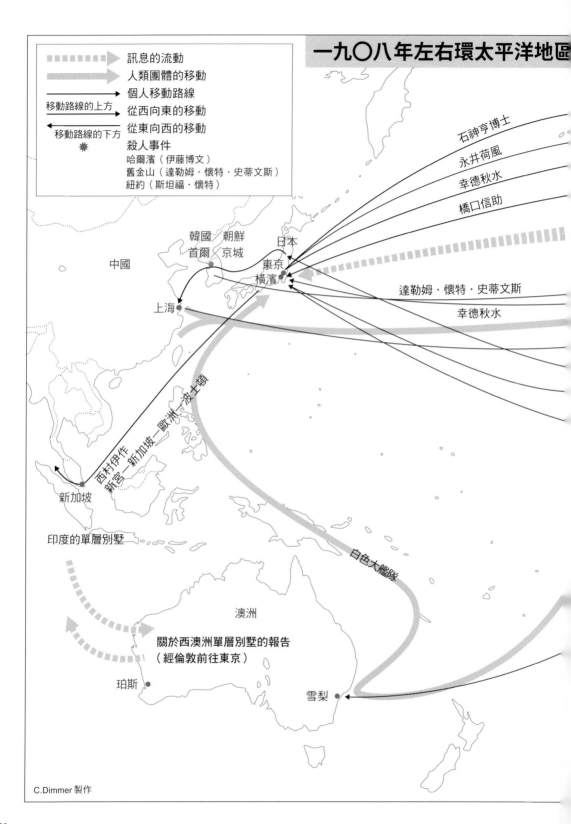

一九〇八年左右環太平洋地區

訊息的流動
人類團體的移動
個人移動路線
移動路線的上方　從西向東的移動
移動路線的下方　從東向西的移動
殺人事件
哈爾濱（伊藤博文）
舊金山（達勒姆・懷特・史蒂文斯）
紐約（斯坦福・懷特）

石神亨博士
永井荷風
幸德秋水
橋口信助

達勒姆・懷特・史蒂文斯
幸德秋水

韓國　朝鮮
首爾　京城
中國
日本
東京
橫濱
上海

西村伊作
新宮－新加坡－歐洲－波士頓

新加坡

印度的單層別墅

白色大艦隊

澳洲
關於西澳洲單層別墅的報告
（經倫敦前往東京）

珀斯
雪梨

C.Dimmer 製作

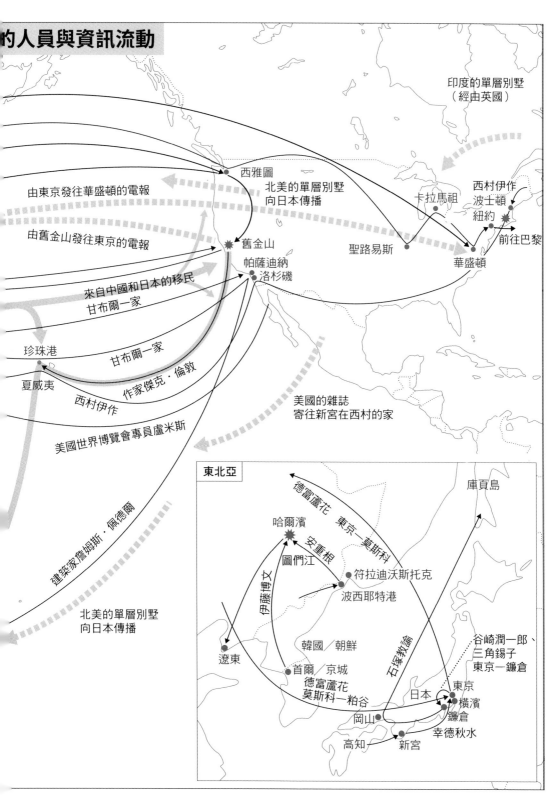

的人員與資訊流動

印度的單層別墅
（經由英國）

西雅圖
北美的單層別墅
向日本傳播

由東京發往華盛頓的電報

西村伊作
波士頓
紐約

卡拉馬祖

由舊金山發往東京的電報

舊金山

帕薩迪納
洛杉磯

聖路易斯

前往巴黎

華盛頓

來自中國和日本的移民
甘布爾一家

珍珠港

夏威夷

甘布爾一家

西村伊作

作家傑克‧倫敦

美國的雜誌
寄往新宮在西村的家

美國世界博覽會專員盧米斯

建築家詹姆斯‧佩德爾

北美的單層別墅
向日本傳播

東北亞

庫頁島

德富蘆花　東京－莫斯科

哈爾濱

安重根

圖們江

符拉迪沃斯托克

伊藤博文

波西耶特港

韓國／朝鮮

遼東

石塚教諭

谷崎潤一郎、
三角錫子
東京－鎌倉

首爾／京城

德富蘆花
莫斯科－粕谷

日本

東京
橫濱

鎌倉

岡山

幸德秋水

高知

新宮

紳士協定

一九○八年，兩位紳士在協定中同意：到達北美太平洋海岸的日本人都不是紳士。其中一位紳士在東京，另一位是在華盛頓特區。一九○六年十月十一日，舊金山市教育委員會宣布，由於當年四月發生的地震毀壞了建築，導致學校過度擁擠。因此，除了一八八二年排華法案後為了隔離「中國和蒙古」移民的子女而成立的東方學校外，將不再允許日本和朝鮮學生就讀該市任何公立學校。舊金山的日本居民以電報將此消息向西傳到東京，隨後日本媒體為此發起抗議。日本人抗議的消息又被電報傳達回華盛頓，聯邦政府人員首次獲悉該市教育委員會的決定。日、美兩國的報紙和美國國會討論了太平洋發生戰爭的可能性。羅斯福總統介入此事。一九○七年，雙方之間交換幾次外交照會。日本政府同意限制移民，因此有了美利堅合眾國與日本帝國之間的「紳士協定」。[7]

勞工與紳士間的界線在哪裡？

「決定勞工與紳士之間的界線應當劃在哪裡？是一個嚴肅的問題」，一九○八年四月，美國駐日大使湯瑪斯‧歐布萊恩（Thomas J. O'Brien）在紐約的日本協會做出這樣的評論。[8] 在其新移民政策中，日本政府選擇透過區分「移民」與新設的「非移民」兩種範疇來劃定這條線。一九○八年十一月，自東京下達至各道、府、縣[9]政府的中央政府指示中，詳細闡釋其中的區別。移民被描述為「受教育機會較少者」，而非移民則屬於「受過教育的階級」。護照只被發給非移民和已身處海外的移民配偶及其未成年子女。[10]不過，這些限制不適用於前往朝鮮和中國的日本人。

移民公司

當時，一位來自日本太平洋沿岸宮崎縣飫肥町的木材商人之子橋口信助（圖1），正努力想要在美國太平洋沿岸的華盛頓州西雅圖開設一家移民公司。橋口最初是以學生

圖 1
坐在長椅上的橋口信助、妻子松子
及他們的孩子（引自內田青藏《美
利堅堅屋商品住宅——「洋風住宅」
開拓史》）

的身分來到美國，曾在美國家庭中當過男僕，後來開了一家裁縫店。他慢慢積累資本，直到能夠在俄勒岡州的哥倫比亞河畔買下一小塊林地。他當時正在為他的林地而尋找日本勞工來採伐松樹。[11]

中國和日本被囚禁、增長過度的人口

八十五年前，當哥倫比亞河周邊區域——英國人稱為哥倫比亞地區，美國人稱為俄勒岡州——仍存在著爭議時，密蘇里州參議員湯瑪斯・哈特・本頓（Thomas Hart Benton）就曾催促美國軍隊要占領這個地區，並將基督教和民主帶給「中國和日本被囚禁的、增長過度的人口」，這些人也許有一天也會在這個地區找到「他們的糧倉」。根據一九〇八年五月二十三日《前景》（Outlook）雜誌一篇題為〈美國擴張傳奇〉（The Romance of American Expansion）的報導，本頓的邏輯在當時顯得非常荒謬，以至於參議院議員們「盡情大笑，全然忘記要搶在英國人前面占領俄勒岡這

個緊要問題」。英國聲稱他們是從印第安人那裡購買到土地的所有權。[12] 一九〇八年，該地區與加州一起成了大約十五萬名日本移民和大約七萬五千名中國移民的糧倉。大約有三萬八千名日本移民在美國農場工作。一九一〇年，他們在加州擁有或租用十九萬四千七百四十二英畝農田，並在此種植了這個國家百分之七十的草莓。[13]

具有寬敞外廊的宅邸

大部分的移民來自夏威夷。直到一九〇〇年美國國會透過「夏威夷組織法」宣布夏威夷是美國領土時為止，簽有契約的日本、中國和其他地區的勞工被帶到這裡的甘蔗種植園工作；之後，合同工被禁止，人們繼續向東移動。一九〇八年，夏威夷甘蔗種植園統計到的四萬五千六百零三名勞工中，有三萬一千七百七十四名、大約百分之七十是日本人。[14] 他們住在成排的棚屋中。據高木所述，種植業主住在有著「寬敞外廊的宅邸」，並維持白人專用的俱樂部。[15] 在夏威夷，日本移民經紀人以承諾自由和更高的工資，引誘他們的同鄉繼續向東前往加州。一九〇二年，一個日本木匠每天大約可賺到三分之二日元或三十二美分，而一個甘蔗種植園的自由勞工每天可以賺到大約六十八美分。一個加州鐵路工人則每天可以賺一美元。[16] 在加州，鼓吹排斥亞洲人的人害怕他們稱之為西海岸的「夏威夷化」。

美國單層別墅來到日本

由於無法經營將日本勞工引進美國西海岸的生意，橋口信助轉而決定將美國單層別墅出口到日本。他於一九〇八年十二月結束在西雅圖的生意，於次月登上開往橫濱的船。回到日本後，他緊接著在東京家具店密集的芝地區開了一家店，掛著的招牌寫著「美利堅屋」。[17] 這種最初為印度的英國殖民者開發的平房，後來成為一種渡假別墅的簡易模型而廣為流行。這種平房最初只有一層，橋口信助曾擔任男僕工作，他試圖引進西雅圖房兩層、常年可住的

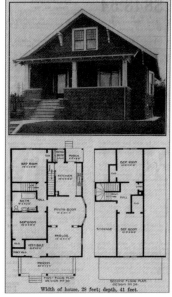

圖 2
英屬錫隆（斯里蘭卡）的單層別墅（上圖，頂普拉茶園，Charles Scowen 攝於一八七〇至一八九〇年左右，P. de Silva 提供）及美國西海岸的單層別墅（下圖，二十世紀初）

住宅到日本（圖2）。[18]

　　橋口沒有什麼建築方面的背景。在寫於一九二五年的一本回憶錄中，他記錄道，自己受到被迫長時間將腿壓疊在身體下坐在地板上的嚴格教養，導致他對榻榻米心生厭惡。當他到達美國、並發現那裡的富人和窮人都是坐在椅子上後，他確信這是一種應該被立即引入日本的做法。[19]

　　為西雅圖中產階級設計的房屋結構，既不符合當時作為日本西式房屋用戶的上流階級城市居民先入為主的想法，也不合乎他們的需要。日本客戶希望擁有美式外觀的房屋，但仍然想要在地板上鋪上榻榻米。橋口最初進口的六棟單層別墅，其中有五棟被一名做向外國人出租房屋生意的男子買走。[20] 之後，美利堅屋轉向接受住宅設計委託案，在進口家具的同時，也開始客製房屋設計的生意。

雙人鞦韆

　　橋口在日本大眾媒體上撰文，強調清掃日式房屋的困難、這些房屋不夠安全、以及在辦公室穿著西服回到家後需要換上日式服裝的不便。他同時還提倡坐在椅子上。他在東京出版的《婦人之友》雜誌向讀者坦承，許多人認為在一個整天都必須離開地板而坐的屋子裡「不可能放鬆」，因為這就「好像是在坐火車一樣」。但他解釋說，人們這麼認為的原因是因為他們的椅子不好。他聲稱大多數人家中的椅子實際上是為辦公室使用而設計的。[21] 一則刊登在《婦人之友》的美利堅屋廣告印有一把搖椅和一個雙人鞦韆，與橋口期待他的讀者能夠把西式生活聯繫一起的辦公室家具和火車座椅，形成對比（圖3）。[22]

缺乏合適的音樂

　　橋口理想房屋的重點並不是美國當代文學中那種時尚的、休閒的起居室，反而更像是一種維多利亞風格的客廳。[23] 鋼琴是一個核心特色。《婦人之友》的一篇文章中，

圖3
宣傳「雙人鞦韆」的美利堅屋廣告
（《婦人之友》，一九一一年九月，
出自內田青藏《美利堅屋商品住宅
──「洋風住宅」開拓史》）

橋口觀察到，與西方房屋相反，日本房屋不適合作為「社交和家庭團聚的舞臺」。他將日本缺少整個家庭參與的社交活動這一現象歸咎為缺乏合適的音樂。他說，在西方，家中以鋼琴音樂和歌曲伴隨娛樂十分常見。橋口宣稱，日本沒有這種現象的原因植根於女性的習慣。日本女性會在少女時期學習音樂自娛，但是通常在婚後就放棄音樂。因此，社交聚會一般都在家裡以外的地方進行，將妻子和女兒排除在外。[24]

詩不能當飯吃

一九一○年，同樣在東京出版的《成功》月刊呼籲讀者到美國永久定居，因為「野蠻的」日本家庭制度正在妨礙國家進步。這篇文章的作者寫道，「家庭體現人生詩意的一面」，「但是就算能寫幾首詩，要是沒有地耕種，也一樣吃不上飯」。早在兩年前，另一本在東京刊行的雜誌《亞米利加》就觀察到，兩年前移民到美國太平洋海岸的日本勞工多處於不幸的環境，他們「像動物般……實際上就是下等勞動者，很像是在我國的那些中國勞工」。[25]

如果這些人分散開來

一九一一年結束日本之旅返回紐約後，教育家及記者漢密爾頓‧霍爾特（Hamilton Holt）告訴《紐約時報》，日本人保持良好的衛生習慣，並指出從日本前往朝鮮的旅途中，曾看過船上的統艙，發現裡面有三百名日本乘客「乾淨、和善、沒有異味」。他補充說，日本國內也承認「在美國的日本人將自己隔離在居留地的傾向」導致孤立與偏見，而且大家都感覺到，「如果這些人能分散開來」的話，美日關係將會得到改善。[26]

* * *

二十世紀初，一些理念和物質形式正在向西流動，從美國東海岸到加州，再從那裡到日本：單層別墅、花園城

市、不拘禮節的家庭親密關係、簡單的生活，以及戶外娛樂。這些東西移動時，體現了兩種文明（正如當時盎格魯系美國人所理解的那樣），以及這兩種文明在自身內部產生的解毒劑。而一股跨越太平洋的反向潮流——人的移動——已達頂峰，現在正受到抑制。

亞洲之旅

　　一九〇八年三月，大衛・甘布爾（David Gamble）和瑪莉・甘布爾（Mary Gamble）夫婦在洛杉磯港登上一艘向西行駛的船。大衛・甘布爾是保潔（Proctor & Gamble）公司聯合創始人詹姆斯・甘布爾（James Gamble）十個孩子之一，也是這家公司前總務部長和財務經理。現在他已經退休，與妻子決定在加州的帕薩迪納建一棟房子，以享受那里的新鮮空氣和簡單的單層別墅生活方式。房子於三月破土動工。為了避開施工和搬家大費周章的過程，他們動身前往亞洲旅行。他們的建築師查理斯・格林（Charles Greene）和亨利・格林（Henry Greene）兄弟，曾透過波士頓人愛德華・摩爾斯（Edward Morse）的《日本住宅及其環境》（*Japanese Homes and Their Surroundings*）一書，以及一九〇四年聖路易斯世界博覽會的日本展覽館，學習過日本建築的細節，並為甘布爾夫婦設計一座「日式」單層別墅——儘管這座建築也體現提洛爾[27]及其他歐洲木建築的影響（圖4）。格林兄弟從南美、非洲和亞洲進口硬木，同時也使用加利福尼亞松及其他本地軟木作為室內裝飾使用。[28] 甘布爾一家於八月返回美國

圖4
肥皂大王詹姆斯・甘布爾之子大衛・甘布爾一家在加州南部帕薩迪納的「甘布爾之家」（Gamble House）。這座建築以注入日本風格的高級單層別墅而聞名。

後，格林兄弟隨即使用軟木為他們雕刻了一幅富士山的牆面浮雕。[29]

美國人對待動物的方式

　　一九〇八年，西村伊作（「伊作」是英文名Isaac的日語音譯）——他的父母在他一八八四年出生前不久，接受美國人傳教士的受洗成為基督徒——從日本經由歐洲到達美國。他的兩個弟弟分別在波士頓和洛杉磯。由於紳士協定的限制，或許也因為西村與社會主義者有所聯繫，日本當局拒絕發給他前往美國的護照。他在家鄉新宮——位於和歌山縣的太平洋海岸，因大量海外移民而知名的港口城市——登上前往歐洲的船隻，一路經過新加坡、可倫坡和蘇伊士運河。到達歐洲後，他向位於海牙的日本大使館謊稱他的弟弟生病，需要被帶回日本。這兩個人後來確實一起回到日本，他們從舊金山出發，經檀香山到達橫濱。儘管在新宮，西村鼓吹美式的生活方式，但顯然他在美國的經歷並沒有留給他好的印象。在其回憶錄《有益於我》（《我に益あり》）中，西村回憶說，他對美國人對待動物的方式表達欽佩，但他也提到自己在美國受到的歧視。一個正在追捕華人謀殺嫌疑犯的便衣警察在一輛火車上騷擾他。他住在洛杉磯的弟弟也告訴他，日本人在餐廳和理髮店都不受歡迎。不過，不顧弟弟的擔心，他還是去了一家餐廳。[30]

就像一個小王國的國王

　　從幼兒時起，西村的父母就給他穿著西式服裝。他討厭按照日本傳統的方式脫掉鞋子並坐在地板上。一九〇七年結婚以後，他從美國弄來《好家政》（*Good Housekeeping*）、《房屋與花園》（*House and Garden*）、《美麗家居》（*House Beautiful*）等雜誌，指導自己的妻子按照美國的方式烹調和洗衣，也教導她英語。他從芝加哥蒙哥馬利一沃德百貨公司訂購所有的家具。一從美國回來，他便按照一本美國書上的方案蓋了一棟房子。[31] 他的傳記作者加藤百合觀察到，西村將他的家居生活當成一種表演。經

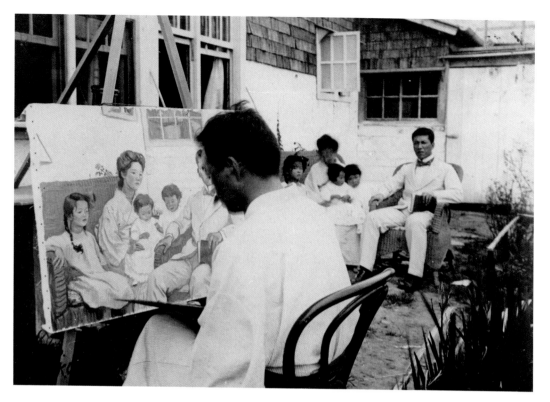

圖 5
在新宮西村的住宅中為西村一家畫
肖像畫的石井栢亭（出自加藤百合
《大正之夢的設計家：西村伊作與文
化學院》）

常參觀西村在新宮住宅的作家和藝術家對其感到驚奇。曾
在一九一三年於該處停留一個月的畫家石井栢亭寫道，在
前庭草坪上擺著餐桌、坐著籐椅子享用家庭晚餐的「西式
景象屢次啟發了我」（圖5）。[32] 客人都被這裡的布置、食
物和用具的異國風情所震撼。正如其婚姻生活是從教授自
己妻子西式家政的私人課程開始，西村的家庭聚會也是按
照他的想法所定。「他就像一個小王國的國王」，詩人謝
野晶子如此評論說。[33]

文明人不需要偷偷吃飯

身為一名自學而成的建築師，西村在其職業生涯中
為朋友和親戚曾設計過幾十棟房子，其中很多都是單層別
墅。這些建築設計體現他所提倡的社會透明性理念。該設
計要求從前門外便能看到室內布置。西村將起居室和餐廳
結合在一起，在客人可以看到的地方吃飯。他承認，當家
中有人在用餐時，可能被認為會對客人的來訪帶來不便，

但他認為被人看見自己吃飯沒什麼好羞愧的。他斷言，文明人不需要像野獸隱藏自己的獵物那樣偷偷摸摸地吃飯。[34]

逃離文明的煙霧

在較早一期《住宅》中——一本由橋口信助和女性教育家三角錫子共同編輯的雜誌，西村告訴讀者，單層別墅是能夠讓日本人與世界其他地方的人的生活維持一致的理想住宅。單層別墅的屋頂與日本房屋很相似，其內部也是由簡單的平面和直角構成，符合日本人的品味。西村指出，實際上，單層別墅的設計很多部分都是從日本建築獲得靈感。據他所說，旨為「逃離文明的煙霧和接近自然的藝術化生活」而設計的真正的美式單層別墅僅有四到五間房間，沒有入口門廊和會客室。一間大的起居室同時充當餐廳和書房。儘管有些單層別墅的確具備一個小廳，但這並不是需要「自正門前將來客趕走，或是讓傭人應門告訴來訪者沒人在家」那種生活的住宅。[35]

若干共產主義理念

一九〇八年，英國僑民、自學成才的建築家詹姆斯‧佩德爾（James Peddle）從帕薩迪納折返雪梨，將其別墅設計方案提交給澳洲第一個花園城市達西維爾（Daceyville）的房屋設計競賽。達西維爾是按照英國人埃比尼澤‧霍華德（Ebenezer Howard）在《明日的田園城市》（*Garden Cities of Tomorrow*, 1902）一書所提出的規劃模式。以多年來一直提倡為工人建設規劃住宅的國會議員約翰‧羅蘭‧達西（John Rowland Dacey）之姓氏命名，並很快就成為一個時尚郊區。同一年，澳洲建築的媒體介紹加州單層別墅，將其描述成，對於「享樂的」澳洲人——他們的「遊牧本能」促使他們一有機會就來到戶外——而言，所企望得到「純淨的鄉村空氣」、以及「健康的狀態和幸福的責任」這種好事的一種建築。在《建築》（*Building*）雜誌中，佩德爾盛讚舊金山在柏克萊和奧克蘭新郊區的景觀，並敦促他的同胞應向他們的美國鄰居學習「一些共產主義的理念」，撤除他們地

產四周的圍欄。[36]

　　達西本身是當時澳洲工黨的財務主管，也是工黨內保護主義派的成員。工黨的宣言呼籲「培育一種基於保持種族純潔的澳洲情操」。[37]「多年前，」政治評論家 A・莫里斯・洛（A. Maurice Low）在紐約發行的《論壇》（*Forum*）雜誌的一九〇八年十月號中寫道，「澳洲人決定澳洲應該是一個白人國家，不應允許亞洲人移民到這裡。」洛指出，因為「白人不能或者不願意在其中工作」，導致澳洲甘蔗種植園發展水準相對較低。他聲稱，在澳洲的日本人尤其「受到強烈的厭惡」，這種厭惡更甚於「地球表面的任何其他地方」。[38]

即使那些不喜歡在家被看到的英國人

　　建築家田邊淳吉在一九〇八年一月號《建築雜誌》（日本建築學會會刊），向日本建築學會會員介紹西澳洲的單層別墅。田邊從未去過澳洲，他的資訊來源是來自一位珀斯（Perth）的建築家向英國皇家建築師學會所提交的報告。原始報告指出，該屋是針對澳洲氣候的適應性，同時宣傳在外廊───一個「露天起居室」───上放鬆的樂趣，連那些不喜歡在家被人看到的英國人，在嘗試過這種樂趣後，都

圖 6
自英國建築雜誌被轉載到日本建築雜誌上的「西澳洲單層別墅」插圖〔一九〇八年，轉載自內田青藏《日本的近代住宅》（《日本の近代住宅》，鹿島出版會，一九九二）〕

會轉換成澳洲人的習慣。該文作者將這種有寬闊外廊的單層房屋稱之為「類似單層別墅式的」——田邊向他的日本同行解釋時，還提到這是一種在印度和其他地方很常見的住宅形式（圖6）。[39]

受到「東京一帶普通住宅」外觀相似的影響，田邊在這種澳洲單層別墅中，發現一種可以用來改良日本室內建築的模式。他寫道，鑒於飲食習慣正在西化，以及「大多數人」都穿著西式服裝，建築家有責任制定出一套能夠「回應中產階級對於歐式品味渴望」的「普遍住宅改革」方案。讓這種建築解決方案變成「純粹的西式風格」，在本質上並沒有什麼錯，但成本、氣候，以及當前「人民文化水準」都是障礙。在田邊的翻譯中，這位英國建築家評論說，他預期「他的同胞會為這些建築的粗陋程度感到震驚」。在田邊看來，這些澳洲房屋提供日本人一種暫時性的折衷方案。

被貶斥為野蠻的風俗

看到這位英國建築家對於在澳洲外廊上呼吸新鮮空氣習慣的描述後，田邊確信日本人做同樣的事並不需要「被貶斥為一種野蠻的風俗」。但他對一些直接由外廊進入屋內的做法並不贊同，因為這使得訪客在入口處就能看到房間內部。

＊　　＊　　＊

英式單層別墅與西雅圖單層別墅不同，後者與帕薩迪納的單層別墅、夏威夷的單層別墅或是西澳洲的單層別墅也不相同。不過，正如安東尼・金（Anthony King）所展示的，單層別墅的簡單生活、不拘禮節的理念是一條貫穿其所有形式的軸線，並將大英帝國熱帶殖民地的生活經驗與現代休閒度假小屋的出現、美國工藝美術運動，以及北美、澳洲和其他地方的大規模郊區住房建設聯繫起來。橋口信助的單層別墅是來自於這種建築形式第二次、商業性擴散的

一條支流，透過樣品書和雜誌，從英國流向美國，隨後，又透過預製房屋的營造商，擴散到北美的太平洋沿岸。田邊淳吉的西澳洲住宅屬於從印度經大英帝國發生的第一次擴散。[40] 格林兄弟的單層別墅——鄉村住宅中的勞斯萊斯——深深受到美國風行的日式風格物件，以及伴隨古斯塔夫・斯蒂克利（Gustav Stickley）《藝匠》（The Craftsman）、以及其他雜誌所推崇的簡單生活理念之影響。

頹廢與神經衰弱

一九〇八年，東京社會民主黨創立者之一安部磯雄寫道，日本人缺乏健康的戶外娛樂活動。他在當年六月號《成功》雜誌告訴讀者，盎格魯—薩克遜人參加有益健康、充滿活力的戶外運動，讓他們擁有「鐵一樣的身體和鋼一樣的意志」。與此相反，日本的休閒活動是「女性化、不活躍和退隱式的」，而且耗費太多時間。相撲是唯一例外，但它不過是一種用來旁觀的運動。妓院和飯店在日本人聚集之處具主導地位。坐在家中的榻榻米上會阻礙身體的動作。日本人久坐習慣帶來的結果是頹廢與神經衰弱，這甚至在那些美國西海岸的日本移民身上都很明顯。[41] 安部後來成為棒球運動在日本最主要的推動者之一。

每個國家的勞工都熱中的運動

一八九八年與十年後一九〇八年間，在夏威夷群島嶼變成美國領土期間，糖產量增長了兩倍以上，從年產二十二萬九千四百一十四噸，增加到年產五十二萬一千一百二十三噸。夏威夷甘蔗種植園的日本勞工（圖7）的工資卻幾乎沒有變化。從一九〇二年到一九〇八年，自由勞工平均日工資增加五美分，日本契約栽培工的日工資則從九十九美分下降到九十一美分。[42] 一個自稱為「加薪工會」的夏威夷日本工人組織要求提高工資、改善工作環境、並威脅發動罷工。瓦胡島的日語報紙《日布時事》刊登文章，請求日本工人牢記自己的文化，並意識到「魯莽激進派」可能給自己的國家帶來恥辱。加薪工會的領導者

圖7
夏威夷甘蔗種植園中的日本勞工〔出自 Franklin Odo、Kazuko Sinoto，《夏威夷日本人圖史》（A Pictorial History of the Japanese in Hawaii, Bishop Museum, 1989）〕

則提到「大和魂」。一九○九年一月底，瓦胡島上有七千名日本工人發動罷工。罷工行動最終瓦解，而且罷工者大部分的要求也都獲得了滿足。甘蔗種植者協會提高了工資並同意整修工人居住的營地。[43] 該工會還提議種植園的管理者要為工人提供娛樂活動，包括體育、音樂和電影。該會還告訴管理者要設立棒球場，「推動這項每個國家的勞工都很熱衷的運動」。[44]

即使我永遠回不了家

　　一九○八年某一天，一列前往曼哈頓的火車上，一位黑人喜劇演員及歌舞雜耍劇詞曲作者傑克・諾沃斯（Jack Norworth）在廢紙上寫了一首名為〈帶我去看棒球〉（Take Me Out to the Ball Game）的歌。其中一句歌詞「就算我永遠回不了了家，我也不在乎」（I don't care if I never get back）、與另一句「給我買點花生和好傢伙玉米花」（buy me some peanuts and Cracker Jack）[45] 押韻。隨著兩個職業聯盟的崛起，棒球成為一種坐下來觀賞的娛樂活動。諾沃斯的歌也成了眾所皆知「非官方的棒球聖歌」，這種娛樂活動與美國第一個量產甜品零食——其宣傳口號是「越吃越想吃」（the more you eat the more you want）——息息相關。[46]

太平洋食堂

　　西村的父母在一八九一年濃尾地震所造成的教堂倒塌事件中罹難。其後，西村伊作的叔父大石誠之助是其中一位撫養他長大的親戚。大石曾漂洋過海來到美國，在此他當過男僕和廚師，後來在俄勒岡學習醫學。回到新宮後，他開了一家餐廳，據說這是和歌山縣境內第一家提供西餐的飯館。西村伊作製作掛在餐廳正面的招牌，上面寫著日語「太平洋食堂」和英語「Pacific Refreshment Room」（圖 8）。之所以選擇這個店名，是出於「Pacific」一詞的雙關語義。[47] 大石當時定期為幸德秋水所編輯的社會主義週報《平民新聞》撰稿。在當時的日本，這是唯一一份反對與俄國爭奪朝鮮和中國東北統治權戰爭的報紙。

圖 8
站在太平洋食堂前面的大石誠之助（左起第二人）、西村伊作（大石之右）和店員（出自加藤百合《大正之夢的設計家：西村伊作與文化學院》）

「與普通的西餐廳不同，」大石向《平民新聞》的讀者宣傳太平洋食堂計畫時如此解釋，「我們在房屋構造、家具選擇以及內部裝飾等方面，一一根據西方簡單生活理念的研究精心設計，其中設有閱報區，放置簡單的樂器和室內遊戲，是提供青年人健康、娛樂和飲食的場所。」餐廳還在特定的日子免費提供窮人飯食。這家餐廳很快就倒閉。根據西村的回憶錄，客人不喜歡受到西方禮節的說教。[48] 一九〇八年左右，大石從道德改良和貧民救助，轉向幸德秋水所開始推崇的無政府主義以及直接行動哲學。那一年夏天，他在一篇個人自傳中告訴《熊本評論》雜誌的讀者，在新宮過完某個標準一日生活後，自己「將會經常發表演說，並與年輕人一起討論叛亂」。[49]

穿著像東京紳士

在幸德秋水（圖9）翻譯的《共產黨宣言》出版後不久，當局於一九〇五年關閉《平民新聞》編輯部。幸德被關押在監獄裡五個月，隨後從橫濱搭上一艘前往西雅圖和舊金山的輪船。在出發前，他寫信給舊金山的無政府主義者阿爾伯特‧詹森（Albert Johnson），說自己會來美國是為了「在天皇毒手所不能及的外國，自由自在地批評天皇……」[50]。在西雅圖日本人會堂中，面對五百名的聽眾發表演講時，他發現講台兩旁是天皇與皇后的肖像。日俄戰爭中的國家英雄肖像，以及當時日本駐韓國總理伊藤博文侯爵的一幅書法作品，則掛在另一面牆上。幸德本身的外表和舉止讓舊金山日本同志岩佐作太郎想起明治天皇。他穿得「像一名東京紳士般」，一件晨禮服，頭戴一頂圓禮帽，還帶著一把木刀。岩佐後來寫道，「這副打扮在舊金山顯得極為怪異。」[51]

圖9
穿著日本正式服裝的幸德秋水

大舉湧入的工賊

一九〇八年五月號的《國際社會主義評論》（*International Socialist Review*），小卡梅倫‧金（Cameron H. King, Jr.）評論「我們對日本人的手足之情」，必須等待直到「我們再也沒有

理由將他們看作是一群大舉湧入的外國工賊」之後。社會黨於奧克蘭舉行的一次會議上討論亞洲移民問題時，作家傑克・倫敦（Jack London）發言：「我首先是一個白人，其次才是一個社會主義者。」[52]

在肺結核國際大會上

一九〇八年，石神亨醫生一路向東來到華盛頓。他或許是乘船到了西雅圖或舊金山，然後經陸路到達目的地（因為巴拿馬運河——美國在一九〇四年從法國手中接收這條運河的開鑿權——直到六年之後才完工）。石神此行目的是為了參加肺結核國際大會，並介紹一種他聲稱能夠治療該病的血清。石神是鼠疫桿菌的發現者北里柴三郎的學生和助手。他曾與北里一同來到香港幫助分離芽孢桿菌。總部在紐約的《哈潑》（Harpers）雜誌最初將石神的血清視為是大會的頭條新聞，大肆宣傳，但隨後又刊登一篇來自紐約的一位與會醫生對於這種血清表示質疑的文章：「來自日本的石神醫生在會議上所宣稱的血清，其價值至今尚未得到醫學界普遍證實和支持。」這位醫生還提到，「比起任何特定藥品的使用，如今更被看重的是，加強患者自體免疫力的衛生措施和生活方式。」[53] 衛生問題包括感染者需要與其他人隔離。一些與會者認為，肺結核問題與不良人種混合有關。他們擔心非白人對於衛生的忽視會威脅到白人。[54] 石神在十一月號的《菲律賓科學雜誌》（Philippine Journal of Science）上公布他的血清臨床試驗結果。[55]

萬一

「萬一，一萬隻饑腸轆轆的吃人老虎突然從遠東被帶來，並在我們的太平洋海岸自由肆虐……」在一九〇八年七月四號《哈潑》雜誌，一篇作者署名為威廉・英格里斯（William Inglis）的文章如此開頭。[56] 英格里斯選擇這個比喻是為了強調攜帶鼠疫桿菌跳蚤的威脅，儘管有些讀者可能從中讀出呼應「黃禍論」的修辭。不過，這篇文章並沒有涉及移民問題。它指出因為這兩個國家人民勤於洗澡，

這種疾病在日本和美國擴散得比較慢。它還描述這種疾病「在舊金山的亞洲人、甚至一些白種人中找到存在之處」後，所採取的檢疫措施。文中有一張顯示一棟凸窗雙層舊金山聯排式住宅的配圖，圖說寫著「在這棟日本人的住宅中，發現了感染腺鼠疫的人類和老鼠」。

淑女協定

遵循紳士協定，從日本來到美國本土的女性超過男性。一九一〇年到一九二〇年，住在美國的日本成年婦女和女孩的數量增加了百分之一百五十。[57] 在從事收費婚姻介紹的移民公司辦公室裡，張貼著日本女性照片。一九二〇年，根據一份有時被稱為「淑女協定」的協議，日本當局同意停止照片新娘的移民。[58] 美國國會移民委員會主席阿爾伯特·約翰遜（Albert Johnson）報告說，日本照片新娘實際上是作為勞工來到美國，因為她們除了平均養育五個孩子外，還要與自己的丈夫一起下田。[59] 一九二五年，早稻田大學講師乾精末（前南加州大學助理教授）寫了關於那些和丈夫一起在田間勞動的日本婦女移民問題，「人們承認這並非美國的標準做法，」不過「日本社會正透過各種組織，盡最大努力來阻止這種行為」[60]。橫濱移民協會向那些準備前往美國的婦女免費提供三十五個小時，包括美國家政管理、衛生和禮儀的指導。[61]

未開化西部的某個地方

一九〇八年，可能是出於健康方面的原因，三角錫子（圖10）接受鎌倉女學校教員的職務，從東京往南來到太平洋沿岸的城市逗子。當時她已出現肺結核症狀。醫生建議靠近學校所在地鎌倉的逗子，當地的空氣是為她提供緩解這種疾病症狀的最好機會。同年十月，一位《哈潑》雜誌記者開頭評論「每個人都曾聽說過這些人的事情」，因為肺結核，他們「扔下工作，住在未開化西部某個地方的帳篷裡」[62]。

圖 10
三角錫子

擔任鎌倉女學校教員的同時，三角錫子將她說成是受到美國人弗雷德里克·泰勒（Frederick Taylor）科學管理理論影響的「流動經濟」，應用在家庭事務中。隨後，她委託美利堅屋根據這些原則為她設計一棟房屋。她還向美利堅屋負責人橋口信助宣揚自己的家庭科學。這兩個人合作創立住宅改良會，出版了一本關於住家的月刊，並尋求日本全國能對這種基於美國模式的高效率，以改善日式房屋的支持。[63]

她彈奏風琴

來到逗子時，三角錫子三十六歲，未婚。此外，除了新鮮空氣，她的醫生還建議婚姻也有助於緩解她的病情。在她居住於海邊期間，附近一所學校的十二名男孩在一次泛舟事故中葬身太平洋。三角以美國作曲家耶利米·英格爾斯（Jeremiah Ingalls）所作的一首聖詩，重新填上歌詞，來紀念這次事故。她將這首歌命名為〈潔白的富士山腳〉（真白き富士の根）。在這些男孩的葬禮上，三角的學生獻唱這首歌，由她彈奏風琴伴奏。這首歌隨後流行起來，整個日本都知道這起事故。

之前，曾有一位第三者來向這些男孩的舍監石塚教諭與三角作媒。當這些男孩溺水時，石塚正在鎌倉商談這門婚事。但因為發生事故，石塚引咎辭職，並往西搬遷到岡山（在那裡他與別人結婚），後來又北上，到了日本殖民地庫頁島。石塚死後，他的兒子將自己父親的不幸歸咎於一本題為《不如歸》的流行小說：小說中，浪漫的女主人翁浪子患有肺結核。她為了太平洋的新鮮空氣來到逗子，並與摯愛的丈夫——一位海軍軍官旅居此地。石塚的兒子推理說，當石塚遇到患有肺結核的三角錫子時，便將小說中的浪漫轉置在自己的人生當中。後來，石塚禁止他的兒子閱讀小說。[64]

《不如歸》被譯成英文的標題為《浪子：一部現實主義小說》（*Nami-ko: A Realistic Novel*），受到美國評論家的讚

許。威廉・艾略特・格里菲斯（William Elliot Griffis）稱它為「英語文學中唯一一部能夠反映出當代日本家庭生活真實景象的小說」，並補充說，「這部小說或許可以像斯托夫人[65]描寫我國黑人奴隸般，發揮描述日本女性受奴役境況的作用」。[66]

＊　　　＊　　　＊

　　對於疾病、健康、與家庭的態度，娛樂、休閒的形式，適合身體的方式，以及休閒的家具和室內裝飾，都曾隨著歐洲的擴張而周遊全球，在歐洲殖民統治脈絡下，擷取新的特徵。對傳染病的恐懼，驅使人們到達那些遠離人口聚集的山區和海岸地區新領土。在日本，與歐洲和北美一樣，經濟上負擔得起的肺結核病人採用「新鮮空氣療法」，睡在半敞的走廊上，在療養院的躺椅上憔悴度日。與此同時，肺結核的慢性特徵籲求新的家居習慣，並將這種疾病置入十九世紀婚姻家庭生活的浪漫框架中。

第二個殖民地

　　一九〇八年，從東京青山地區往西移居到大約十一公里外的郊外小村莊粕谷，作者德富蘆花已因《不如歸》這部暢銷小說的版稅而致富。他將這次搬遷稱為「從首都的逃亡」。在他四年以後出版的自傳體小說《蚯蚓的夢囈》（《みみずのたはこと》）中，德富蘆花記述，他當時正在尋求一種遠離文明的簡單生活方式（圖 11）。一九〇六年，當德富蘆花前往列夫・托爾斯泰位於莫斯科以南的居所拜訪他時，托爾斯泰力勸他，為勞動與鄉村生活的道德益處從事農作。一九〇八年三月十一日，德富蘆花在寫給因肺結核而入院的友人國木田獨步的一封信中說，「明治四十五年（一九一二）的大博覽會以前，從新宿到八王子的鐵路似乎會經過我的住處附近。現在，東京的一位先生已在附近買了土地。有一天，我前面的山谷裡或許會出現工廠，冒著黑煙。如果真是這樣，那一切就結束了。我會儘快找到第二個殖民地。」[67]

圖 11
坐在粗穀住宅前地面上的德富蘆花、
其妻愛子及養女。「德富健次郎氏
正過著鄉村生活……」（《婦人畫
報》一九一四年四月號）

從北越過圖們江來到滿洲

今天，德富蘆花在粗谷的舊宅已設為博物館並保存下
來。在書房中，懸掛著一幅寫著「貧而無諂，富而無驕」
的書法掛軸。寫下這些字的是安重根（基督教名湯瑪斯），
他後來成為朝鮮脫離日本殖民統治獨立運動英雄，儘管他
在書寫這些字時還籍籍無名。德富蘆花和安重根從未見過
面，當他旅行至中國東北的大連市時，從那裡的一位學校
教師手中得到這幅掛軸。一九〇八年，安重根從朝鮮半島
向北移動，越過圖們江，來到滿洲，領導一支對抗日本占
領的朝鮮游擊隊。因為當地的日本軍隊，使得這支部隊被
迫四散，安重根和其他幾個人越過邊境進入俄羅斯，前往
海參威南方的波西耶特港（Posjet）。十一月末，他在此砍
下自己左手無名指的第三指節，並與其餘十二名同志——
包括一名農民、一名獵人和一名理髮師——共同用鮮血簽
下誓志要將自己的生命獻給祖國的宣言書。[68]

跪在地上的高宗皇帝

　　前一年七月，日本駐韓國統監伊藤博文公爵逼迫大韓帝國君主退位，並解散他的軍隊，還起草一份朝鮮半島官員任命與罷免全權移交給韓國統監的文件。日本政治諷刺畫家北澤樂天在《東京小妖精》（《東京パック》）雜誌上，描繪簽字儀式的場景（圖12）。在這幅漫畫中，伊藤和外務大臣林董身著普魯士式軍服坐在椅子上，雙腿分開，兩手放在大腿上。他們低頭看著高宗皇帝鞠躬的頭，跪在縮小的朝鮮半島上，正在為擺放在他面前的文件用印。[69] 這份文件簽訂後，整個朝鮮半島以及更北向的日本統治下地區之朝鮮抵抗者、群起對抗日本人。安重根正是在此時與他的家人道別，動身北上。[70]

更好的殖民者

　　根據一九〇八年四月二日紐約《獨立報》（The Independent）的報導，日本駐韓國統監前顧問特勒姆・懷特・史蒂文斯（Durham White Stevens）在舊金山渡輪碼頭，被一夥數量不明的朝鮮人槍擊致死。這篇報導還提到一份日本議會通過的朝鮮半島殖民法案。根據《獨立報》所述，這份法案的目的在於分流從美國前來的日本移民，並確保他們都是比「追隨軍隊而來的投機份子」「更好一類的殖民者」前去朝鮮。[71] 同一年年底，桂太郎政權（七月組閣）設立東洋拓殖株式會社，支持日本殖民者在朝鮮半島從事農業。根據該計畫，前三年預定共有六萬人要移民到朝鮮，但是過了兩年之後，還沒有一個人想要登記，而自願移居到大陸的日本人寧願住在城市裡。東洋拓殖株式會社隨後轉而向那些購置土地交給朝鮮佃戶耕種的日本人，提供貸款。[72] 一九〇五年，當日本成為朝鮮的保護國後，韓國統監禁止朝鮮人移民到夏威夷及美國本土，以減少那些地方的日本勞工的競爭勢力，並藉此控制朝鮮的獨立運動份子。[73]

TRANQUILLITY IN KOREA.

"Even the Yalu should flow against its course we shall not neglect the payment of tribute," was the sanctified promise of an ancient Korean King to Japan. But the tribute was not paid since more than thousand years. Millions of lives of Japan' boys were lavished in behalf of it and thousands of Japan's heroes and statesmen passed away in despair and reluctance on account of it. Now that however by Providence, Korea was brought under our control, the spirits of the departed heroes of Japan would do well in resting satisfied in their heavenly abode.

圖 12

描繪第一次日韓協議簽字現場的北澤樂天漫畫（《東京小妖精》第三卷第二十一號，一九〇七年八月。感謝東京大學情報學環圖書室提供）

被驅逐或包圍

　　一九一三年，巴拿馬運河完工前一年，前舊金山市長詹姆斯・費倫（James D. Phelan）博士寫道，「巴拿馬運河將會使加州男性與女性同化」。不關心「幸福家庭展開更高的願景」，費倫聲稱，日本人是「完美的人類機械，用來從事無休無止、毫不間斷的苦工」。他繼續說道：「我們已製造出種族問題，所有歷史都在警告我們提防這個問題：在那些有兩個種族比鄰而居的地方，其中的一個必須接受下等地位，否則將會發生一場突如其來、無法抑制的衝突。這就像外來異物擾亂人體系統，除非被驅逐或被包圍，對一個政治實體來說，同樣如此。」[74] 一九〇八年，距離巴拿馬運河完工還有六年，舊金山、新奧爾良和聖地牙哥已就作為巴拿馬太平洋世界博覽會的主要舉辦地點，展開競爭。最後雀屏中選的是舊金山。

就像被愛奴人驅趕的克魯波克魯人

　　一九〇八年秋天，從社會主義者轉變為無政府主義者的幸德秋水，正在東京地區向西移動。如同小說家德富蘆花一樣，他也正在尋找住處。六月二十二日，他的無政府主義同志被捕，當時，幸德在故鄉高知縣。他在八月份出發前往東京，重建該黨的組織。當他在新宮停留時，接受大石醫生的身體檢查，發現他很虛弱，醫生懷疑他染上肺結核。幸德還詢問大石是否知道製造炸彈的方法，石田回答不知道。十月，幸德在東京郊外靠近大塚站的巢鴨村安頓下來。《經濟新聞》刊登一封幸德寫於十一月三日的信，其中描寫巢鴨的清溪和睡著的乳牛。幸德沒有提到他遷徙的政治性，而是將自己描寫成一個收入微薄的人，被城市的擴張驅趕出來。他以諷刺的語氣、使用英語外來語寫到，將一個人的「住所」（日語原文為レシーデンス，即英語單字 residence 的音寫）要與「辦公室」（日語原文為オッフヰース，即英語單字 office 的音寫）分開的風尚，並將其描述成文明「生意人」（日語原文為ビジネスマン，即英語單字 businessman 的音寫）的必要條件。幸德曾希望住在東京以南的大森，但

是根據他本人說法，這個地區已被富有士紳所據。因此，他被擴張文明邊界更強大的殖民者驅趕到巢鴨去「尋求一片開地」，就像「被愛奴人驅趕的克魯波克魯人，或是被大和民族驅趕的愛奴人」。當東京的電車從音羽延伸到大塚，這片地方將發生變化——「我們這些生存競爭的失敗者該逃到何處去？」[75]

十二個種族的等級

當時，東京人類學會會員正就克魯波克魯人是否存在展開爭論。愛奴人是北海道——四十九年前日本政府設立北海道開拓使，並宣布此地為日本領土——的原住民，他們之中流傳著住在款冬葉下面的小人部落傳說。東京人類學會會長坪井正五郎相信，這些傳說講述的是被愛奴人替代或滅絕的更早種族。在坪井的支持下，九名愛奴人被帶往一九〇四年聖路易斯世界博覽會，作為活生生的展品。在博覽會一份官方出版物卷首的插畫中，描繪有由十二個種族構成的全球等級，其中日本（由一個女性人物代表）排在第三，位在俄羅斯人和「美歐人」之後，比愛奴人（有一個男性代表）高了七位，後者排在倒數第三（圖13）。[76] 該插圖沒有包含克魯波克魯人。

圖 13
描繪有世界上十二個種族等級的一九〇四年聖路易斯世界博覽會出版物卷首插畫。排在第一的是「美國－歐洲人」（Americo-European），第二位是「俄羅斯人」（Russian），第三位是「日本人」（Japanese）（出自 Christ，《亞洲遺產僅有的守護者：一九〇四年聖路易斯世界博覽會上的日本》）

天皇戰士的演習

一九〇八年夏天，金子堅太郎子爵在東京接待美國世界博覽會專員盧米斯（Loomis）的來訪，計劃於一九一二年舉行的東京世界博覽會，欲向美國和世界展現日本的和平意圖。一幅刊登在《萬朝報》的漫畫，畫著身處東京的盧米斯發現「天皇的戰士在和平的博覽會場地上進行演習」而感到震驚。《哈潑》雜誌重刊這幅漫畫，並配上一篇文章，該文作者評論說，日本漫畫家竟有美國人會感到驚慌的這般錯誤印象，實際上「當總統選舉和全國棒球錦標賽正在進行時，像這樣的小事引起不了美國人的興趣」。後來世界博覽會因財務原因取消，在相同的會場上舉辦一場規模較小的國內博覽會。[77]

因為前者是共和國

　　第二年，金子子爵向美國讀者發表日本學生前往美國留學好處的談話。他解釋說，在日本一度產生過這樣的疑問，即「比起美國，日本的年輕人更應該被送到歐洲君主制的國家，因為前者是個共和國」，年輕人在那裡「可能會吸收激進的思想」。「不過，從那些自美國返國的日本人的工作成效來看，他們比在歐洲接受教育的人，保守得多。」[78]

唯一被允許的交流方式

　　更早之前，當金子堅太郎擔任日本貴族院書記官長時，赫伯特・史賓塞（Herbert Spencer）曾寫信給他，就種族混合提出警告。「外國人和日本人的跨種族婚姻，」史賓塞建議，「應被積極禁止……人類的跨種族婚姻和動物的異種繁育都有充分的證據顯示，當混雜的品種發生了一定程度的分歧時，長期看不可避免地將會產生不良結果。」

　　史賓塞補充說，在他「寫信之前的半小時內」，曾與一位「馬、牛、羊類權威而知名的紳士」交談。為了證實這一點，「我有理由說明」他繼續說道，「完全贊成美國為了限制中國移民而制定的種種規範，如果我有權力的話，我會將他們限制在儘可能少的數量。我之所以做出這樣的決定，原因在於以下的兩種情況之一將必發生。如果中國人被允許在美國廣泛定居，他們要麼會在人種上不發生混合，形成一個隸屬種族——即使不是奴隸，也是一個接近於奴隸的階級；要麼就發生混合，形成一個不良雜種。假使移民數量龐大，那麼無論在哪一種情況下，都必會出現巨大的社會危害，最終導致社會解體。如果歐洲或美國的種族，與日本人發生相當規模的混合，也會出現同樣的後果。」「你能夠因其益處而允許的唯一一種交流」他聲稱，是「體力、腦力勞動產品的輸入和輸出」。他以一個誇張的修辭總結這封信：「結束這封信時，我要告訴你我在開頭所說的——儘可能地和其他種族保持距離。」[79]

當金子子爵在東京接待來訪的美國世界博覽會專員時，在東京出版的《婦人畫報》雜誌剛剛刊登其住宅照片，當作日本與西方混合風格室內裝飾的典範。雜誌照片中展示裝飾壁龕間有《米羅的維納斯》雕像的微縮複製品、地毯、獸皮、榻榻米上的皮椅，以及隔扇門上的大型猛禽水墨畫。[80]

他們基本的血統是白人

　　一九〇四年，《泰晤士報》引用史賓塞寫給金子的信。接下來，一九〇八年九月二十六日《哈潑》雜誌又引用《泰晤士報》的引用，並加上一段編者按語：「在種族混合生物學上的反對意見被完全推翻前，那些鼓吹將日本人逐出美國——以及將美國人逐出日本——的意見不應受到譴責。」[81] 然而，有些人對於日本人與美國人在人種上相距甚遠這一說法，提出質疑。評論威廉・艾略特・格里菲斯的新書《進化中的日本國民：一個偉大民族的發展歷程》（ The Japanese Nation In Evolution: Steps in the Progress of a Great People ）時，《前景》雜誌提到格里菲斯博士在馬來人之外，還提供「伊朗人、高加索人或雅利安人祖先血統」，以及「早期日本人屬於閃族的證據」。格里菲斯聲稱「他們的基本血統是白人——雅利安或愛奴血統」。與中國人、朝鮮人不同，他們並非蒙古人種。[82]

＊　　　＊　　　＊

　　種族理論就像牌戲中的紙牌那樣，重洗和分派人群。遊戲規則來自跨越海洋和國家領土的真實運動。誰搬到誰的土地，誰的移動就受到限制，誰在誰的博覽會展覽館中展示：這些活著人們的境遇引發對種族歷史性的詮釋。

用來安放高空鞦韆的第三層樓

　　一九〇八年，女演員布蘭奇・斯隆（Blanche Sloan）甫修建一棟位於紐約曼哈頓、以東牙買加地區夏季用的單層別

墅為模型的住屋。被稱為「空中女王」的斯隆，讓建造工
人加上第三層樓來放置她的高空鞦韆。七年前，時髦雜
耍家（Bon-ton Burlesquers）劇團在紐約表演「美國人在日本」
（Americans in Japan）時，斯隆首次登臺。她的夏季住宅第二
層樓有一個放置鋼琴用的平臺，以及一個帶有「消失的床」
露天睡覺門廊的開放式起居室。《單層別墅》（Bungalow）
雜誌將這幢房屋錯誤地描述為「Torri」（指的是日本神
社入口處大門「鳥居」[83]）。雜誌大讚其設計，評論說：
「它不僅滿足西方生活所有要求，還體現只出現在天皇土
地上建築的精巧之處。」[84] 這棟建築外觀像是一座佛教寺
院大殿。在佛羅里達也有一座結構類似的建築，被稱為
「Bungoda」。[85]

日本製的陽傘

　　永井荷風——一位模仿波特萊爾（Baudelaire），享受
由女演員和妓女相伴的日本作家——在停留美國期間，大
部分時間都住在紐約（圖14）。他從西雅圖出發，然後向
東，來到聖路易斯、卡拉馬祖和華盛頓，最後在紐約落腳。
一九〇八年——此時，永井荷風已繼續向東行來到巴黎，
他將自己的美國生活速寫結集成書，在東京出版，題為《美
利堅物語》（《あめりか物語》）。其中一篇故事描寫了曼
哈頓一家妓院老鴇的房間，天花板上懸掛著「日本製的陽
傘和紅色的紙糊燈籠」。這間房間還擺著「看似是日本製
的、繡在黑色布料上的一座金色雉雞對折屏風」。荷風寫

圖 14
扇子上的永井荷風自畫像〔日本
大學綜合學術情報中心藏，出自
Edward Seidensticker《小文人荷風：
永井荷風的生涯和作品，一八七九 -
一九五九》（*Kafu the Scribbler: theLife
and Writings of Nagai Kafu, 1879-1959,
Stanford University Press*, 1965）〕

道，「這一切東洋風格的色彩創造出一種不可思議的不協調感。」[86]

荷風另一篇美國速寫描述芝加哥一對年輕夫婦詹姆斯（James）和史黛拉（Stella）。他們二人在史黛拉父母家中共同演奏鋼琴《夢幻曲》，然後在史黛拉父母癡迷的掌聲及熱情的擁抱下結束這首曲子。在日本，年輕作家谷崎潤一郎希望模仿荷風筆下的頹廢和世界主義，不過與荷風不同的是，他既未出生在富有家庭，也從未去過海外。谷崎潤一郎在太平洋海岸暫居、自神經衰弱症恢復的期間，他讀了荷風的《美利堅物語》，文學研究學者 Ken・伊藤將神經衰弱描述是「一種在當時文學圈內很流行的疾病」。[87]

裝飾無盡的室內景觀

安娜・德威爾（Anna H. Dwyer）向紐約發行的《藝匠》雜誌讀者發表來自橫濱的報導：在日本，家務管理「打開了對女性心靈而言如此重要的裝飾無盡的室內景觀。而且——這真是一件幸運的事——在這片令人愉快的土地上，費用並不是最重要的考慮因素。」在鋪了榻榻米的房間中，德威爾將「黃銅、金箔屏風以及色彩絢爛的懸掛物」結合在一起。在她的印度躺椅上，「堆起了色彩明亮的墊子」。[88] 如同單層別墅，在亞洲殖民者首次採用後，以熱帶材料製作的躺椅也開始在英語系宗主國中，大為流行。正如《美麗住宅：關於床、桌子、凳子、燭臺的散文集》（*The House Beautiful: Essays on Beds and Tables, Stools and Candlesticks*）一書的美國作者，曾就他在一個「現代住宅」閣樓所發現的一把中國竹製躺椅寫道：「除了東方人，還有誰能夠製造出這樣一把將各種奢華集於一身的椅子？」這把椅子的主人還利用一把日本扇子、一隻鶴的銅像和懸掛在天花板上日式掛軸，來增添東方性氛圍。[89]

試著去踢他那懸掛在天花板上的日本陽傘

當永井荷風還居住在紐約期間，每天報紙都會報導

圖 15
《疲倦的蝴蝶》（鉑鹽印相法，一九〇九，美國國家歷史博物館攝影史部分藏品）

一樁一名坐在鞦韆上女演員所引發的謀殺案。哈利·托爾（Harry K. Thaw）因殺死建築師斯坦福·懷特（Stanford White）而受審。他因為發現後者曾勾引自己的妻子——女演員艾芙琳·奈斯比特（Evelyn Nesbit）——而妒火中燒。托爾近距離地向他連開了三槍。一九〇八年一月，陪審團以其當時精神錯亂為由，宣判他無罪。懷特因其與許多年輕女性的風流韻事而廣為人知。當他遇到十六歲的奈斯比特時，她已成名。她是一名藝術家模特兒，其臉龐除了作為百貨店櫥窗的展示裝飾外，也出現在許多郊外教堂彩色玻璃窗裝飾上。媒體稱她的頭髮是她「至高的榮耀」。懷特讓她坐在自己頂層工作室中的紅色絲絨鞦韆上，讓她從那裡試著去踢從天花板上垂吊下來的日式陽傘。他還讓奈斯比特穿著和服。攝影師魯道夫·艾克邁爾（Rudolf Eickemeyer）曾經拍攝過一張她穿著寬鬆和服、躺在一張熊皮毯上的照片，題為《疲倦的蝴蝶》（Tired Butterfly，圖 15）。這張照片成了艾克邁爾最著名的作品。[90]

$$*\qquad*\qquad*$$

雖然美國在建築、設計、以及簡單生活中的流行修辭充滿了日本形象，但跨越太平洋的文化交流卻極為不平等。日本的文化先鋒正試圖引進一整套、以盎格魯系—美國標準來衡量的文明整體；另一方面，美國人所引進的——除了亞洲勞動力之外——通常還包括膚淺的裝飾品、以及華而不實便宜貨之日式審美。在某些情況下，尤其是菁英建築師及其客戶，其美式日本審美是源自對於日式材料、質地和設計的深刻欽佩。美國人在日本藝術、關於日本的書籍、以及博覽會上日本展覽館中，發現了一種與維多利亞風格規範顯著不同的差異。然而，同樣地，也許更常見的是，美國人將日式物件用作於一種東方式頹廢氛圍、或是暫時逃離文明束縛遊戲的一部分。

敦促同胞厲行斷髮

朝鮮民族主義者安重根從波西耶特繼續向北來到哈

爾濱。一九〇九年十月二十六日，當前任日本駐韓國統監伊藤博文公爵（伊藤於一九〇七年被授予公爵爵位，並於一九〇九年辭去韓國統監職位）到達哈爾濱站時，安重根近距離向他開了七槍。其中三顆子彈擊中這位前韓國統監的胸部和腹部。伊藤博文當日立即死亡。日本在遼東的軍政檢察官審問安重根時，問他是否知道伊藤自己曾抱持排外立場，但在後來去了英國，見識到西方文明後，就改變了想法。安重根回答說，他知道，而且說自己還曉得伊藤去過美國，在那裡他學到很多，回到日本後還敦促同胞厲行斷髮。檢察官又問安重根，他是否覺得朝鮮作為有數百年歷史的獨立國家，日本是無法在列國的監視下將其吞併？安重根回答說，他知道，但他也知道列國漠視日本吞併朝鮮野心的理由，而且他認為伊藤是瘋狂的，才會打算吞併朝鮮。[91]

在日本媒體上，伊藤因其瘋狂的好色而知名。接下來的一年，一幅刊登在日本報紙上的漫畫畫著這位前韓國統監，因為安重根發射三發子彈的衝擊而姿勢扭曲，向後摔倒，他的身形陰影形成漢字的「女」字。[92]

自然法則所不允

一九〇八年幸德秋水居住在巢鴨村時，他與無政府主義同志菅野須賀子開始一段浪漫的關係。兩人並沒有結婚，而且菅野當時還有一個獄中情人。幸德與菅野的「自由戀愛」醜聞充斥於東京報紙社會新聞版面。[93]

後來幸德秋水因為一椿沒有發生過的謀殺案於一九一〇年六月被捕。他是二十六個被控犯下大逆罪的人之一。來自新宮的大石誠之助是另一個。起訴他們的理由是密謀殺害睦仁，即明治天皇。一九〇七年底，幸德離開舊金山後，柏克萊無政府主義者的日本同儕中有幾人，在日本領事館門上留下一封題為《與日本皇帝睦仁君》的信。其中有部分內容說道：「足下可知據稱為足下祖先之神武天皇為何人？日本史學者雖云其為神之子，只是阿諛足下虛構

之言，為自然法則所不允。事實上，彼亦與吾人同，乃自猿類進化而來，無特別權能，如今此事不待餘等喋喋……有關彼生於何處，今日雖無確實之論據，不過恐非土人，而為自支那或馬來半島一帶漂流而來之人。……足下成為聖神不可侵犯之人，紳士閥縱情太平之樂，人民日漸陷入苦境。」這封信以一句威脅作為結束：「炸彈在足下周圍，即將炸裂。別了，足下！」

員警在整個日本群島範圍內展開搜捕，其中也包括新宮，結果並沒有發現炸彈。在不存在叛國罪的加州，無法將其進行逮捕。美國移民法也禁止將遭受指控、但無法證明其進入美國以前已是無政府主義者的移民驅逐出境。在柏克萊，在日本無政府主義者居住的紅色宅邸中，岩佐作太郎和他的同夥竹內鐵五郎告訴調查人員，他們是受到傑克・倫敦的影響。幸德秋水、大石誠之助以及其他十餘人，於一九一一年一月二十四日被絞死。[94] 接下來的一週，小說家德富蘆花在第一高等學校進行一場著名的演說，以悼念這些被處死的人。

樂不思蜀的人可能想住在這裡

一九〇七年夏天，在離開舊金山二十七天後，蛇鯊號（Snark）在隸屬夏威夷的瓦胡島珍珠港靠岸。傑克・倫敦與妻子查米安（Charmian）、和被他們稱為「Tochigi」的日本人船艙侍者（其全名為栃木秀久，Tochigi 為「栃木」的發音）一起上岸（圖16）。傑克・倫敦夫婦是受到夏威夷遊艇俱樂部的接待。倫敦因為其對於日俄戰爭的報導、流行小說與散文而負盛名。這些散文中有《黃禍》（The Yellow Peril，一九〇四年六月）、以及《我是怎樣成為社會主義者的》（How I Became a Socialist, 1905）。在後文中，他發誓自己絕不再「用自己的身體去做哪怕只是一天超出自己必須要做的苦工」。在一篇發表於一九〇八年八月八日《哈潑》雜誌的文章中，倫敦向讀者描寫珍珠港景象就像一場夢。這對夫妻受到臉頰黝黑、「乾淨男人」的歡迎，他們的眼睛「並沒有因為過度凝視閃閃發亮的美元堆而眼花撩亂」。倫敦

圖 16
蛇鯊號甲板上的傑克・倫敦、其妻查米安和船員。船上日本侍者栃木秀久並未出現在照片中（加州大學伯克萊分校地理系藏）

夫婦被帶到「有著極為寬廣走廊、如夢一般的住處。樂不思蜀之人可能就想住在這裡」。在那裡，穿著本土服裝的日本女傭為他們服務。這些女傭「毫無聲響地四處來回飄遊，就像蝴蝶一樣」。牆上掛著塔帕布，房間中還有一架三角鋼琴，「我確信它只有演奏搖籃曲。」[95]

＊　　　＊　　　＊

　　以異國習慣、服裝和髮型進行的文化實驗底層，存在著真實的政治。反過來，政治也是透過種族意識型態，在日本人和朝鮮人的意識中過濾著，就像美國人和澳洲人的意識、無政府主義者和保守主義者的意識一樣。日本國家及其精英處在一個不尋常的立場上，因為日本是一個不發達的帝國主義國家，它試圖將自己的人口輸出到別國同時，還尋求別國對其皇權地位的認可。日本人處理自己這種立場的方法之一，就是含蓄地接受白人統治下世界秩序的種族主義條件，並將本國下層階級視為不同的種族，區別對待。正如同澤田指出的，接受與美國之間的紳士協定是國際種族政治馴化策略的一個例子，以防止人種認知影響帝國正在亞洲尋求的利益、以及日本在列強中的地位。[96]當反對帝國的日本激進份子來到海外時，他們需要承受身為日本人所帶來的重擔，即日本人在加州也意味著「亞洲人」（Asiatic）。在國內，除了資本主義外，他們還面對著神聖天皇這個重擔。朝鮮抵抗者除此之外，還要承受失去國家主權的重擔。

美國的一個湖是一個夢想

　　一九〇八年夏天，當美國人讀到蛇鯊號的冒險時，美國艦隊也正往西展開一次長征，並在三月十四日宣布此次航程的安排。三月十九日，美國國務卿伊萊休・魯特（Elihu Root）接到一封來自日本駐美大使高平小五郎的邀請信，大使在信中說「為自己很榮幸能夠傳達，在帝國政府聽聞貴國政府艦隊預定自舊金山來到菲律賓群島的航程後，衷心希望能有機會熱烈表達日本國民對於貴國一直以來所懷

抱的友誼及讚美之情」。代理國務卿培根（Bacon）代表美國政府回覆：「本政府極樂意接受邀請。」[97]

寫到這次艦隊航行對於澳洲的重要性時，Ａ・莫里斯・洛在《論壇》雜誌上評論，儘管這次航行並沒有直接的政治目的，但它是一次「國際事件」，「加速人們對盎格魯─薩克遜世界的想像」。他寫道，「全世界」都相信美國和日本最終將為爭奪太平洋的統治權而走向戰爭。「如果薩克遜一方獲勝，合眾國會將太平洋變成美國的一個湖──這是不止一位美國政治家的夢想。那麼，澳洲就沒有什麼好擔心的。但如果勝利者是日本，正在上升的太陽會升得更高，澳洲將任憑日本擺布，白人澳洲將只存在記憶中。」[98] 艦隊於十月十八日抵達橫濱，在那裡受到熱烈歡迎。幾千名日本學童唱起美國歌曲。根據《獨立報》當年早些時候的一篇報導，居住在美國太平洋沿岸的日本「僕人和勞工」，每人捐出至少二十五美分，當作日本接待這支艦隊的基金。[99]

紳士協定

所謂的兩位紳士是虛構的。「紳士協定」（後來以此稱而廣為人知）是一九〇七至一九〇八年間，日美兩國政府多位代表之間所交換的信件和電報。由於沒有正式條約，故無簽署人。兩國政府對於通信的具體內容保密。

高平─魯特或魯特─高平

一九〇八年十一月三十日，在華盛頓，美國國務卿魯特與日本駐美大使高平在一份備忘錄上簽名，宣布雙方對「太平洋地區」的「現狀」感到滿足。[100] 兩人所簽署的文件在美國被稱為「魯特─高平協定」，在日本則被稱為「高平─魯特協定」。桂太郎首相領導下的日本政府，採取「將海外移民集中於朝鮮及滿洲」的政策。[101] 日本於一九一〇年吞併朝鮮。日本人繼續向美國太平洋沿岸大量移民，直到一九二四年美國「排斥法」禁止其後所有移民。

註釋

1. 探索本章中互相孤立、看似特殊的片段、以及它們彼此之間可能存在的關聯，或許會讓人想起文學理論家喬爾・法恩曼（Joel Fineman）對軼事的觀察。法恩曼提出，獨一無二歷史軼事中顯而易見的偶然事件，為看似歷史的連續性開了一扇洞口。凱薩琳・加拉格爾（Catherine Gallagher）和斯蒂芬・格林布拉特（Stephen Greenblatt），在愛德華・帕爾默・湯普森（E. P. Thompson）和米歇爾・傅柯（Michel Foucault）的作品中，觀察到他們對於軼事的使用。不過最終，歷史編纂的價值必須是在尋求發展新方法、以填補我們所打開洞口的工作上，而不是在這些洞口的本身。因此，我的興趣最終在於透過這些羅列碎片的格式塔，描繪出一個整體背景的可能性。參見 Catherine Gallagher and Stephen Greenblatt, *Practicing New Historicism* (Chicago, 2000), 49-74。

2. 譯註：「烏力波」（Oulipo）是法語 Ouvroir de littérature potentielle 的縮寫，意為「潛在文學工廠」，是一個由作家和數學家組成的國際團體，一九六〇年成立於法國。

3. 關於烏力波及其在小說寫作中施加人為限制，參見 Marcel Bénabou, "Rule and Constraint," in *Oulipo: A Primer of Potential Literature*, trans. and ed. Warren F. Motte Jr. (Lincoln, NE, 1986), 40-50。

4. 正如羅傑・夏提葉（Roger Chartier）觀察到的，文化史中會在檔案中尋找獨特聲音的趨勢：「不再是系列與標準建立起來的規則性例證，從今以後，引用意味著差異和斷裂的闖入。」Roger Chartier, *On the Edge: History, Language, and Practices*, trans. Lydia G. Cochrane (Baltimore, MD, 1997), 4。

5. 其他學者和作家也曾實驗性地運用蒙太奇作為一種歷史表現方法。比較顯著的例子是邁克・萊西（Michael Lesy）的《威斯康辛死亡之旅》（*Wisconsin Death Trip*, New York, 1973），這部作品幾乎完全依賴並置的一位攝影師所拍攝的照片與引用的當地報紙。小說家尼克森・貝克（Nicholson Baker）的《人煙：二戰之始，文明之末》（*Human Smoke: The Beginnings of World War II, the End of Civilization*, New York, 2008）與本章類似，結合片段以及從新聞報導和回憶錄的引用，巧合的是，該書發表時正當我的論文正受審查中。貝克作品的結構和主題反過來也讓我們回想起斯文・林奎斯特（Sven Lindqvist）的《轟炸史》（*A History of Bombing*, New York, 2001）。

6. Walter Benjamin, *The Arcades Project*, trans. Howard Eiland and Kevin McLaughlin (Cambridge, MA, 1999), 461. 還可參見 Vanessa R. Schwartz, "Benjamin for Historians," *American Historical Review* 106, no. 5 (December, 2001): 1721-1743。

7. 對這些事件的詳細記述見 Thomas A. Bailey, *Theodore Roosevelt and the Japanese-American Crisis* (Stanford, CA: Stanford University Press, 1934)。Akira Iriye, *Pacific Estrangement* (Cambridge, MA: Harvard Universtiy Press, 1972) 是關於這一時期美日外交背景的重要研究。

8. Mitziko Sawada, *Tokyo Life, New York Dreams: Urban Japanese Visions of America, 1890-1924* (Berkeley, CA: University of California Press, 1996), 53。

9. 譯註：道、府、縣都是日本最高地方行政級別。

10. Sawada, *Tokyo Life, New York Dreams*, 44, 53。

11. 內田青藏，《あめりか屋商品住宅 「洋風住宅」開拓史》（東京：住宅圖書館出版局，1987），頁一四、二二、二四。

12. H. Addington Bruce, "The Romance of American Expansion, Fifth Paper: Thomas Hart Benton and the Occupation of Oregon," *Outlook*, 89:4 (May 23, 1908), 197.

13. Ronald Takaki, *Strangers from a Different Shore: A History of Asian Americans* (Boston: Little, Brown and Company, 1989), 189; Franklin Ng, ed., *The Asian American Encyclopedia* (New York: Marshall Cavendish, 1995), volume 3, 786; Brian Niiya, ed., *Encyclopedia of Japanese American History* (New York: Facts on File, 2001), xvii (chart); Roger Daniels, *Asian America: Chinese and Japanese in the United States Since 1850* (Seattle: University of Washington Press, 1988), 69.

14. Alan Takeo Moriyama, *Imingaishi: Japanese Emigration Companies and Hawaii, 1894-1908* (Honolulu: University of Hawaii Press, 1985), 97(chart).

15. Takaki, *Strangers from a Different Shore*, 156.

16. Takaki, *Strangers from a Different Shore*, 45; Moriyama, *Imingaisha*, 170.

17. 內田青藏，《あめりか屋商品住宅—「洋風住宅」開拓史》，頁三五。

18. 關於單層別墅的傳播，參見 Anthony King, *The Bungalow: The Production of a Global Culture* (2nded., New York: Oxford University Press, 1995)。King 出色的研究為本章提供靈感。

19. 內田青藏，《あめりか屋商品住宅—「洋風住宅」開拓史》，頁一四—一九、二一、二七、三〇。

20. 內田青藏，《あめりか屋商品住宅—「洋風住宅」開拓史》，頁四一。

21. 見內田青藏，《あめりか屋商品住宅—「洋風住宅」開拓史》頁五一—五二中所引橋口信助《中流の洋風住宅に要する家具》，原載《婦人之友》一九一二年九月號。

22. 見內田青藏，《あめりか屋商品住宅 —「洋風住宅」開拓史》頁四九翻印的廣告。

23. 關於美國的起居室和客廳，參見 Karen Halttunen, "From Parlor to Living Room: Domestic Space, Interior Decoration, and the Culture of Personality," in *Consuming Visions: Accumulation and Display of Goods in America 1880-1920*, edited by Simon J. Bronner (New York and London: W. W. Norton & Company, 1989), 157-189。

24. 見内田青藏《あめりか屋商品住宅一「洋風住宅」開拓史》頁五五一五六中所引橋口信助《中等の洋風住宅》，原載《婦人之友》一九一二年十一月號。

25. Sawada, *Tokyo Life, New York Dreams*, 頁一一八至一一九所引。

26. "Hamilton Holt Says Japan Seeks Peace with the World," *New York Times*, December 31st, 1911, 11.

27. 譯註：提洛爾（Tyrol），奧地利的一個地區。

28. Edward S. Bosley, *Greene and Greene* (London: Phaidon Press Limited, 2000), 116; Clay Lancaster, *The American Bungalow, 1880-1930*(Mineola, NY: Dover Publications, 1995), 122-131。

29. 甘布林之家管理人 Anne Mallek 與作者的私人通信，2008 年 6 月 14 日。甘布林夫婦亞洲之旅日期來自 Xing Wenjun, *Social Gospel, Social Economics, and the YMCA: Sidney D. Gamble and Princeton-in-Peking*, PhD Dissertation, University of Massachusetts, Amherst, 1992, 37。

30. 西村伊作，《我に益あり一西村伊作自傳》（東京：紀元社，一九六〇），頁一八〇一一九四。

31. 加藤百合，《大正の夢の設計家一西村伊作と文化学院》（東京：朝日新聞社，一九九〇），頁二四、四三、六七、七二。

32. 引自加藤百合《大正の夢の設計家一西村伊作と文化学院》頁七三。

33. 引自加藤百合《大正の夢の設計家一西村伊作と文化学院》頁七五。

34. 西村伊作，《楽しき住家》（東京：警醒社書店，一九九一年第三版），頁三九。

35. 西村伊作，《バンガロー》，《住宅》第一卷第四號，一九九六年四月，頁七。

36. King, *The Bungalow*, 237-239.

37. C. Hartley Grattan, "The Australian Labor Movement," *The Antioch Review*, 4, no.1 (Spring, 1944), 63.

38. A. Maurice Low, "Foreign Affairs," *Forum* 40:4 (October, 1908), 307.

39. 田邊淳吉，《西濠洲の住家》，《建築雜誌》第二五三號（一九〇八年一月），頁二三一三三。

40. King, *The Bungalow*, 231-232.

41. 安部磯雄，《日本人は何故不完全なる娯楽に耽る乎》，《成功》第一四卷第一號（一九〇八年六月），頁七一一〇。

42. Edward D. Beechert, *Working in Hawaii: A Labor History* (Honolulu: University of Hawaii Press, 1985), 170.

43. Beechert, 172-174.

44. 引自 Takaki, 161-162。

45. 譯註：即 Cracker Jack，一種用焦糖包裹玉米花並混有花生的零食。

46. Baseball Almanac, http://www.baseball-almanac.com/poetry/po_stmo.shtml.

47. 譯註：「Pacific」一詞具有「太平洋」和「和平的」這兩種意義。

48. 加藤百合，《大正の夢の設計家一西村伊作と文化学院》，頁五五。

49. Joseph Cronin, *The Life of Seinosuke: Dr. Oishi and the High Treason Incident*(Kyoto: White Tiger Press, 2007), 71.

50. F. G. Notehelfer, *Kōtoku Shūsui: Portrait of a Japanese Radical*(London: Cambridge University Press, 1971), 106-107, 109, 116（引用文）。

51. Notehelfer, 125 註腳 4。

52. Roger Daniels, *The Politics of Prejudice: The Anti-Japanese Movement in California and the Struggle for Japanese Exclusion*(Berkeley, CA: University of California Press, 1962), 30, 127 頁註腳 43。

53. "The Winning War Against Tuberculosis," *Harpers Weekly* (October 10, 1908), 7; Alfred Meyer, "Is Science Conquering Tuberculosis?" *Harpers Weekly* (October 17, 1908), 7（引用文）。

54. Jessica Robbins, "Class Struggle in the Tubercular World: Nurses, Patients, and Physicians, 1903-1915," *Bulletin of the History of Medicine* 71:3 (1997), 424-425；還可參見 Sheila M. Rothman, *Living in the Shadow of Death: Tuberculosis and the Social Experience of Illness in American History* (New York: Basic Books, 1994)。

55. T. Ishigami, "Tuberculo-toxoidin and Immunization Serum," *Philippine Journal of Science*, November, 1908, 379-384.

56. "The Flea, the Rat, and the Plague," *Harpers Weekly*, July 4th, 1908, 27.

57. *Encyclopedia of Japanese American History*, xvii（表）。

58. Kiyo Sue Inui, "California's Japanese Situation," *Annals of the American Academy of Political and Social Science* Vol. 93（January, 1921), 99.

59. 這位阿爾伯特‧約翰遜與舊金山的無政府主義者阿爾伯特‧詹森並沒有什麼明顯的關係。

60. Kiyo Sue Inui, "The Gentlemen's Agreement: How It Has Functioned," *Annals of the American Academy of Political and Social Science* Vol. 122 (November, 1925), 194.

61. Azuma Eiichirō, *Between Two Empires: Race, History, and Transnationalism in Japanese America* (New York: Oxford University Press, 2005), 51-58.

62. "The Winning War Against Tuberculosis," *Harpers Weekly* (October 10, 1908), 7.

63. 内田青藏，《あめりか屋商品住宅―「洋風住宅」開拓史》，頁八九―九九。

64. Karatani Kojin, *Origins of Modern Japanese Literature, translation edited by Brett de Bary* (Durham, NC: Duke University Press,1993)，頁九七―一〇三中有對這起事故的分析。石塚之子的說法見宮內寒彌，《七里ガ浜》（東京：新潮社，一九七八）。

65. 譯註：即小說《湯姆叔叔的小屋》的作者哈麗葉特·比切·斯托（Harriet Beecher Stowe）。

66. Kenjiro Tokutomi, *Nami-ko: A Realistic Novel*, translated by Sakae Shioya and E. F. Edgett (Tokyo: Yurakusha, 1905).

67. 槌田滿文，《東京記錄文學事典》（東京：柏書房，一九九四），頁二〇一―二〇二中所引。

68. 佐木隆三，《伊藤博文と安重根》（東京：文藝春秋，一九九二），頁二一―二三。

69. 《東京パック》第三卷第二一號（一九〇七年八月）。

70. 佐木隆三，《伊藤博文と安重根》，頁二〇―二二。

71. "Korea," *The Independent* 64:3096 (April 2, 1908), 716。實際上，殺害史蒂文斯的一共有兩個人，即在舊金山活動的朝鮮獨立運動份子張仁煥和田明雲。

72. Peter Duus, *The Abacus and the Sword: The Japanese Penetration of Korea, 1895-1910* (Berkeley: University of California Press, 1995), 304-307.

73. Takaki, *Strangers from a Different Shore*, 57.

74. James D. Phelan, PhD., "The Japanese Question from a California Standpoint," *The Independent*, 74:3369 (June 26, 1913) 1439.

75. 幸德秋水，《郊外生活》（《經濟新聞》一九〇八年十二月三日），收錄於幸德秋水全集編輯委員會，《幸德秋水全集》第六卷（東京：明治文獻，一九六八），頁四七〇―四七二。

76. Carol Ann Christ, "The Sole Guardians of the Art Inheritance of Asia: Japan at the 1904 St. Louis World's Fair," *Positions: East Asia Cultures Critique* 8:3 (Winter, 2000), 689-691.

77. Robert A.C. Linsley, "Why the Tokio Exposition Was Postponed," *Harpers Weekly* (October 24, 1908), 28.

78. Kentaro Kaneko, "The Effect of American Residence on the Japanese," *Annals of the American Academy of Political and Social Science* 34:2 (September, 1909), 118.

79. Herbert Spencer, "Three Letters to Kaneko Kentaro," David Duncan, *Life and Letters of Herbert Spencer* (London, 1908), Molinari Institute http://praxeology.net/HS-LKK.htm 中所引。

80. 參見本書第一章第 43 頁。

81. "Comment: East Is East, and West is West," *Harpers Weekly* (September 26, 1908), 5.

82. "The Japanese in Evolution," *Outlook* 88:9 (February 29th, 1908), 509.

83. 譯註：日語「鳥居」一詞的英文拼寫為 torii。

84. "In the Vaudevilles," *New York Times* (December 8th, 1901), 14.

85. Lancaster, *The American Bungalow*, 93-94. 譯註：Bungoda 應為 Bungalow 與 Pogoda（佛塔）二個字的合成詞。

86. 永井荷風，《夜の女》，收錄於永井荷風，《あめりか物語》（岩波書店，二〇〇二年），頁一九三。

87. Ken K. Ito, *Visions of Desire: Tanizaki Fictional Worlds* (Stanford, CA: Stanford University Press, 1991), 32, 37-38.

88. Dwyer, "Japanese Wallpapers, Cheap and Beautiful," *The Craftsman*, 11:3 (December, 1906), 398.

89. Clarence Chatham Cook, *The House Beautiful: Essays on Beds and Tables, Stools and Candlesticks* (New York: Charles Scribner's Sons, 1881), 154-155.

90. Michael MacDonald Mooney, *Evelyn Nesbit and Stanford White: Love and Death in the Gilded Age* (New York: William Morrow and Co., 1976), 30, 46, 50, 53.

91. 一九〇九年十一月二十四日第六次審問筆錄，見金正明，《伊藤博文暗殺記録―その思想と行動》（東京：原書房，一九七二年），頁一七四―一七五。

92. 作者不明，《女ずき者の最期》，《大阪滑稽新聞》一九〇九年十一月；重刊於芳賀徹、清水勲編，《近代漫画IV―日露戦争期の漫画》（東京：筑摩書房，一九八五），頁八七。

93. Notehelfer, *Kōtoku Shūsui*, 174.

94. Notehelfer, 152-157; 神崎清，《實錄幸德秋水》（東京：讀賣新聞社，一九七一），頁二八七―二九一。

95. Jack London, "Adventures in Dream Harbor," *Harpers Weekly*, August 8, 1908, 22.

96. Sawada, *Tokyo Life, New York Dreams*, 41-56.

97. "The Fleet Will Visit Japan," *The Independent* 64:3095 (March 26, 1908), 659.

98. Low, "Foreign Affairs," *Forum* 40:4 (October, 1908), 307.

99. "The Fleet Will Visit Japan," 659.

100. 參見 Thomas A. Bailey, "The Root-Takahira Agreement of 1908," *Pacific Historical Review* 9:1 (March, 1930)。 19-35; Raymond A. Esthus, *Theodore Roosevelt and Japan* (Seattle: University of Washington Press, 1966), chapter 16.

101. Duus, *The Abacus and the Sword*, 303.

第四章
文化住宅
一九二○、三○年代亞洲的世界文化夢

「文化生活」是一輛飛馳的火車
（《東京小妖精》一九二二年五月號封面，下川凹天繪），
象徵著全球近代化火車無情地向前飛馳，而日本落在後面。
文字說明為「日本的苦惱！！背著這些行李
（自古以來的因襲）怎能跳上這輛從不停止的快車？」
戴著一頂寫著「日本」字樣帽子的男子，
背著「政治」、「宗教」、「思想」、「經濟」、「家庭」等行李。

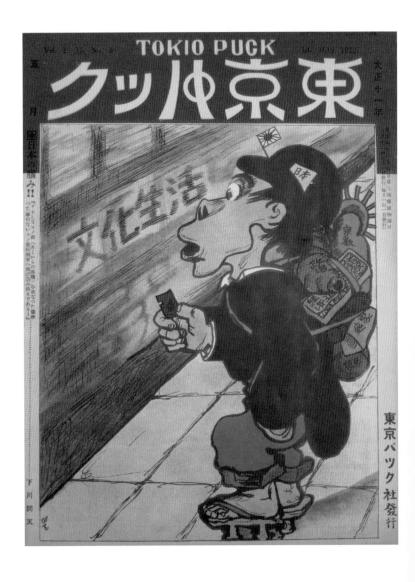

一個世界文化的理想

第一次世界大戰後，日語增添了一個新詞：文化。當然這個漢字詞語自古即有，但此時它獲得一個全新意義。回顧這個時期提到「大正文化」，常常是用來指稱一九二〇年代日本相對較為自由、世界性的氛圍。不過，我們不該想像我們當代意識中的「文化」，與一九二〇年代流行的「文化主義」，或是「文化生活」、「文化住宅」等，許多以「文化」為字首的短語中的「文化」，是同一個概念。在「文化生活」這個哲學理想，以及作為像「文化菜刀」、「文化尿布」等一系列短語的修飾語，「文化」原本並不是特別表示是單屬於當時日本的社會特徵，而是一種全球標準。

「文化生活」的討論最早出現於經濟學家和社會改革家森本厚吉（圖1）的著作中。他於一九二〇年設立文化生活研究會，開始出版為完成高等女學校學業的女性而開設的函授課程之講義。森本獲得作家有島武郎、政治思想家吉野作造等公共知識份子的支持，他們所著諸如「生活與文學」、「女性與政治」等主題文章，與森本本身關於消費經濟的討論、森本的妻子靜子關於家政管理的講義、以及著名的男性學者對於各種主題——大部分都有「家庭」、「家族」字眼——的講義，共同刊行在文化生活研究會的雜誌上。一九二一年，除了《文化生活研究》，森本又創辦一本名為《文化生活》的雜誌（圖2），加強函授課程的內容。[1]一九二五年，森本在東京中心御茶水地區建造一棟「文化公寓」，目的是為了打造一個高效、健康、安全，而且是經濟的未來生活方式的典範。

像「文化」、「文化生活」這類術語，很難與其大正時代的背景分割開來，因為它們所召喚的現代性意識，充滿對其誕生時期來說極為特殊的意義。實際上，就像許多現代大眾流行商品一樣，這些術語自身描繪的就是像彗星般瞬間即逝的軌跡，從眼前消失之前，短暫地照亮了大眾的想像。來到一九二〇年代，「文化生活」在一九二八年

圖1
在札幌農學校求學期間，演奏小提琴的森本厚吉以及友人有島武郎、森廣。攝於一九〇一年六月〔出自《新潮文學相簿九 有島武郎》（《新潮文学アルバム9　有島武郎》），新潮社，一九八四〕

圖2
《文化生活》雜誌封面（文化生活研究會，一九二三年十月號）

就已走完全程。可以說,森本提出的這個概念本身就是其
自身的同謀,因為它集中關注消費行為,導致其因商業目
的而遭到濫用,並因此迅速庸俗化。大眾市場不斷追求新
鮮感,致使像「文化」、「文化的」這樣的形容詞不停地
退化,直到成為劣質新奇玩意的簡化流行標籤。在到達週
期的這個階段時,市場已準備好接受另一個術語,並發現
了「摩登」(モダン)[2]這個詞。[3]

　　當大宅壯一在一九三○年代概括這個術語的簡史時,
一切就已明朗:

　　(「文化」)是一種代表我們消費理想的口號。在
歐洲大戰年代繁榮時期流入我國的金錢,使得我國中產以
上階級的家庭消費大為增加,形成了接受那恰巧在當時德
國興起的形式主義有閒哲學「文化主義哲學」的基礎。它
及時帶來了「文化住宅」,並孕育出一種顯著的狂熱,以
至於從家庭日常用品到節日市集攤販售的東西,若不帶著
「文化」這個字眼,就乏人問津。然而,這一切也只是過
去的片刻,近來嚴重的不景氣,不知何時已將這個口號吹
到了九霄雲外。[4]

　　大宅的描述在兩個「文化」之間跳躍:一個是對社會
哲學家和美學家而言較為純粹的概念,另一個則是前者後
來墮落而變成的陳腐口號。在這兩者之間,充斥著像森本
這樣改革家所發起的文化運動。森本的「文化生活」對於
中產階級與有著世界語言的許多知識份子而言,具有同樣
意義。兩者也都嚮往合理化的普遍現代性,其中,理性是
四海得以皆兄弟的共同點。

　　森本在他的刊物中提出的關於住宅與家庭生活改革的
具體建議,與一九一九年末在文部省[5]指導下成立的生活改
善同盟會的建議類似。兩者都是提倡以西方的模式改革日
本的家庭,以提高「生活效率」。但「文化生活」術語很
快地就比國家所提倡的「生活變革」口號流通得更廣,出
現在家庭用品廣告中如同在學術寫作一樣多。[6]作為口號,

「生活變革」和「文化生活」幾乎是可互換的；實際上，隨著當時風尚，的確發生了互換。一九二○年，建築學會宣布下一屆年會主題為「建築與生活變革」，但是到了一九二一年四月年會正式舉行時，主辦單位已將主題改為「建築與文化生活」。會長中村達太郎曾在開幕致辭中解釋，「實質上，這兩者幾乎相同，我們只是在文化主義的基礎上改變主題。」毫無疑問的，每位演講者對於何謂「文化主義」概念都有自己的理解。[7]

《婦人之友》雜誌在出版「生活變革專號」一年兩個月後，一九二一年一月又出版「文化生活專號」。記者三宅雪嶺為這兩期雜誌撰寫卷首文。一九一九年，三宅評估衣、食、住方面最需要的變革，得出的結論是：日常生活變革的本質在於簡化生活，縮小階級之間的差異。一九二一年，三宅關於文化生活的文章都圍繞著同個主題：他注意到歐洲的著裝習慣在大戰後變得更為民主，何謂「紳士」的資格如今也更為寬鬆。文章一開頭寫道，「文化生活可以用很多不同方式來解釋，不過簡而言之，除去財富與貴族的聯想，我們可稱之為紳士與淑女風度。」[8]三宅那非絲綢禮帽的民主紳士形象很適合當時自由和世界主義氛圍。儘管這兩個詞經常與同樣的工作計畫聯繫在一起，不過「文化」這個修辭卻富含官方對日常生活變革的描述所缺乏的積極感染力。

努力確認文化生活實現的經驗標準，是森本厚吉經濟學研究的核心。森本曾在約翰・霍普金斯大學獲得經濟學博士學位，深受當代英美經濟學家著作及其在美國生活經驗的影響。在《生活問題：生活的經濟研究》（《生活問題—生活の経済的研究》，一九二○）、《從生存到生活》（《生存から生活へ》，一九二一）等著作，與文化生活研究會的兩本期刊，森本將美、歐城市收入和生活成本的數據，與日本政府的統計、以及他自己的調查結果，進行比較，引證出一個令人沮喪的事實，即日本人平均遠比那些主導的西方國家國民貧窮得多。他在《文化生活研究》開篇文章中，介紹法國一位保險專家對於戰爭時期不同國家的個

人金錢價值之統計。統計表中敬陪末座的是俄國人，森本紀錄其金錢價值為四千零四十日元。森本聲稱，這個計算顯示日本人的金錢價值與俄國人相同，而該數字遠不及英國或美國公民價值的一半。這個統計的差距主要代表「一個社會生產能力的規模」，而日本沒有生產能力的根本原因是在於「人們自己的生活問題」。日本人尚未達到森本所說的「有效的生活標準」。[9]

　　在森本的工作中，改革目標先於經濟形勢分析。他從選擇判定符合中產階級標準的人口樣本數據開始，同時得出這個階級成員的生活標準，以此計算並建立一個在他眼中認為應是中產階級的具體範本。除了根據階級先入為主之意見而選擇的統計樣本，他稱之為「中等」的現存經濟支架與理想的中產階級──其特點是靠自己的能力達到「有效」或「文化」生活水準的人們──這二者之間的語詞相混淆，使得問題更加複雜。最終，森本的經濟學著作成了一份想像的中產階級宣言。比起經濟原則，西方國家物質方面的例證對於森本的分析影響更大，特別是森本看到過的美國。如果森本的樣本人口在住房方面的平均開支與美國的調查發現大體相同，這說明二者在此一消費範疇是不平等的，日本中產階級家庭實際上為住房付出更多，「因為我國的房屋與美國相比，顯得相當簡陋」。[10]

　　森本認為，由受過教育的「知識階級」所領銜的中產階級，有義務為其他階層提供一種可以遵從的模範，最終，整個國家都應享有同樣一種文化生活。不過，眼下的危機在於，作為先鋒的中產階級仍受到落後風俗的阻礙。森本認為「生活問題」的根源在於日本家庭生活的「幼稚」。他尋求解決的方案，與生活改善同盟會所支持的住宅、服裝、以及行為舉止方面的改革相同，都是先透過對於身為家庭管理者的女性進行教育推廣。[11]

文化生活與帝國秩序

　　研究兩次世界大戰之間的文化史學家將重點放在商

業城市中的公共空間作為現代性的重要場域。儘管討論現代性時，採用最多的是像銀座這樣購物區街道上的華麗偽裝，但現代性同樣也意味著對於家庭這個私人空間的期許。[12] 當時的語言區分現代性存在著不同場域。與「現代主義」、以及稱得上是「摩登」的東西相反，「文化生活」是以家庭為中心。然而，毫無疑問地，這詞彙意味著現代性。例如，森本將《文化生活》雜誌的英文題名為「Modern Life」。在物質方面也是如此，現代革命性的媒體觸及街頭以外的範疇。一九二○年代最具影響力的四種新媒體：電影院、全國性報紙、廣播和留聲機，最後的三種都是在家中使用的。

圖3
芹澤英二著《新日本住宅》（《新日本の住家》）封面（ARS，一九二四）

「不言而喻，隨著我們的文化水平逐漸變得全球化，我們的生活方式和建築風格自然而然也變得更加接近全球化標準。」建築師芹澤英二在《新日本住宅》的序言中如此開頭（圖3）。這本書是一九二四年為非專業人士讀者所出版的彩色小開本住宅設計圖集。[13] 第一次世界大戰後，這類出版品大量問世，成了現代生活的指南。「全球」可以指涉很多方面，這些出版物的任務之一就是告訴讀者，全球市場必須提供什麼，幫助大眾讀者篩選全球現代性的物質內容，大大擴展建築師和其他文化媒介的角色，橋接精英與大眾、西方與本土。例如由某位流行指南書籍作者所撰寫的單冊家庭百科全書《文化生活的知識》，便混雜了明治時代的勵志故事、文化住宅設計，以及超過一百頁關於家庭電氣設備的使用資訊。[14]

當時，全球媒體正在進入日常生活，流行文化也正越過邊界，在一定程度上，知識份子已有所察覺。不過，在兩次世界大戰之間，都市人的世界性自覺並非只來自於媒體科技。就在一九二○年代，身處東京、大阪的中心便意味著參與一個比起日本其他地方，與世界其他城市，有著更多共同點的環境。尤其是對那些從未離開過日本的人來說，東京中心地區城市景觀的折衷主義特色，使其成為一座替代性的西方城市，其多樣性就是日本世界地位的證明。正如流入首都的外國商品和流行時尚建構起日本的現

代性，來自殖民地和海外的人也在重申日本的世界主義，並提醒著東京人，他們占據著一個亞洲帝國的中心。

日本新近獲得的殖民主義列強地位，間接承載了一九二〇年代的文化世界主義。對於世紀之交以後出生的人來說，日本作為帝國主義列強的地位，是與生俱來的權利，因為二十世紀的日本是一個殖民國家，而非半殖民地國家。儘管提倡者宣稱「文化」是普世性的，但它也可以被定義為宗主國人民能夠享用，而殖民地人民──尤其是「異族」──卻無法享用的東西。（圖4）大都會中個別的日本人不需要以統治其他劣等民族的方式，來想像帝國；而是以日本也以成為世界文明承載者，是世界文明自然擴張一部分這樣的看法來感知它。在此脈絡下，當「文化」對霸權提供普世正當性的同時，也同樣承認多元性所帶來的趣味。從該意義上來說，在一九一九年三月一日的朝鮮獨立運動後，日本賦予朝鮮語媒體有限的自由、相對較為溫和的朝鮮殖民統治政策，被稱為「文化政治」。[15]

各種大眾媒體證實了，自一九二〇年代中期開始，賦予日本作為都會國家特徵的世界主義浪漫與身分認同遊戲，部分是得益於其取得殖民地的這個事實。正如川村湊觀察到的，漫畫、兒童雜誌、以及學校教科書對於南洋和台灣「土人」、「蠻人」、以及大陸「苦力」的描繪，提

供了確認日本具有「文明化」地位的手段。紀錄片和旅行見聞錄，賦予都會的讀者自遠處認識帝國的機會，流行歌曲則提供殖民地人民充滿異國風情的浪漫形象。[16] 一九三〇年代，銀座一家咖啡廳設有日本歷史各種時代的主題「沙龍」；此外，還有一個「滿洲沙龍」，其中配有歐陸風格的裝潢和穿著旗袍的女待者。富裕的男性客人可以在此帝國首都的中心出演一場充滿魅力的帝國幻想。（圖5）

然而，這並不是說日本殖民帝國的符號已充斥所有大眾媒體。在關於兩次大戰期間的劇情影片研究中，宜野座菜央見發現帝國實際上並不是一個流行主題。相反地，宜野座認為從一九三一年的九一八事變直到一九四〇年，由於對奢侈和西方價值觀的審查變得嚴格，電影產業是透過製作描寫都會日本人享受她所謂「摩登生活」標誌的一系列新消費選擇之家庭故事影片而蓬勃發展。宜野座的研究提醒我們，兩次大戰期間的消費資本主義並非帝國主義的侍從。殖民地朝鮮和台灣都有自己的電影產業，但他們的作品卻很少受到大都會觀眾的青睞。與此同時，日本的電影產業則是強烈面向西方，跟隨好萊塢的潮流。正如宜野座寫道，「與知識份子概念性的世界主義平行，觀看銀幕中西方社會的觀眾也同樣擁有一種樸素的世界主義。」[17] 這種衍生於好萊塢的世界主義瀰漫在一九三〇年代的家庭故事影片中，充滿「摩登女孩」、咖啡廳、美國舞曲、英語外來詞、以及公開挑戰日本父權家庭的風流韻事。這些電影中的西式室內裝飾，經常會有西方衍生的異國風情、商業世界標誌的文化大雜燴，譬如巨大的中國花瓶、帶著埃及風格圖案的窗簾、以及原始藝術作品。在描寫「摩登生活」的流行電影中，世界文化的等級秩序似乎是以西方形式為媒介，而不是直接以日本在亞洲統治地位的符號形式呈現出來。

在兩次世界大戰期間出現的世界文化此一概念，伴隨著日本帝國的成熟，同時使「日本」這個地理概念大為擴張。改造社在一九二九至一九三一年間出版的地理百科全書《日本地理大系》，除了關於朝鮮、台灣、南洋、以及

滿洲的各卷外，還有兩冊關於「海外發展地」的別卷。由
此可見，這套百科全書超過四分之一的內容都是關於日本
本土列島以外的地區。[18] 關於海外的兩冊別卷，將前往美
國、太平洋島嶼、東南亞和中國的日本移民描寫成發展當
地農工業的先鋒，似乎暗示著由於其在當地的勞動，使得
這些地方成為日本本土的延伸。這套書的競爭對手新光社
於一九三○──一九三二年間出版的《日本地理風俗大系》
中的《大東京篇》則向讀者揭示，即使是在帝國首都內，
也住著來自遙遠島嶼殖民地的異種土著。關於小笠原群島
（於一八八○年併入東京府）的章節，描寫殖民者的多種
族混合，指出從江戶時代末期便住在島上的「歸化人」，
與後來來到的日本人之間的「雜婚」，是「對生物學來說，
頗為有趣」的主題。[19] 該章強調島嶼生活的原始性，但也
彰顯製糖業發展的進步跡象。照片中有在海灘上拿著香
蕉、推著獨木舟的裸體男孩。（圖6）《大東京篇》其他的
內容，包括西部和南部的荻窪、大森、以及其他地方新開
發郊區的照片，則展示出另一個殖民化進程，即新的「文

圖6
《日本地理風俗大系：大東京篇》
（一九三一）中刊登了小笠原群島
的孩子們在海灘玩耍的照片。在大
東京中也有「文化」尚未觸及的「未
開地」。對於悠閒島嶼生活的描寫
傳達出，位於進步前哨站的帝都東
京也將這些島民包含在逐步將其導
向現代的訊息。

圖 7
《日本地理風俗大系：大東京篇》
還刊載了新井宿住宅區開發的照片，
作為東京西郊「文化」發展的憑據。

化住宅」向鄉村地區推進。（圖 7）因此，「文化」是一個
將新的中產階級及遙遠島嶼上的外國人，統合進同一個城
市的連續體。正如明治時代所存在的文明等級秩序一樣，
這裡也有文化的等級秩序，但這並非由可變的種族定律所
決定。新文化的提倡者相信，如果更優質的生活能從首都
以及其他進步的節點傳播開來，總有一天所有的人都會參
與在其中。[20]

　　因此，當時的環境允許第一次世界大戰後的日本新中
產階級，以一種更早一代的人很少能夠感知自己的方式，
將自己想像為世界主義者。然而，就算參與全球文化變得
較為容易，要成為在國內參與文化主導地位的「中產階
級」，卻比以往更加困難。森本和其他人所擁護的中產階
級生活方式，即使達成，也不容易維持。結果是，真正的
世界文化性自然地被理解為是一種階級特權，被視為從未
觸及過的。將消費表現為通向現代性之路徑的「文化生活」
論述，加劇了這個階級的焦慮。

作為象徵和烏托邦的文化住宅

　　「文化住宅」此一用語出現於戰爭時期的「文化主義」
哲學及森本的「文化生活」風尚中。而隨著日本在上野興
建「文化村」作為一九二二年和平紀念東京博覽會的一部
分首次展出模範住宅,該詞當年正式進入日語詞彙。文化
村中,包括生活改善同盟會在內的各個企業和組織,總共
興建了十四棟住宅,來向大眾展示中產階級的生活典範。
(圖8)雖然上野文化村中的這些住宅並不出售,不過部分
受到這次展覽的啟發,一系列混合風格的新住宅,開始在
東京和其他城市郊區出現。這些房子隨後被稱為「文化住
宅」。與其說是作為博覽會的展出物件,為了保持與其源
頭的一致,「文化住宅」一詞更多指的是新式住宅的新穎
外觀,而非具體的平面設計或風格。因此,對我們來說,
回顧性地標註這棟房屋是「文化住宅」,另一棟不是文化
住宅的做法,是沒有意義的。文化住宅熱,指涉的是各種
不同風格的住宅開始出現在大眾市場中這個新的現實。

圖8
「文化住宅」的發源地,一九二二
年和平紀念東京博覽會的「文化村」
〔出自《婦人畫報》臨時增刊《和
平紀念博覽會畫報》(《平和記念
博　會畫報》,一九二二年五月一
日)〕

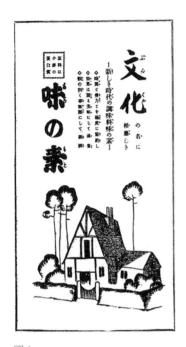

圖 9
使用「文化住宅」圖案的味之素廣
告，廣告詞為「與文化之名相稱
——新時代的調味品味之素」（出
自一九二二年九月十四日《朝日新
聞》）

文化住宅的標誌性特點也體現在其他商品廣告對於住
宅形象的運用。博覽會後，住宅形象成了雜誌廣告以及大
眾媒體其他方面的流行標誌，用來喚起進步、舒適家庭生
活之意向。味之素公司於一九二二年底在報紙上刊登的產
品廣告，便使用有著陡峭屋頂的半木構造房屋略圖，並配
上「與文化之名相稱」的文字。[21]（圖 9）肥皂公司、醬油
釀造商、以及其他家庭用品的生產者，都使用類似的形象。
這是日本首批將舒適家庭形象運用於表現滿足消費者之捷
徑的廣告中。

相較以前的住宅，當時這些實際興建在郊區的新住宅
更具有可看性，因為更容易從鄰近的街道上被看到，而這
個事實也加強其圖像的標誌性。文化住宅被較低的柵欄、
而非高牆或樹籬所圍繞；它們通常是兩層樓，而不是像其
大多數的鄰舍那樣，只有一層樓；面向街道的一側有山牆，
還有開在山牆上的天窗或閣樓窗戶，並不是沉重、一整團
的瓦屋簷（就好像文化住宅比傳統住宅有更高的視線位
置），也使其成為當地景觀顯眼的裝飾（圖 10）。

在第一次世界大戰前，「和洋折衷」式住宅已構成
西方與本土之間的巨大對立，不僅要求二者分別使用各自
的材料和建築方法，還要求各自的設計體系和繪圖風格。
日本本土與西方「和洋折衷」的對立面，主要是在於功能
與風格。兩套完整的物質和文化系統體現在和服與西裝、
坐椅子與坐地板、推拉隔扇與玻璃窗之間的對比。在一次
大戰期間，因郊區熱而出現的住宅樣式被統合在實際的住
宅群中，「洋館」的一般性西方特色被收錄有各國類型風
格的型錄所替代，以致於東、西方之間的二分法變得更為
複雜。建築師保岡勝也所著的《日本化的西式小住宅》，

圖 10
繪畫中的文化住宅。電影《女士與
老婆》（《マダムと女房》，五所
平之助導演，一九三一）開頭的場
景中，在郊外的空地上支起畫架的
畫家（橫尾泥海男飾）正在描繪有
著白色牆壁的住宅，卻對旁邊的普
通出租房漠不關心。後來，電影的
主人翁住進了出租房，受到住在白
色牆壁屋中女爵士歌手放蕩的生活
所引誘。

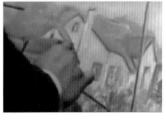

一九二四年首次出版，收錄他最近興建的住宅設計，被形容為「七分西式，三分日式」。「洋氣」在作者分類體系中，包括有「英格蘭風格」、「美國鄉村風格」、「瑞士山區小木屋風格」、「當代德國風格」、「純德國風格」以及「純法國風格」（圖11）。[22] 熟悉於歷史風格細節以及海外當代潮流，豐富了日本設計師手中的調色盤。英國的折衷主義復興運動也鼓勵建築師要掌握多樣風格，甚至是那些就日本脈絡而言，一點也稱不上是復興的風格。

　　一九〇〇年保岡畢業於東京帝國大學，他本身就是將「洋」與「和」不平等配對正式體系化的明治國家建築體制產物。比他更年輕的建築師尋求一種更為完整的融合，或者說是更為自由的混合，這些建築師更關心開發新的裝飾風格語彙。如同受到歐洲知識份子的影響，從某個意義上來說，舊的社會秩序已被一次大戰摧毀（隨後見證一九二三年關東大地震對於東京市物理秩序的毀壞），他們當中有許多人相信，這個時代要求家庭生活習慣必須徹底改變。建築方面新出版品的行文和插圖充滿著日常的理想化。簡短、有力的口語表達，不時出現在文化住宅作家的散文中，用語言反映出他們所支持的建築簡潔風格。例如《文化的住宅研究》作者森口多里和林絲子，便在像廚房水槽的高度、儲物空間訂製等方面的說明中，穿插關於日常生活改革的建議。這本書的一部分是由一系列寫給虛構「親愛的妹妹」之親密信件組成：

　　　你曾經思考過未來的生活？……未來的生活不僅僅是將房間的榻榻米打掃乾淨、靜靜地彈著琴。……如果你也珍愛自己的未來生活，那就不要將它想像成繽紛的夢幻，而是更為實質的東西。如此一來，衣、食、住的理想形式便會冒出芽來。……我親愛的妹妹，……如果真正鍾愛自己的生活，你會全神貫注地討論廚房，甚至談論廁所。不管什麼事，都是如此。不是出於對生活的熱愛，不會產生什麼，既不是真正的改革，也不是真正的品味。[23]

　　《文化的住宅研究》的作者引用從豪華宅邸（日本及

圖 11
出自保剛勝也著《日本化的西式小住宅》（《日本化したる洋風小住宅》，一九二四）。上為「當代德國風格」，下為「純法國風格」。

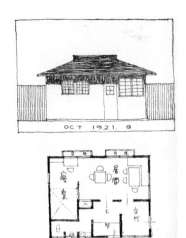

圖 12

只有一個房間的獨棟住宅。能瀨久一郎著《只需三十坪的改良住宅》（《三十坪で出来る改良住宅》，一九二三）。建築師能瀨久一郎畢業於兵庫縣立工業專門學校，之後進入大藏省營繕課工作。除了在似乎是由他自己創立的「文化住宅研究會」出版多部住宅設計集以外，還在東京西郊的沼袋、野方一帶從事住宅設計。像能瀨這樣的非精英建築師，在「文化住宅」熱以及大正時代之後的新生活方式共同作用下，幾乎已被遺忘。

歐洲的）到改造馬廄的照片和圖畫作為配圖。這些建物所處的位置大多不明，而且相互間沒有什麼關聯，但是看起來全都與讀者自身經驗相去甚遠。儘管森口和林警告女性讀者不要做白日夢，不過這整本書事實上就是一個夢想的邀請，想像在沒有社會和物質限制下，重建自己的日常生活。

其他更具可行性設計的作者出版品，則向讀者表達一種類似緊迫、自覺簡潔的修辭。建築師能瀨久一郎的設計集《只需三十坪的改良住宅》[24]，其住宅設計配圖附有以口語陳述、為撐住顏面的辯駁文字：「一間大的起居室足以滿足我們日常生活的需求。……住在大房子並不就是文化生活。僅僅只是住在西式住宅中並不意味（你有）文化生活。」（圖12）[25] 森口、林、能瀨及他們同時代人的直白言語，表達出一種共同的使命感，就是向其他人展示：現代生活的滿足感是很簡單的，所有願意對日常生活環境做出具體改變的人都可以得到。

新的建築設計語彙也傳達同樣的訊息，變得比較不那麼生硬，更加自然。在一九二〇年代開始發表作品的那一代建築師中，分離西式、日式繪圖風格和設計體系，讓位給了混合式風格。西式和日式的設計元素還經常以同樣寬鬆的手繪形式呈現。某位建築師在一本出版於關西的雜誌《建築與社會》中，提出技術學院教育的困境，特別是這種源自於海外影響的徒手繪圖：

　　過去人們使用丁字尺、三角尺、圓規、彈簧、以及徒手等這五種元素繪製建築立面圖，但是當所謂「分離式風格」（Secession）出現後，圓規與彈簧便消失了；而到了孟德爾頌的愛因斯坦實驗室出現後，丁字尺和三角尺亦不知何時不復再見，只用徒手繪圖完成全部工作。這種極其大膽的手法還開始在學生中間流行起來。[26]

　　對於如保岡勝這般較年長的精英建築師來說，分離式風格是另一種需要掌握、但也需要與本土設計分開的歐洲

風格。看到新設計違背了風格的定義，卻被分離主義以及隨後歐洲現代派反傳統渲染方法等明顯影響，想必是件令人不安的事。與其說日本的年輕建築師模仿維也納的建築師，還不如說是挪用了媒體刊載的分離式風格的技術和圖像、以及那些較不激進的設計，就是為了是讓自己得以挑戰日本國內學院派正統。[27]

西方的形式提供讓住宅更加親密、合理化的非正式家庭生活、以及創造視覺吸引力的材料。但這兩種動機並非總是相互一致的。實質意義上的現代性物件，可能無法從其外觀傳達現代性，或者說，正確的現代性。例如在一九二〇年代許多改革主義設計者的眼中，美國單層別墅是現代性最經濟的載體。美利堅屋於一九一〇年代首次引進日本時，曾被市場拒絕，現在這些較小的、矩形的房屋，只是被當作美國現成住宅產業的布局產品，卻為日本中產階級的郊區住宅提供一種經濟實惠的模型。毫無疑問地，單層別墅的興建成本較低，其他進口商也相繼在美利堅屋後，直接從美國進口這種房子。[28] 然而，從審美的角度看，深簷平房的單層別墅與日本本地住宅的類似性，隱然存在著它作為象徵性資本的負面價值。在設計上，低矮、樸素的單層別墅，缺乏鮮明的特徵，與受到異國情調的德國式、或是受分離式風格影響的住宅相比，其作為現代性視覺符號的功能較弱。

在一本租賃住宅的設計集中，作者近間佐吉肯定單層別墅既是一種改革日常生活，也是一項能取得豐厚獲利的投資。他總結說，「單層別墅式的住宅已遍布東京以及橫濱、大阪、神戶等城市近郊，在東京的目黑、澀谷一帶甚至可以出租。其價值得到普遍的認可。」[29] 不過，收錄在近間書中的二十八棟住宅卻並沒有單層別墅。被他選入書中的三棟西式設計住宅，都是具有日本所謂分離式風格的陡峭屋頂和狹小窗戶。這位作者無疑認識到，在建築範例圖書市場上，新的住宅視覺修辭至少是與他們合理化日常生活的承諾同樣重要。在他看來，一九二二年時，有著陡峭屋頂的「分離式風格」是最有可能吸引讀者目光的西方

圖 13
朝日住宅設計競賽參賽作品第三
號，大島一雄設計〔《朝日住宅圖
案集》（《朝日住宅図案集》），
一九二九〕。這一時期，圓窗戶、
長橫線與山牆屋頂十分流行。

建築類型。

　　隨後受到青睞的建築類型很快便發生變化。從
一九二九年《朝日新聞》報社主辦的住宅設計競賽中獲選
作品來看，陡峭屋頂設計的生命很短暫。八十五件已發表
的設計只有兩到三件具有一九二〇年代初期出版品中常見
的陡峭屋頂，其他新的特徵則更為明顯。藝術裝飾風格的
要素與茶室式住宅特徵相吻合，建築師和建造者轉而將其
結合在一起（圖 13）。另外發表的設計有三十九件有圓形
窗戶，還有數量大致相同的設計案具有水平窗格柵或是橫
線圖案，或是暗示某種藝術裝飾風格流線型外觀的狹窄平
行條紋。[30] 在一九二九年的競賽中，另一種流行設計是，
寬闊山牆的屋頂配上突出的屋簷，讓人聯想到加州工藝的
單層別墅。[31] 已發表的作品中有十九件採用這種設計。這
種設計具有比窗戶形狀更強的使用功能，使得較低、較輕
的屋頂下的室內更為明亮（不過，從另一方面來說，當颱

風到來時，它會使房頂更容易漏水，牆壁更容易損壞）。這些平房屋頂也由於擁有突出屋簷，而被視為更加符合本土傳統——儘管之前幾乎所有城市獨棟住宅的屋頂都有屋脊，或結合了屋脊與山牆。

自一九二〇年代末開始，特別是在日本西部，以白色灰泥粉刷、有著紅色半圓柱形地中海式屋瓦和圓拱形門窗的「西班牙風格」成為新的趨勢（圖14）。這種潮流持續到一九三〇年代。一九四〇年，《國王》雜誌新聞用語的年度詞彙解釋了「西班牙」的背景：

西班牙人的海外擴張使這種具異國風情的建築風格在美洲大陸大為流行。其東洋風韻又為我國國人喜愛，被大量運用於住宅和其他建築物。[32]

透過使用「風韻」這個融合了十七世紀在北美殖民定居的西班牙人（對於他們來說「西班牙」並不是「異國」）的暫時性定義，與二十世紀所謂「西班牙風格」（或西班

圖 15
一九三〇年代墨西哥城新住宅區興
建的「加州殖民地」風格住宅。作
為一九二〇年代加州發明的傳統，
「西班牙風格」不僅被引入日本，
而且被「逆向輸入」到前西班牙殖
民地中心墨西哥（出自《維基百
科》）

牙傳道風格）在美國大眾市場復興混為一談。所以《國王》
雜誌編輯將「西班牙」同時視為一種品味和一個國家的建
築，並賦予其歷史，只是這段歷史模糊不清。對日本人來
說，根據這段描述，「西班牙」品味同時具有異國風情和
熟悉感的吸引力（圖15）。

　　儘管這些設計語彙最初的源頭經常是在西方，不過一
旦進入日本，各種風格的形式和紋理便開始在本地的視覺
和文化脈絡中相互對話。一九二〇末期和一九三〇年代，
運用灰泥粉刷的「西班牙風格」之堅固性和粗糙觸感，便
與二十世紀前二十年文化住宅的快速粉刷、如今迅速褪色
牆板的低劣平坦性形成對比，如同一九一〇和一九二〇年
輕便的藤製家具再次背叛洋館的墊子、錦緞等室內裝飾的
沉重感一般。

　　與此同時，改造房屋外觀的舉動經常是來自對日常
生活的深刻理解。一九二〇年代早期流行的陡峭屋頂便是
一個明確的例證。作為新式住宅引人注目的特徵之一，陡

峭屋頂成為描述文化住宅流行的一個簡明標誌。加上狹長的開窗也是當時頗具影響力的德國和奧地利建築的共同特徵。對於建築師及文化村審查員大熊喜邦來說，當代設計的垂直性是時代的隱喻，證實了現代性本身是垂直導向的感覺：

> 以前是水平延伸的房屋，現今所謂的文化住宅則是垂直擴展。不過，這並不是說會不斷地向高處擴展，而指的是立體性的擴展。當代女性對於立體性的覺醒，與住宅的立體性發展相關。今日的品味基本上是垂直性的。[33]

要理解大熊所指出房屋的垂直性與當代女性「立體」的相關性，就必須回到在此之前發生在建築和日常生活中的變化。椅子最初被引進到公共空間，然後在西式會客室和男性書房，接著逐漸進入其他都市獨立式住宅的私人空間中，這種變化有助於建構席地而坐、本土傳統（或者「落後未開」）、以及女性特徵之間的聯繫關係。在大熊的眼中，新女性會透過在「立體」住宅中站立，或是坐在椅子上來表達她的現代性。同時，高層屋頂以及閣樓房時尚的本質，仍是源於二樓在以前的獨棟住宅中屬於邊緣位置的事實。除了在花街柳巷外，很少房屋會有完整的二樓。有二樓的地方，例如商家，是一個必須爬上梯子般的樓梯才能到達的隱秘空間。[34] 就像理想規劃的郊區開發一樣，具備完整二樓的住宅代表了空間的解放，如預期地兼具有明亮和開放性。

流行的文本極少會信奉風格單一的正統性。特別是在一九二〇年代前半期，住宅樣式混雜各種類型和模式已經到了令人吃驚的程度。在收錄有歐洲現代風格住宅外觀速寫的書中，同時也有美國殖民地風格室內裝飾、茶室式住宅、以及當代日本建築師設計的作品。「文化」的普世性精神意味著獨特的本土和西方環境，而這種舊的分類方式已經結束。但不僅僅是這一點，混雜的圖像也表達了「文化」作為哈利・哈若圖寧（Harry Harootunian）所謂「過度標誌」的功能：當它聯繫到任何商品時，都能夠讓其「暫時不像

商品」。[35] 繪圖和照片所帶來的房屋和其他商品作為物質性的存在，對於讀者來說，就是國際大都市現代性的標誌，而非模仿文字的模式。

　　建築成品的東拼西湊帶來了地面上的大雜燴。一九二四年，一位《婦人之友》雜誌記者採訪東京商業房地產開發區的目白文化村時，發現「文化村中已經建成以及尚在興建中的住宅，似乎正以多樣化的風格相互競爭。這裡有一座陡峭斜尖屋頂的房子，而另一個又是一個極為平緩低矮的屋頂；這是一棟高大漂亮的雙層樓房，而這又是一棟讓人聯想起帝國飯店的低矮笨拙住宅」。目白文化村的開發商堤康次郎最初只出售土地，讓買家雇請自己的建築師和建築商。個別的建築師和建設者按照委託人的選擇來詮釋「文化」。由此產生的混合，是這座城市中前所未見的折衷主義景觀。然而，應該說東京的新郊區看起來或許不像加州某些地區那麼古怪——這是堤康次郎意識到的事實，並對其加以肯定。這個房地產開發區的廣告引用了一位美國來訪者的驚歎：「啊，這真是洛杉磯的縮影！」

圖 16
目白文化村（美術明信片，一九二〇年代，新宿歷史博物館藏）。住宅設計集中的折衷主義，反映在新住宅區的景觀中。

（圖16）[36] 此一觀察並不奇怪。住宅建築的折衷主義既是一個殖民地現象，也是一個太平洋沿岸的現象。無論現代性是如何擴展其新的地理領域，當地的建設者都會嘗試混合建築的形式。到處都是新郊區，特別是環太平洋地區的新城鎮，成了文化創新以及全球現代性進口圖像的市集。

本土反動主義與種族階級

有人批評「文化生活」只不過是崇洋媚外。正如文化民族主義的重點，或者直接了當地說，其最終的威脅就是對種族的威脅。透過服裝和化妝品，日本人正讓自己看起來更像西方人，而那些熱衷學習西方舞蹈、並在公開場合與西方人一起跳舞的最時尚人們，並不難推論他們最終是想要屈服於反烏托邦的混血夢想並以改良人種。[37] 谷崎潤一郎的小說便是因探索此一劣等種族自卑情結黑暗面而聲名大噪，並贏得大批的讀者。

然而，森本厚吉和生活改善同盟會的成員，不遺餘力地強調自己並非只是提倡模仿歐美。對於抱持信念的知識份子來說，對於西方事物的盲目崇拜的確是一件令人不快的事，因為此舉會反映出其缺乏民族自信心，然而因為這些人具備辨別西方物質、文化產品、並將其與本土事物一起鑒定的能力，因此成為這些知識份子獲致社會地位的一個重要標誌。關於住宅，森本的立場傾向將其視為經濟問題，而非審美問題，而且他贊同日本房屋的審美特徵（他並沒有具體指出是哪些）應當被保留。

然而在一九二四年，一場挑戰日本在世界秩序中地位的國際危機發生了，讓文化生活倡導者的樂觀主義受挫。那年五月，美國國會通過移民法案，也就是在日本一般被稱為《排日移民法》（實際上，其他許多人種也被排除在外，華人自一八八二年起便被排除在外）。這部法律對於日本，尤其是像森本這樣親美的自由主義者，造成衝擊。《文化生活》雜誌出版了兩期回應這個法案的專號，雜誌編輯和當時其他日本記者一樣，都將這部法案稱為「國

恥」。不過，森本自身努力從這個恥辱中獲得積極的教訓。他將問題歸咎於日本人的生活習慣，並再次引用某項指出一個日本人價值只有美國人一半的法國研究，暗示這項法案是不可避免的結果。[38] 他建議日本人應將此事視為機會，讓自己的生活更加經濟且具有效益。在同一期的雜誌裡，安部磯雄論證這一法案，論到移民自身──尤其是未受教育階層的移民──對國家有害，應加以阻止。安部寫道，「四海同胞主義」是崇高的理想，但人們還沒有準備好。安部聲稱他個人歡迎中國人和朝鮮人，但是站在為日本國民代言的立場，他反對允許他們在日本定居。這兩種回應──森本提出的論點本質上是日本人必須讓自己值得被美國接受，以及安部提出的問題在於移民而不在於偏見──都揭示出帝國世界的文化邏輯。在該邏輯中，主導國家要求被支配國家成員按照統治國家的規範，對於個人進行改造，但同時又根據種族或族裔的總體分類，將其排除在外。這種帝國現代性特徵仍然持續至今。

　　儘管森本信奉普世主義，但當美國對移民的排斥揭示出這種普世主義的虛偽時，他是將自己的邏輯運用於默許美國的主導地位。畢竟，他的文化生活理想是根植於自己親眼見證的美國白人富裕生活，這造就了他怪異的規範經濟理論。基於文化選擇的信念，來解釋經濟差距以及美國優越地位並不是與生俱來的，而是因為美國沒有日本那種低效民族文化的負擔。

　　在兩個月後出版的《文化生活》雜誌裡，森本提出他的消費欲望階段理論，以作為對於某位評論家的回應。他指出，隨著人們的知識增長，欲望也可能會在質與量上無限擴大。最初的「必然欲望」會轉變為「身分欲望」，最後是「快樂欲望」或「奢侈欲望」。他將自己提出的人類欲望圖表中第三階段，即「快樂欲望」，等同於文化，稱其是對高效生活必需事物的欲望。森本相信快樂欲望可以區別於奢侈欲望，因為前者是高效的。這種快樂與效率的奇怪融合，決定了森本對當代社會狀況的遲鈍基調。森本從未意識到，真正即將來到的世界文化是消費資本主義

的產物，其所製造出的欲望和對不平等更明確的覺察，是包含在文化民主化的假象中。森本未能接受的是，消費文化的矛盾可能限制了「文化生活」作為一種經濟哲學的生活，以至於其只在一九二〇年代極為短暫地流行過。值得注意的是，對於作為一種口號或理想的文化生活來說，美國排斥法案和本土主義者對森本崇洋媚外的批評都不是最致命的，因為它只不過是失去了曾經使自己極為顯眼的創新性。當雜誌名稱在一九二八年被改為《經濟生活》，隨後又在一九三二年，在愈發嚴重的經濟蕭條中被迫停刊，可以看出，儘管作者懷有熱切希望，但消費資本主義卻使得「文化生活」本身不得不成為一股稍縱即逝的潮流。（圖17）

文化貶值

　　住宅大眾市場的自相矛盾之處在於，對差異的追求之中創造出一種同一性。當擁有者興建自己的文化住宅時，就能夠實現目白文化村那著名的多樣性；但若應用於出售或出租的商業性住宅時，任何形式的變化都可能使這些住宅超出大多數消費者所能承擔的。在那些房價便宜的郊區，尋求新鮮樣式的大眾消費者可能會遇到由資本薄弱的本地開發商倉促興建、一排排樣式相同的文化住宅。《東京小妖精》這則漫畫表現出中產階級消費者所意識到的諷刺狀況：一個醉醺醺的辦公室職員晚上走在回家的路上，他發現自己認不出同一排房子哪一棟是自己的。「切！」他說：「這算什麼『文化住宅』！」（圖18）[39] 這則笑話嘲諷的是廉價、大量生產的新住宅。不過，潛藏在笑話背後的是，現代都市地位的流動狀態以及新住宅、新商品帶來的空虛安全感所引發出的真實焦慮。當然，文化生活意味著某些比小資產階級虛榮心更為真實的東西。然而，當欲望的物件竟然不過是為了滿足無數他人欲望而量產的東西時，究竟意味的是什麼？當文化同時意指價值普遍標準的錯覺和對最新事物的欲望，似乎也正將日常生活推入無止盡表面差異的迴圈中。同時代中，各自立場的作家都帶著懷疑和沮喪觀察此一進程。的確，比起熱心的倡議，在關

圖17
當今日本的大正「文化」殘餘。在今天的日本，仍有許多被冠以「文化」的日用品品牌。仔細觀察後就會發現，這些日用品的外形或功能中的某些方面，體現出高效、衛生及便利等，作為「全球現代性」的條件。這把「文化簸箕」有著很長的把手，因而可以站著使用，配有機械裝置的蓋子，可以將灰塵完全封閉在簸箕裡（作者攝於二〇一三年）。

圖18
喝醉了後回家的職員認不出哪一棟是自己的家，愕然說道「蓋的全是一樣的房子，才會讓人分不清東南西北。切！這算什麼文化住宅！」（宮尾重畫，《東京小妖精》一九二三年三月號）

於文化住宅和文化生活的寫作中，更容易發現的是批評和
諷刺。

當柳田國男在一九二〇年代末，批判性地反思「文化」
一詞被濫用的情況時，他觀察到，這個詞被用來形容所有
那些仍被農村習慣束縛的人所缺乏的東西，無論是便宜貨
或是無用之物，這個詞聽起來如此空洞，甚至對城市人來
說，還成了一種尷尬。與大宅壯一不同，柳田國男是懷抱
著基本的同情來看待對日常生活改革、文化生活、以及文
化村的渴望，但他感歎，這些渴望削弱了國家整體性的潛
力，因為這些渴望仍受到特權地位城市居民的「衝動」所
驅使，並最終使農村淪為資本的獵物。[40]

在流行的論述中，「文化」的問題往往只是一種變化
無常品味的問題。到了一九三四年，任何不帶諷刺意味的
「真正」文化住宅概念，都已經是過去式。在《國王》雜
誌發行的一本當代用語手冊中，將文化住宅描述為「我國
過去的住宅中，適當地加入歐美風格以適應現代生活的一
種住宅」。該條目稱一排排的紅藍屋頂住宅「看起來像是
巧克力（盒子）」，批評它們並未考慮到日本人日常生活
的「虛榮建築」，並得出結論說：因為這種「下流建築」
蓋得到處都是，導致「文化住宅」一詞不再有原初的意義，
現在只成了「崇洋媚外的冒牌住宅」，或「用油漆遮人耳
目的營房」的暗示。[41]

文化住宅其實貶值得很快。甚至在第一所文化村關門
以前，這個用語就開始在論述的市場中貶值了。在上野博
覽會期間及之後，建築和大眾媒體的作家發現，這個模範
村的每一個方面都有足以被批評的東西，有些關注其審美
特徵，有些則是關注實用性方面的問題。[42] 然而，各種批
評都不應被解讀為大眾拒絕新住宅設計的證據。相反地，
正在發生的情況是，大眾、公共傳播者和公共代言人的增
加，以及品味的激烈競爭。在中產階級住宅理想爭論的背
後，十九世紀末和二十世紀初整齊劃一的進步主義言論正
在崩解，因為受教育階層擴大，吸納了許多非特權階級出

圖 19
試圖將各種住宅風格「優良品味」傳授給讀者的西村伊作所著立面設計集《裝飾的謙遜》（《裝飾の遠慮》），一九二二）

身的新成員，致使其無法持續存在。

　　對於文化村的批評，隨後擴張為對全體文化住宅的批評。住宅一直在風格具有微妙區別的商品中不斷轉換，使得最新穎的文化住宅總是有些千篇一律的外部特徵。一九二〇年代早期，備受批評的陳規特點是紅瓦屋頂。西村伊作在一九二二年就曾經非議說，「人們認為西式住宅必須有紅瓦，否則就不是新建築。」「所謂『法蘭西瓦』的顏色太紅，形狀也很無趣。那些我最厭惡又最為多見的，就是用氧化鐵顏料塗成紅色的水泥瓦。」接下來他又批評陡峭屋頂、寬闊山牆、以及塗了顏色的半露木之流行趨勢。總括來說，他譴責「日本人以為新鮮的事物，卻總是在模仿西方過時的東西」。[43] 西村還催促讀者扔掉他們的德國建築設計集（圖 19）。

　　西村對於新住宅風格的批評，或許可以從布迪厄的視角，將其解讀為先鋒知識份子發現自己對西方知識的壟斷市場受到那些沒有相稱文化資本暴發戶淺薄知識的挑戰。建築設計集和雜誌作者很快就接受統治階層的審美特徵，並以一種消費者自由主義的熱情語調，對其進行鼓吹。為

了回應這些新遊戲玩家的入侵，血統純正的品味領導者——既有的、以及前衛派的——試圖轉移陣地。因此，由精英建築師和作家所率先提出文化住宅的概念已經「太過頭」，或者被那些無知建商「執行不力」。這在那些精英建築師——包括負責主持一九二二年最初「文化村」的建築師——的介紹書序中，已然變成一種標準修辭。[44]

　　儘管有大量的批評，但森本的出版品、「文化生活」、及「文化住宅」用語、在廣告與其他大眾圖像上新半西式住宅形象，還有文化住宅本身的流行趨勢都表明了，至少在這幾年，許多人認同森本所抱持的：真實的世界主義可以透過消費選擇得以實現。然而，如此清楚表達一種普世文化的努力，最終卻只暴露出國家與國家之間、以及各個國家內部不同社會階層之間的不平等——那是沒有任何個人或家庭層面的日常生活習慣變革所能消除的。

帝國脈絡下的「文化」

　　文化生活的理想與文化住宅在帝國內部迅速傳播。不出所料的是，這些用語首先被日語媒體採用。《臺灣日日新報》在其新刊物專欄中介紹每一期森本出版的雜誌。一九二〇年代到一九三〇年代初期，《臺灣日日新報》對於原住民村寨改革、曼谷新式住宅、以及台南一個小偷用啤酒箱建造的房屋等一系列主題的報導中，「文化住宅」一詞頻繁地出現。[45]在朝鮮，「文化」的傳播範圍甚至更廣。森本厚吉本人在朝鮮似乎並不是很有名，他的作品也很少被翻譯。但是透過媒體出版物和人們在宗主國與殖民地之間的移動，這些用語脫離森本自身而流傳開來。在朝鮮的報紙上，一個參觀了一九二二年上野和平博覽會的朝鮮代表團出訪之事被廣泛報導。同一年，在京城也舉行了一次文化住宅圖案展覽會。一九二九年舉辦的朝鮮博覽會展示兩棟典型的「文化住宅」，其中一棟作為獎品頒發出去。此時，「文化」現象正在朝鮮半島大行其道，這與其在日本的源頭密切相關，只不過這是被殖民主義所烙印的，因此獨樹一幟。

正如建築史家凱撒泰彥所表示的，日本建築師和建築知識沿著連接帝國不同部分的路徑相互移動。除了建築師個人的職業軌跡，建築師組織、出版物、以及博覽會，也創造了一個遍及帝國的建築知識網絡。然而，此網絡並非來自東京影響力的金字塔結構。一九二〇年在滿洲成立的滿洲建築協會，即受到三年前成立的關西建築協會的創作刺激——後者是日本第一個在東京以外地區成立的建築師組織。滿洲建築協會反過來也成為一九二二年成立的朝鮮建築會和一九二九年成立的台灣建築會的借鑒。這些組織都曾發行雜誌，其格式彼此相似。每一個組織都基於之前組織的先例來制定社團章程。這些組織舉辦定期的會議和旅行，而且是由一個殖民地團體接待另一個。[46]

在東京開幕的和平博覽會三個月後，第一期《朝鮮與建築》雜誌出版於一九二二年六月，特別關注了文化生活和文化住宅。編者序中宣布，新成立的朝鮮建築會其使命是「改革內地、朝鮮的文化生活，以及普及化適應本地氣候風土的住宅建築」。[47] 在此宣言之後，是一場由東京帝國大學歷史學家黑板勝美，為朝鮮建築會成立而在京城公會堂發表題為《文化與建築》的演說。[48] 這一期雜誌還刊登有一篇關於文化生活與單層別墅的文章，其中包括摘自《美國建築師》（American Architect）雜誌的文章，是關於兩棟單層別墅的設計及其完整的建築成本。[49] 三年後，朝鮮建築會設立一個委員會，負責研究文化住宅，以及為了將來建設文化村而對京城附近一些郊區所進行的調查。[50]

與在宗主國一樣，在朝鮮「文化住宅」的標籤並不限於那些由建築師設計、並在雜誌上發表過的住宅。按照流行的說法，幾乎任何新式住宅都可以被稱為文化住宅——無論是擁護者作為積極特徵的標誌，還是批判和嘲弄時作為消極特徵的標誌。除了西式建築風格的標誌外，二層樓也是朝鮮殖民地標籤的基本標準。宗主國的情況一般是如此，但是在朝鮮半島，這一點似乎更為明顯。與日本城市相比，從前朝鮮城市中的多層建築較少，因此二層樓成為新式住宅的明顯標誌。一九二〇年代，京城許多住宅區中

仍只有茅草屋頂的單層建築。

　　朝鮮文化住宅的文化內涵，包括有核心家庭以及夫妻之愛的結合──這種結合在宗主國同樣普遍流行。在宗主國和殖民地，郊區小避風港的理想對於那些試圖逃離大家庭重擔的年輕夫妻，特別具有吸引力。在日本和朝鮮，都有人提倡改革自己國家的「家庭制度」。在建築方面，朝鮮和宗主國日本設計語彙與其內涵之範疇也很近似：朝鮮的文化住宅關注圍繞著日常生活所需的合理化空間，其吸取西方的範例並非僅僅出於時尚的緣由。倡導者認為透過吸收世界各地建物的最佳特色，使他們能夠有效地將世界本土化。與他們在日本的同行一樣，朝鮮知識份子提議接受單層別墅，他們聲稱這種建築既不昂貴，又與本土住宅相似。他們還要求保存朝鮮的火炕，稱這既是適應朝鮮氣候的理性產物，也是民族的自豪。[51]

圖20
在京城（首爾）郊外為殖民者開發的「文化村」地圖（出自下引李炅娥論文）

　　新的郊區「文化村」之規劃（圖20），體現出宗主國與殖民地經驗之間最明顯的分歧。為了舉辦一九二二年和平博覽會而在上野興建第一個文化村之後，幾個所謂「文化村」的新房地產開發案開始在東京和其他內地城市郊區出現。私人開發商──通常是鐵路公司，興建這些住宅區。透過鐵路資本取得農田並帶來新的白領通勤人口，征服那些歷史悠久農村的過程，是一種殖民的形式。作家德富蘆花──搬到東京西郊居住時，那裡還少有通勤人口居住──他的半自傳體小說《蚯蚓的夢囈》曾記錄下這個過程。就像富裕的殖民者一樣，德富自身也是從處境悲慘的農民鄰舍那裡買下土地，並雇用他們為自己耕種。[52] 然而，德富和他的「殖民者」夥伴生活在日本大都市周圍郊區的狀態，與那些到朝鮮定居的日本人之處境截然不同，因為朝鮮殖民政府直接參與從原來居民那裡徵用土地的作業，以便讓日本人能夠在該處定居。

　　發生在整個朝鮮半島、由國家推動將朝鮮人農田移轉至日本人手中，使京城周圍有了新「文化村」的開發規劃。例如，在舊城牆以西，新堂里所規劃的郊區「櫻之丘」便

興建在之前被稱為「土幕民」，這個城市中最大移民群體
所占據的土地上（圖21）。政府經營的公司東洋拓殖會社宣
稱擁有這片土地，並在一九三一年設立了一個稱為「朝鮮
都市經營會社」的子公司，來處理現有居民以及管理這個
地點。京城員警驅逐這些居民，並在他們試圖抵抗時使用
暴力。[53] 居住在像櫻之丘這樣所謂的文化村中的是日本政府
官員、公司管理層及一些富有的朝鮮與日合作者，並令人
不意外。大多數京城的朝鮮居民，只能眼睜睜地看著國家
為了那些富有殖民者的利益、並所謂普世理想的「文化」
之名，徵收城市周邊區域的土地。雖然朝鮮作家指責日本
人時，會有違反審查制度的風險，但有一位異常直言不諱
的朝鮮評論家，曾在一九二九年發表一篇題為《大京城的
特殊村》的期刊文章指出，隨著鐵路和路面電車線路延伸
到郊區，日本人正迅速地奪取所有理想的土地來建設文化
村。[54]

　　儘管在朝鮮，「文化村」一詞所體現的新郊區理想實
際上往往是殖民帝國主義的直接體現，但這並沒有削弱朝
鮮人對於文化生活的想望。看得見的不平等讓此一夢想閃
耀得更加燦爛。對於劇作家金惟邦來說，文化生活不僅指
涉著借鑒西方家庭模式，它同時還保留了本土的「個性」，
同時還標誌著將科學精神在生活上的應用、以及對鄰舍的
友愛。雖然沒有明確提到日本，金惟邦聲稱：入侵到另一
個國家是與當代科學精神相衝突的。他在一篇討論住宅改

革的論文之前言中提出這些看法，其中，他思考了英國式村舍、美國殖民地風格住宅、以及單層別墅，並發現，對於朝鮮來說，經濟能力所能負擔的單層別墅是最佳解決方案。金惟邦承認他沒有在西方直接生活的經驗，而是從日本或美國的雜誌取得資訊。他形容自己的評價是基於「從東、西方住宅研究者」的專業見解。他的開場提問是「我們應當過怎樣的生活」。藉由觀察來自美國和歐洲住宅樣式的細節——即使這些風格是透過日本引進的——使得金惟邦和朝鮮讀者能夠跳過殖民統治當下的政治和社會現實，而想像一個他們能夠從中自由選擇各種新生活方式的開放願景。[55]

一九三〇年代朝鮮最成功的建築師朴吉龍曾聲稱，真正的文化住宅應要避免盲目地模仿西方，除了要拒絕從日本接收那些風格，但同時也要克服外來和本土風格粗陋混合的傾向。[56]朴吉龍經常在朝鮮語報紙和流行雜誌上，就住宅改良發表意見。他發起的改革朝鮮生活方式運動，反映出許多他的日本同行所同樣懷抱的世界主義理想、以及認為全球性必須有效適應特定的本土環境。與西村伊作和大熊喜邦一樣，朴吉龍也站在精英知識份子的立場上，認為其他人錯誤地詮釋了文化住宅精神。

朝鮮對「文化」的批評和諷刺表現，揭示出一系列與宗主國日本類似的立場，其中有一些還更尖銳、更展現出殖民地脈絡下特有問題的政治面向。朝鮮無產階級藝術家同盟的成員及諷刺漫畫家安夕影，在一些新聞漫畫，嘲諷文化住宅和採用外國生活習慣的情況。他諷刺的對象，包括富人和窮人之間的不平等（興建在京城山麓小丘上的文化住宅，俯視著城市大眾茅草房頂的棚屋）、曾經出過國人們的賣弄（穿著西式服裝的男人，舉止粗魯地吃著西餐、並用蹩腳的英語互相自我吹噓）、以及長年被嘲笑的「新女性」和「摩登女孩」（圖22）。安夕影還將文化住宅的理想，與當時大多數住宅的原始狀況對比，將文化住宅描繪成樹屋，並在標題提到「如果你將高高的房子稱為『文化住宅』，那麼去到一棵大樹上建一個原始住宅，讓它成

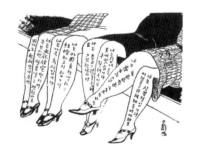

圖22
《女性宣傳時代到來》。朝鮮摩登女孩的小腿上分別寫著她們的希望。最左邊的女孩小腿上寫著「要是能給我建一棟文化住宅，再給我買一架鋼琴，七十歲的男人也可以」。安夕影畫。一九三〇年一月十二日《朝鮮日報》（出自申明直，《幻想與絕望》）

為你『甜蜜的家』吧！」他還在另一幅漫畫中聲稱，只要有兩層樓高，連「西式農場的畜棚」都算得上是文化住宅。

安夕影的另一則漫畫則處理了一個在日本關於文化住宅論述很少觸及的主題：抵押貸款的負擔。在這裡，日本統治下的朝鮮人所面臨的困難現狀，再一次浮現到「文化」論述的表面。在這幅漫畫中，一對住在文化住宅中的夫妻貌似一對鴛鴦，遠處可以看到其他夢幻住宅，而在前景中，我們看到一個「某某銀行」的銀行家借錢給這些家庭，好讓他們去建立自己的夢想，現在他手裡握著象徵是與這些住宅有連結關係的繩索。圖說寫道，靠著抵押貸款興建文化住宅的朝鮮人，經常發現自己在幾個月內就被債務壓得喘不過氣，還被迫搬出去。「有些情況是，外國人最後會接管這些住宅的所有權。如此居住在文化住宅中的朝鮮人就像蜉蝣一樣逐漸消失了。」（圖23）這與文化生活理想的淺薄世界主義諷刺形成鮮明對比，這個例子的犧牲者就是文化生活的理想者。他們的文化生活是個脆弱的夢想，很可能被日本銀行和富有殖民者自其身上偷走。[57]

圖23
《文化住宅？蚊蝸住宅？》掉進貸款的泥潭而被日本銀行沒收房子，朝鮮人的文化生活夢就像蜉蝣的生命一樣短暫。安夕影畫。一九三〇年四月十四日《朝鮮日報》（出自申明直，《幻想與絕望》）

在此，我想引用李杘娥關於朝鮮文化住宅的論文來總結：殖民地朝鮮的文化住宅現象之顯著特徵在於它代表了「永不滿足的欲望」和頹廢。然而，無所不在的資本主義試圖創出「無法滿足的欲望」，並如同我所說明的，在宗主國日本對於文化生活的批評，同樣試圖暴露出這個欲望的空虛；其他日本批評家認為文化生活是頹廢的，因此如果將宗主國與殖民地之間的區別視為涇渭分明，無疑是錯的，但總體來說，李杘娥的確是對的。在朝鮮，由於殖民地的經濟條件，從某個意義來說，欲望物件更加遙不可及，但同時也更為深刻。對於渴望世界主義生活的朝鮮知識份子來說，這不僅代表著世界主義的現代流行商品和時尚、就連全球現代性此一理想本身，也是進口的。現代性不是由帝國主義力量強加的（例如衛生運動、或是對傳統髮型、服裝的限制），而是透過由日本人所塑造的殖民地媒體來實現。就連全球主義首先也就是一個帝國主義舶來品這樣的自覺，也在強化全球化主義所承載的一些永遠無

法滿足的欲望後，導致知識份子的無能為力。李炅娥曾引用一篇發表在一九二六年文學雜誌《別乾坤》、題為《新秋雜筆》的散文，其中[58]作者（使用「八峰」這筆名）反問：「我們該怎麼辦？我們該做些什麼？」然後轉彎抹角地提到有組織的政治運動——或許是三一獨立運動，[59]又或許是共產主義運動——在當時已成為一種懷舊記憶。隨著政治的可能性被排除，文化生活似乎更像是一種無意義的、逃避現實的嘗試。「我們什麼都做不了了！我們只剩下三條路，」他寫道「要麼到海外去流浪，要麼逃到山中棄世」或者「如果你有錢，就在郊區給自己蓋一棟好房子——所謂『文化住宅』——與一個漂亮女人住在一起，或者彈彈鋼琴，或者聽聽唱片，喝著英國紅茶，讓自己沉浸在頹廢之中。」一九二〇年代具有民族意識的朝鮮知識份子，與日本民族主義反動主義者不同，他們對文化住宅表達出憤慨。對於朝鮮批評家來說，文化住宅的問題不僅僅是因為它威脅到了本土傳統，而是因為擁抱文化住宅便意味著屈服於壓迫者的引誘。

在殖民地朝鮮，「文化生活」雙重束縛的處境還體現於批評者所包含的社會類型。朝鮮對文化生活的評論涉及兩類人：新女性與歸國留學生。前者是消費資本主義創造出的頹廢的全球現代性標誌，後者則是帝國主義現代性環遊路線的產物。

然而，夢想仍然存在。最有力的證據表明，在文化住宅和其他「文化」商品中體現的世界主義理想，已深入滲透到殖民地朝鮮的社會中，也許這就是「文化住宅」一詞自身長久的生命力——儘管對於新式住宅的難以實現、以及其擁護者的辛辣諷刺感到沮喪。在該術語作為宗主國日本的舊時代風格已經過時後，整個一九三〇、四〇年代，它仍繼續在朝鮮流通。後殖民時代北朝鮮和韓國國民政府所實施的公共住宅計畫，都被稱為「文化住宅」（圖24）。[60]北朝鮮憲法數次提到「文化生活」，金日成並在一九六二年該黨人民會議上宣布，將在城市和農村地區建造六十萬棟文化住宅的計畫。[61]

圖 24
一九五〇年代韓國公營集合住宅的宣傳海報，其中寫著「在集合住宅享受新時代的文化生活」（http://salgustory.tstory.com/entry/01）

在日本，「文化生活」一詞在第二次大戰結束後立刻在新的脈絡下重新出現。當政治思想家為一個重生國家尋求新的理想時，他們又回到了第一次大戰後普世文化的時代理想，但這次他們重新聚焦的是國家建設目標，而非國際參與。「文化國家建設」是一九四七年五月成立的片山內閣的關鍵口號之一。前一年，後來在片山內閣擔任文部大臣的森戶辰男，在憲法修正案中加入一條保證人民生活水準的條款。該條是第二十五條的一部分，內容是「所有人都有權維持健康和有文化的生活的最低標準」。森戶的「有文化的生活」一詞是直接擷取自一九二〇年代森本厚吉及其同儕的自由主義理想。森戶本人長期以來也一直與安部磯雄、吉野作造、有島武郎等自由左翼成員有聯繫，這些人都曾因為森戶於一九二〇年代發表一篇關於克魯泡特金（Kropotkin）的文章而被起訴、並被判處「朝憲紊亂罪」時，公開為其辯護。[62] 在戰前與各種具體商品結合在一起的命運，使得森戶和其他一九四〇年代政治家對「文化生活」的標語投以警惕目光，並引導自己的「文化」觀與物質方面的細節分離開來。在國會辯論中，另外一位重要的兩次世界大戰之間的自由思想家及貴族院議員佐佐木壯一，曾要求對「文化生活」進行明確解釋，他擔心該詞可能只是個流行用語。「如今人們說著『文化生活』，甚至還建起了西式住宅，並將它稱為『文化住宅』。」佐佐木如此評論。作為回應，國務大臣金森德次郎向佐佐木解釋，以他的理解，「文化的」一詞乃是「原始的」一詞的反義詞。除此以外，他們對於此用語及其在憲法中意義的討論，變得幾乎難以理解。因此，作為所有日本國民權利的「文化」，究竟該如何闡釋？只能由各個法院案件來決定。可以肯定的是，它不能被解釋為針對特定類型住宅的權利。[63] 或許這是將討論「文化」的新時尚，解讀成市場再一次準備好接受自己理念的跡象，森本厚吉於一九四六年三月恢復刊行《文化生活》，但這次只到一九四八年七月，發行了四期，隨即停刊。[64]

如果文化住宅在北朝鮮比起戰後日本更強大，那麼我們是否應該說，北朝鮮比起戰後日本是一個更加世界主

義的地方？或許正是如此，在官方的論述中，北朝鮮政權是透過一場民族抵抗戰爭的勝利而在戰爭中成立了。它是這個新國家領導者確信作為普世主義意識形態和體制的載體。日本在戰後背負著受傷的民族主義，開始向內看，例如，在靜岡縣登呂對彌生時代遺跡的發掘，引發了全國性轟動，由於大眾媒體和知識份子的支持，將發掘成果解讀為，一個純粹土著、和平的文化延續了幾千年的證據。[65] 同時，在盟軍占領期間，作為外部指涉對象的「西方」，被「美國」所取代。美國在日本是一股壓倒性力量，它代表解放，也代表壓迫，但是無論代表哪一面，都是直接、有時還是暴力地被呈現。亞洲其他地區則被輕易地遺忘了。世界不再提供一個適合實驗的文物目錄。在此脈絡下談到文化時，知識份子和大眾媒體更關心的是，作為一個特定民族文化建立新的基礎，而不是一個超越全球文化的元素。

森本厚吉在一九五〇年去世。身為成功的教育家，其廣泛的遊歷和閱讀，很難認為森本是從屬的知識份子，但他的職業生涯卻是因為追隨美國在東亞建立起的非正式帝國路線，而承載著帝國的印記。森本於一八九一年開始學校教育，在橫濱學習英語。從一八九七年起，他在札幌農學院學習——這是一所受到美國影響，是日本對於北海道進行殖民的旗艦機構，與麻塞諸塞州的教育家威廉・史密斯・克拉克（William Smith Clark）極為有關連。一九〇三年，森本進入巴爾的摩的約翰・霍普金斯大學（札幌農學校校長佐藤昌介也曾在該大學進修）就讀，並於一九〇六年回到日本。直到一九三〇年代早期，他一直在北海道、本州北部、東京、以及美國東海岸（經由夏威夷，因他有個姊姊住在此）之間移動。森本的生活，在政治上和文化上，都是在帝國環遊路線內被定義的，而非是他自由環遊世界的。這個事實，或許可以他若在一九一六年取得博士學位後定居美國而發生的情況來確認：因為他不是白人，沒有資格成為美國公民；如果他被允許留在美國，當一九二四年排斥法案通過後，他將無法將家屬接來與自己團聚，在離開和返回美國時，也會遇到困難。還有日漸高漲的種族

主義會使得他難以找到與所學相稱的工作。在許多西部和中西部的州，《外國人土地法》將阻止他持有土地，所以他在興建「文化公寓」時，顯見將會遭遇困難。如果一九四二年時他仍然留在美國，在任何一個西部、南部和中西部的其他許多州，他都將會因為種族的緣由而被強制送到集中營。作為一個英語流暢、擁有財產、身在美國東部、在對移民抱同情態度的精英群中往來的人，森本或許永遠不會發現自己的生涯受到種族主義的影響。當然，他也從來就不知道殖民統治下的體驗。只是，這橫亙於其生涯軌跡中、地緣政治文化理論之密切映射所透露出的日本「文化生活」理想，同樣是被美國為中心的帝國主義現代性所強力塑造的，正如對朝鮮知識份子來說，「文化生活」是與日本帝國主義重負同時到來的一樣。

註釋

1. 寺出浩司，《生活文化論への招待》（弘文堂，一九九四），頁九二―九三。這兩本雜誌都是月刊。《文化生活研究》有一個世界語的副標題「La Studado pri la Kultura Vivo」。
2. 譯註：日語「モダン」即英語「modern」的音譯，本章根據脈絡，分別譯為「摩登」或「現代」等。
3. 在北小路隆志，《《文化》のポリティックス（Ⅰ） 大正の「文化主義」を巡って》（《狀況》第二期，一九九六年十月），頁六六―八一中，可以找到對這些術語退化情形的有用分析。
4. 大宅壯一，《大宅壯一全集》第二卷（蒼洋社，一九八一），頁一一〇。
5. 譯註：日本政府中的「省」相當於我國的「部」，文部省主管全國的科學、文化和教育事務。
6. 當森本開始就文化生活進行寫作時，「文化」這一用語在哲學論述中被冗長無味地過度定義了。以「文化主義」這一個早期表述為例：「當我們淨化了人類歷史上所擁有的價值觀時，將昇華的過程導向了極致，因為我們站在其極限上，所謂的文化價值將可以成為人類歷史所有努力的目標。實際上，形而上學正努力在尋求這種文化價值的實質性實現，理論上擁有一種普遍適用性，我在這裡稱之為『文化主義』。」（左右田喜一郎，《文化主義の論理》，收入《左右田喜一郎論文集》第二卷，岩波書店，一九二二）。Harry Harootunian 比較了這一時期日語中的「文化」與同時期德宇中的「Kultur」。參見 Bernard Silberman and H. D. Harootunian, eds. *Japan in Crisis: Essays in Taish Democracy*(Princeton University Press, 1974)。亦可參見北小路隆志，《《文化》のポリティックス（Ⅰ） 大正の「文化主義」を巡って》。此處引用影響田喜一郎的這篇文章，還提到了「文化生活」，說明這一術語並非森本厚吉所發明。不過，森本的文化生活研究會所發揮的作用，是將其世俗化，以指稱日常生活的物質標準。只有在經歷此一過程後，「文化」一詞才能作為欲望的有形客體，進入到流行詞彙中，並以「文化尿布」、「文化菜刀」、「文化住宅」等形式擴散。
7. 中村達太郎，《開會之辭》，《建築雜誌》第三五卷第四一六號，一九二一年五月。
8. 三宅雄二郎（雪嶺），〈改造の程度〉，《婦人之友》生活改造號，一九一九年十月，頁一一至一五；〈文化生活〉，《婦人之友》文化生活號，一九二二年一月，頁一四―一七。
9. 森本厚吉，〈文化生活研究に就いて〉，《文化生活研究》第一卷第一號，一九二〇年五月，頁三―四。
10. 森本厚吉，《滅びゆく階級》（同文館，一九二四），頁二八八。
11. 森本厚吉，《滅びゆく階級》，頁二〇九―二一〇；《文化生活研究に就いて》，頁一一―一二，一五。
12. 權田保之助曾引用南博的主張：「『現代』（摩登）生活是街頭的生活。這是一種無法用來裝飾『家』的生活。」〔南博，《昭和文化》（勁草書房，一九八七），頁六九所引〕。然而，在「文化」、「文化的」、以及「摩登」之間並沒有嚴格快速的區分。
13. 芹澤英二，《新日本の住家》（ARS，一九二四），頁一。
14. 平野小潛，《文化生活の知識》（勇容社出版部，一九二五）。
15. 「文化」此一漢語詞彙本身極為古老，故殖民地政策這方面很明顯地並不需要依存德語「Kultur」這個概念的引進以造成其隨後的流行。
16. 例如 Michael Baskett, *Attractive Empire: Transnational Film Culture in Imperial Japan*(Honolulu: University of Hawaii Press, 2008)。
17. 宜野座菜央見，《モダン. ライフと戦争――スクリーンのなかの女性たち》（吉川弘文館，二〇一三），頁二六。
18. 《日本地理大系》（改造社，一九二九―一九三一）；《日本地理大系別卷》（改造社，一九三〇――一九三一）。
19. 仲摩照久編，《日本地理風俗大系・大東京篇》，頁六六四。
20. 《日本地理風俗大系・大東京篇》（新光社，一九二九―一九三二）。
21. 翻印於《新聞集錄大正史》第十卷（大正出版，一九八七），頁五―八。
22. 保剛勝也，《日本化したる洋風小住宅》（鈴木書店，一九二五年第三版）。
23. 森口多里、林絲子，《文化的住宅の研究》（ARS，一九二二），頁二〇、二三。這本出版於上野博覽會開幕當月的書，並沒有使用「文化住宅」一詞，這個詞是在之後才成為標準用語。同樣值得注意的是，作者之一是名女性。下文中將會有女性對於文化住宅寫作的探討。
24. 譯註：「坪」是日本土地面積單位，一坪約合三點三平方米。
25. 能瀨久一郎，《三十坪で出来る改良住宅》（洪洋社，一九二三），頁五〇。
26. 渡邊節，《現在的建築教育方針に就て》，《建築と社會》第十卷第七號，一九二七年七月。
27. 分離式風格在之前的十年間影響了家具、屋內裝飾和圖案設計。儘管最初的運動已經結束，但日本後來開始用這一術語來指稱來自德國和奧地利的一系列新風格。
28. 參見內田青藏，《日本の近代住宅》，頁一六八。

29. 近間佐吉，《各種賃屋建築図案及利廻の計算》（鈴木書店，一九二四年第四版），頁四〇。

30. 朝日新聞社編，《朝日住宅圖案集》（朝日新聞社，一九二九）。櫃野八束，《近代日本のデザイン文化史》（Film Art 社，一九九二），頁四四〇中提到了圓形窗戶所具有的優點。櫃野的這本書囊括現代設計史的豐富資源。除了藝術裝飾風格之外，勒・柯比意（Le Corbusier）的作品也是其另一個可能的來源。在日本國內，堀口舍已有名的作品紫煙莊有著很大的圓形窗戶。關於這棟建物，可參見 Jonathan Reynolds, "The Bunriha and the Problem of Tradition"。

31. 相反來說，手工藝品單層別墅通常被認為是受到日本本土建築特別強烈的影響，尤其是在對自然木材的使用和將房屋結構暴露在外等方面。

32. 《新語新知識・附常識辭典》（《キング》第十卷第一號附錄，大日本雄辯會講談社，一九三四），頁一九六。

33. 大熊喜邦，《建築二十講》（鈴木書店，一九二三），頁六一。

34. 前田愛的隨筆《二階の下宿》是對明治時代的小說。其中作者對二樓的相關意義有著令人著迷的剖析，參見前田愛，《都市空間　なかの文學》（筑摩書房，一九八二），頁二五〇－二七七。

35. Harry Harootunian, "Overcome by Modernity" 在喬治城大學宣讀的論文，二〇〇〇年四月三日。

36. 野田正穗、中島明子編，《目白文化村》（日本經濟評論社，一九九一），頁一〇六－七、八五。

37. 南博引用一篇《東京朝日新聞》的報導，敘述一九二四年闖入帝國飯店內一場舞會的六十個年輕人所進行的極端反動手法。他們吟誦著漢詩，表演了一場劍舞。接下來他們展開一面旗幟，上面用英語寫著對日本同胞的警告，催促他們思考日本人受到威脅的地位。南博，《大正文化》（勁草書房，一九六五），頁三六九。

38. 森本厚吉，《国辱と生活問題》，《文化生活》第二卷第九號，一九二四年九月。

39. 《チェッ何が文化住宅でエ》，《東京パック》一六：三（一九二三年九月），頁十。

40. 柳田國男，《都市と農村》（朝日常識講座第六卷，朝日新聞社，一九二九），頁九二。

41. 《新語新知識・附常識辭典》（《キング》第十卷第一號附錄，大日本雄辯會講談社，一九三四），頁二〇五－二〇六。

42. 藤谷陽悦，《文化博. 文化村出品住宅の世評について》，日本建築學會《學術講演梗概集・計畫系》第五七號（一九八二年十月），頁二三六三－二三六四。

43. 西村伊作，《新住家の外觀》，收入《裝飾の遠慮》（文化生活研究會，一九二二），頁六八－六九、七二。

44. 大熊喜邦，《總說》，收錄於時事新報家庭部編，《家を住みやすくする法》（文化生活研究會，一九二七），頁六。

45. 《大溪街に蕃社出身の未来の棟梁さん . 来年は年ִ明けで山へ帰り蕃屋の改良、文化住宅を建てると凄まじい意気込》（一九二八－一〇－一四）；《バンコックの文化住宅》（一九三一－〇三－〇三）；《ビール箱で文化住宅を建て贜品陳列してCさまる少年空巢狙ひ》（一九二八－一〇－三〇）。台灣的媒體並沒有使用「文化生活」、「文化住宅」的用語，這是「文化」透過帝國內部特有軌道傳播的一個證據。一九三〇年代，上海受到西方影響的理想郊區住宅，可參見鄭紅彬、楊宇亮，《「魔都」的安居之夢：民國，上海薔薇園新村研究》，《住區》第五六期（二〇一三年四月），頁一三八－一四八。

46. 西澤泰彥，《日本の植民地建築－帝国に築かれたネットワーク》（河出 Books，二〇〇九），頁一六六－一八四。這些組織向台灣人、中國人和朝鮮人開放，不過是由日本移民所主宰。建築師及前衛詩人李箱為《朝鮮與建築》設計了封面，並在這本雜誌上發表自己的詩作。參見川村湊，《ソウル都市物語 —— 歴史・文学・風景》（平凡社，二〇〇〇），頁八一－一〇七。

47. 《発刊の辭》，《朝鮮と建築》第一卷第一號（一九二二年一月二十五日），頁一。

48. 黑板勝美，《文化と建築》，《朝鮮と建築》第一卷第一號（一九二二年一月二十五），頁一三－一六。朝鮮建築會的成員可能對黑板教授的演說感到失望，因為既冗長又曖昧，而且幾乎未提到當代文化與建築。

49. 懸南，《文化生活とバンガロー》，《朝鮮と建築》第一卷第一號（一九二二年一月二十五日），頁四一－四六。

50. 《文化住宅敷地調查委員會》，《朝鮮と建築》第四卷第四號（一九二五年四月），頁二八－二九。

51. 關於九二〇年代朝鮮住宅改革脈絡下火炕的討論，可參見金榮范、内田青藏，《近代朝鮮における改良温突（オンドル）の開発と商品化に関する一考察——日本人住宅の防寒問題とその改良テーマとして》，《神奈川大學工業研究所所報》第三五號（二〇一二年十一月），頁六六－七五。

52. 關於德富蘆花《蚯蚓の夢嚲》一書中郊區房地產的開發，參見江波戶昭，《東京の地域研究》（大明堂，一九八七）。

53. 參見 Lee Kyung-Ah（李炅娥），"Adoption and evolution of the concept of 'Culture House' during the Japanese colonial period in Korea ," PhD dissertation, Seoul National University, 2006: 159-164。橋谷弘指出，大多數從事各種小生意的土幕民人口龐大，反映出京城與其工業化水準不相稱的「過剩都市化」狀況，這是殖民地城市的普遍現象。橋谷弘，《帝国日本と植民地都市》（吉川弘文館，二〇〇四），頁五四－六五。

54. Lee Kyung-ah，頁一八九—一九〇中所引。

55. 金惟邦，《文化生活　住宅》，《開闢》第三二—三四卷（一九二三年）。

56. Lee Kyung-Ah（李炅娥），頁八五—八八。朴吉龍畢業於京城工業大學，在殖民地政府中工作了幾年，然後於一九三二年創辦一家自己的建築公司。他於一九三八年成為朝鮮建築會的常任委員。

57. 申明直著，岸井紀子、古田富建譯，《幻想と絶望》（東洋經濟新報社，二〇〇五），一五九—一六二、二〇八。描繪銀行家和文化住宅的漫畫刊登於一九三〇年四月十四日的《朝鮮日報》。

58. Lee Kyung-ah（李炅娥），頁四七所引。

59. 譯註：一九一九年三月一日在朝鮮半島爆發的反日民族獨立運動。

60. 參見 Lee Kyung-Ah（李炅娥），頁五三。關於朝鮮住宅和現代家庭的意識形態，可參見 Andre Schmid, "Socialist Living and Domestic Anxieties in Postwar North Korea, 1953-65," 東亞歷史研究研討會（Historical Studies of East Asia Workshop）提交論文，二〇一三年三月二十八日。

61. 金日成，《關於朝鮮民主主義共和國政府當前所面臨的問題》，最高人民會議第三屆第一次會議，一九六二年十月二十三日。http://kcyosaku.web.fc2.com/ki1962102300.html

62. 這就是所謂的「森戶事件」，一起對政府自由主義觀有著決定性影響的言論自由事件。參見 Laura Elizabeth Hein, *Reasonable Men, Powerful Words: Political Culture and Expertise in Twentieth-Century Japan*, 22-23, 30。

63. 清水伸編著，《逐條日本國憲法審議錄》第二卷（有斐閣，一九六二），頁五五二—五五四。

64. 森本厚吉傳刊行會編，《森本厚吉》（河出書房，一九五六），頁七八三。

65. Walter Edwards, "Buried Discourse: The Toro Archaeological Site and Japanese National Identity in the Early Postwar Period," *Journal of Japanese Studies* Vol. 17, No. 1 (Winter, 1991): 1-23。

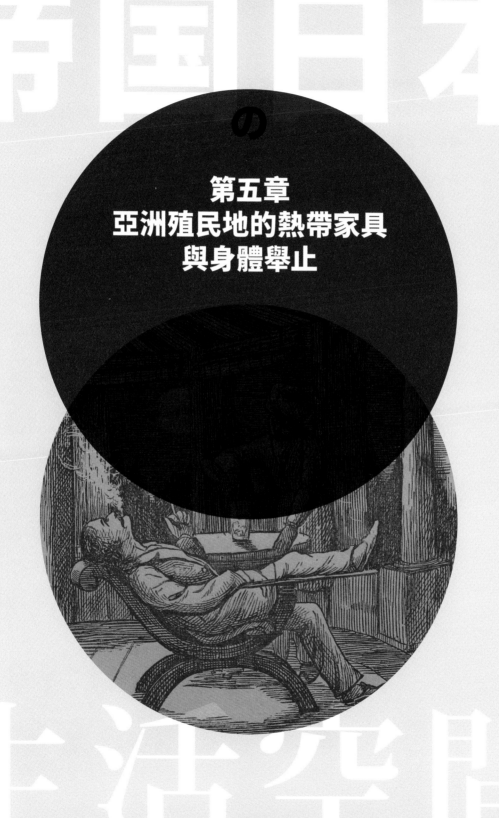

第五章
亞洲殖民地的熱帶家具
與身體舉止

到訪台灣總督府的閑院宮載仁親王與原住民代表——
一九〇九年發行的美術明信片（局部）

這張紀念照的背景是新古典主義建築總督府，
宣示日本在殖民地的文明化使命。
載仁親王所坐的椅子，
則是台灣成為日本殖民地時期開始便在日本帝國中使用的熱帶製品。

姿勢與權力

在這個用「椅子」一詞來指稱系主任和講座教授職位[1]的世界，如果我說椅子可以作為權威的象徵，應該任何人都不會感到驚訝。不過，正如何偉亞（James Hevia）在對英國與清廷間首次外交接觸的細緻分析中所展現的，姿勢的政治學不僅涉及到象徵主義，也牽涉到實體主義。何偉亞在馬戛爾尼使節團觀察到「身體的動作帶來了影響重大的關係」。[2] 事實上，肢體語言一向有如此的效果——儘管在宮廷和外交場合以外，人們極少會將姿勢和舉止的政治意義，提高到以語言清晰表達出來的程度。當兩個或更多人占有一個共同空間時，開口說話前，僅僅是誰坐著、是誰站著，或是他們的坐姿和站姿，便能說明、甚至決定很多。仰臥在另一個人面前，能表達的更多。[3]

就像日常行為和感性史一樣，討論姿勢政治學的歷史也必須依賴圖片、物質對象與書寫等間接引用的零碎證據。我要說的故事背景很簡單。我們知道，日本人已席地而坐好幾個世紀了。明治維新以後，端坐在椅子上的習慣被引進學校和其他的公共空間，這個國家越來越多的精英份子開始將他們住宅的一部分（通常只是一個房間），改造成擺放椅子和桌子的「西式」房間。正當家居生活進行這種混合時，清廷在一八九五年割讓台灣，使日本成為一個殖民列強。包括那些構成台灣居民主要人口的漢人在內的中國人，都是坐椅子上的。本章主要關注的，便是探索中日之間，這次以及十九、二十世紀其他數次的殖民接觸中，使用椅子意味著什麼？我想至少在現階段的研究中，這種探索將會有相當多的推測。

接下來，首先我想談談外交場合的情況，在這種場合中，身體舉止的問題極為明確。一八五六年，德川幕府官員發現他們被迫在自己的土地上招待要坐椅子的異國外交使節時，為了讓雙方都坐在榻榻米上進行會談，他們曾努力交涉過。西方人堅稱自己無法舒適地坐在地板上，迫使日本提出妥協方案，其中一方坐在椅子上，而另一方則坐

在堆得跟椅子同高的榻榻米上（圖1）。[4] 僅僅二十年後，在《江華條約》中，明治政府將那些西方列強曾強加給日本的條款，又強加給了朝鮮朝廷。日本全權公使黑田清隆在他的日記中寫道，他的代表團被帶到一間三面都是屏風的房間，中央長方形桌子的兩側擺放著鋪有虎豹皮氈的椅子（圖2）。[5] 朝鮮人擺放椅子可能是要展現他們自己版本的中國式外交禮儀，也可能是借鑑同時代西方外交的慣例做法。只不過，當時雙方的外交官在日常生活中都是席地而坐的。早些時候，當江戶時代的朝鮮使節拜見德川幕府將軍時，雙方並不坐在椅子上。簽訂《江華條約》時使用椅子的做法，某個程度上，可以說西方禮儀主導地位的擴張。在德川政權的外交和軍事雙雙失敗後，明治政府的領導者隨即擁抱西方禮儀，如今又在朝鮮將其轉變成為自己的優勢。

從德川政權的條約交涉情形看來，人們可能會說，椅子的政治重要意義僅僅在於其能讓坐在上面的某個人，比坐在地上的人具有高度的優勢。然而，即使站著的人比坐著的人在高度上更有優勢，人們卻不會認為他更具有權威的地位。顯然，這種簡化主義的公式不能套用在我們所面對的問題上。從感性的角度——能體現習慣、態度和理念，而非象徵主義——來思考椅子以及坐姿，可以為我們開闢一片更有深度的競賽場域。

圖1
《日美友好通商條約》的交涉情景，一八五六年（出自《休斯肯日本日記》，岩波書店，一九八九）

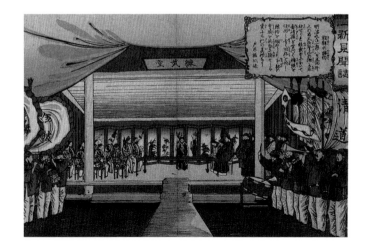

圖2
《日朝修好條規》，江華島，一八七六年（小林清親繪，出自《維基百科》）

熱帶纖維成為家具

　　當日本吞併台灣之後，就成為了一個熱帶帝國。因為這座島嶼位於北緯二十五度，略北於北回歸線，而且部分地區還是屬於季風氣候。日本人在這種環境中能否繁榮、繁衍？成了當局憂慮的問題之一。[6]而當日本隨後在南太平洋地區（被稱為「南洋」）建立起殖民地時，也出現了對同一個問題但更強烈的關心。在日常生活的層面上，什麼服裝和住宅是適合日本人在熱帶生活的這個問題，總體來說，就是如何在熱帶氣候中維持健康的問題。在這一方面，日本人發現，他們與在亞洲的歐洲殖民者同病相憐，對於後者來說，熱帶氣候更是影響殖民地生活的每一個層面。[7]

　　緯度的問題（以及人們感覺到的，緯度與倦怠之間的關係），與我在此將要探討的另一則發生在殖民地的感性主題有關：以熱帶植物纖維製成的家具。藤、棕櫚、以及竹子，都是亞洲數量最豐富、也是人類使用最廣泛的熱帶植物。它們是單子葉植物，與其說是樹木，更接近於草本。單子葉植物是由筆直、平行的纖維束構成，一旦生長成熟，直徑就會固定不變。這些特徵使得它的纖維有彈性、強韌、而且很輕，只不過它並不適合於雕刻與細木工。自從有歷史記錄以來，整個亞洲熱帶和亞熱帶地區的人們就會透過多種技藝，特別是打結和編織，將單子葉植物纖維製成家庭物品、工具、以及其他日用品。對於現代西方人而言，藤椅能夠喚起熱帶風情，是因為藤實際上是亞洲熱帶森林的產物（相較於亞熱帶的竹子，後者的品種更多，在日本和中國溫帶地區也能繁茂生長），還有部分原因是，透過居住在南亞、東南亞的殖民地、或是曾到這些地方旅行的西方人之經歷，使得這些藤椅變得十分流行（圖3）。

　　十六、十七世紀，葡萄牙和荷蘭的船隻將劈開的藤運往歐洲。隨後，將藤條編織固定在木頭架體內的藤椅開始在整個歐洲流行起來。經歷繁重風格家具的回歸，藤製品後來又在十九世紀後半葉重新出現在歐洲和北美的市場上，這次出現的藤家具完全是用彎曲和編織的藤製成，帶

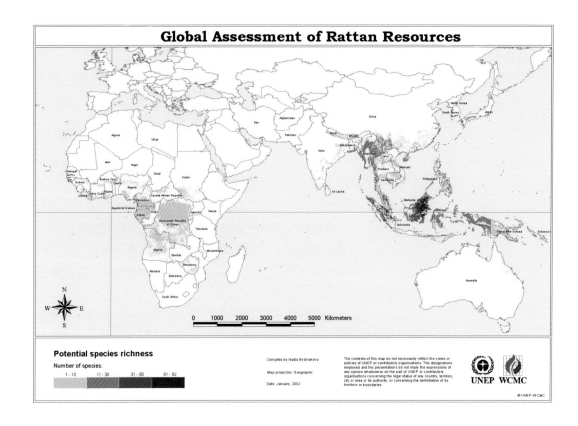

著鮮明的東亞樣式和圖案。[8] 藤製家具也透過殖民管道進入日本人的生活。不過，當我們將日本人與熱帶製品的關係以及身體舉止的問題放在一起思考時，藤製家具在日本殖民史中所扮演的角色，與其在歐洲殖民帝國的，截然不同。

　　藤作為一種棕櫚科爬藤攀緣植物，其生長取決於成熟的熱帶硬木森林棲息地。儘管藤可以人工種植，但在今日世界市場上，幾乎所有的藤仍都是野生的。科學記者朱利安‧考爾德科特（Julian Caldecott）在一九八八年撰文報導，藤是亞洲繼木材之後，最重要的熱帶森林產品，在東南亞有成千上萬的人從事藤的採集、加工工作。[9] 最大宗的藤出產自印尼和馬來西亞的島嶼，但在菲律賓、泰國和台灣也有商業性採集藤。儘管藤生長得很快，但在一九二〇年代，已有報告聲稱，那些易於進入森林裡採集的藤已經開始枯竭。[10]

圖 3
藤（棕櫚科省藤族）各個品種在全世界的分布圖。其廣泛分布於熱帶，不過在東南亞的種類最多。藤的英語名稱「rattan」，來自於馬來語（INBAR ／國際竹藤組織）

藤在產區居民的建設工作中扮演核心角色。正如一位馬來西亞林業專家在一九三〇年代曾寫道,「當地人將藤應用於如此之多目的,以致於根本不可能完全列舉。」他接著舉出藤的一些用途:「房屋、籬笆、捕魚簍,甚至是船,」還有橋、鳥籠、帽子、遮陽篷、以及席子,「還有(在城市中)藤製家具。」[11] 括弧中的補充說明很重要,因為如果我們將「家具」理解為椅子,可以肯定的是,這個品項在馬來西亞人的手工藝品中,是與馬來西亞城鎮住有非本地人密切相關。籐椅並不是東南亞大部分家庭的日常用品,在這個地區,只有華人和歐洲人在傳統上是坐椅子的。一張描繪台灣「藩人」製作漁具場景的日本殖民時代美術明信片(圖4),顯示這些能工巧匠的物質生活完全與藤以及類似的熱帶纖維密切相關,同時也可以看到他們是席地而坐的。

十八、十九世紀的藤製品,大多都是透過在新加坡和其他轉運口岸的中國商人來進行貿易。在機械化之前,製作籐椅的手工藝者也可能大部分都是中國人。例如,當

圖 4
美術明信片《台灣生藩阿美族製作漁具》,年代不明(出自松本曉美、謝森展編著,《台灣懷舊:一八九五一一九四五 the Taiwan 絵葉書が語る 50 年》,台北:創意力文化事業,一九九〇)

作製具漁族スミア藩生灣台
Y154.　FISHING IMPLEMENTS MANUFACTURED BY FORMOSAN SAVAGE.

日本早期藤家具店之一的田中容八商店在明治末期開始製作籐椅時，其經營者便雇用十名、早先曾在橫濱另一家由中國人開設的藤家具店工作過的中國員工。[12] 當藤的機械化加工方法發明以後，那些最規則的部件被運往美國和歐洲，不規則的則被領銜於手工業的中國人買走。[13]

在清朝的統治下，台灣出產藤和樟腦（當時也是重要的熱帶輸出品）的森林，被認為是屬於居住在其中的原住民所有。到了一八七五年，政府便禁止漢人進入原住民區域，然而，他們還是不斷侵入這些地方。[14] 日本占領殖民台灣後不久，一位美國作家於一九〇三年出版關於台灣的記述寫道，對於很多漢人來說，即使採藤時要冒著從背後被矛刺傷的危險，在「野蠻人的區域」採藤仍然是一門「很不錯的生意」。採收來的藤被運往香港製成家具。這位作家還指出，由於藤在日本的價格是台灣的兩倍，預計出口到日本的量應該會增加。這份來自日本統治黎明期的記述顯示，日本的藤製家具生產是伴隨著對台灣殖民的步伐。一份來自宗主國日本的零售商資料進一步證實了這點。[15]

儘管對中國和日本市場來說，台灣似乎曾經是一個重要的藤出口地，但與利潤最高的森林產品樟腦以及糖——殖民政府曾投入大量資金種植甘蔗——的出口相比，這個日本殖民地在二十世紀出口藤的數量相對較少。同時，隨著美國在一八六一年開始藤製品的機械化加工，荷屬東印度和英屬馬來亞向西方製造商出口這種纖維的數量遠超過它們在亞洲被製成家具的數量。在台灣，藤的重要性並不是因為產業所帶來的收益，而是它是一種易於開發、能適應帝國需求的本地產品。[16]

不論在何處，藤都是一種依靠當地東南亞人和華人的勞力與植物知識而採集到的熱帶產品。這使得它在供應充足的情況下，可以維持低廉的價格。在商店中，由男性、婦女及兒童進行手工的加工，並藉此進入熱帶帝國都市生活的每一個社會層面。作為一種坐具，籐椅十分輕便、透氣、涼爽，不過其輕便的材料也很容易朽壞。與硬木家具

相比，用熱帶纖維製成的家具，有著休閒、不耐久的特性。採取編織、而不是接合起來的製作方式，使它更接近於是織品，而非細木工家具或建造物。[17] 透氣性、非正式性和低成本，使它們用於室外的情況，與室內一樣多。以上種種特質，使藤在許多方面都能符合殖民地生活所需。

醉翁：西方人與熱帶家具

在亞洲的英國和荷蘭殖民地的歐洲人口，不成比例地以男性為主。對於其中許多人來說，殖民地除了是一個旅居地，也是一個逃避大都會社會規範的地方。這促使他們之間形成了較為開放的家庭生活與更為寬鬆的禮儀。[18] 正如歐威爾（George Orwell）的《緬甸歲月》（Burmese Days）等文學作品所暗示的，男人們大白天喝得醉醺醺的，並非異常。酒精對於生活在軍營中的士兵，尤其重要的是，軍糧中一定會包含大量的酒精。同時，無論他們是喝醉了、還是清醒著，熱帶氣候已使得那些經常擔心該氣候對健康有影響的殖民者，陷入常態性的憔悴狀態。[19]

有女性同住的殖民地單層別墅的房屋設計，並不像宗主國英國的中產階級住宅，會讓僕人在空間上，與男、女主人隔離開來。英國殖民者有時會對這些僕人視若無睹，來應對其不斷在自己面前出現的情況。這可能就是一九〇四年，某夫婦與他們的僕人一起在阿爾科南拍攝的肖像照（圖5）所傳達出的訊息。這對夫婦分別坐在外廊上的兩張籐椅上，四圍是站著或坐在地上的男子。男女主人顯然都選擇表現自己的側臉，看向另一方，視線遠離鏡頭，而且越過對方和這些僕人，彷彿兩人都是孤身一人。肖像照所有者寫下「為展示這些僕人而攝」的文字，暗示他們以能夠擁有如此之多的僕人，並有貴族式超然於其上的地位而感到驕傲。[20] 在另一張來自英屬印度、富有意蘊的圖像中（圖6）——一本關於印度生活滑稽詩集中的插畫，我們看到一名男子坐在他的單層別墅外廊上，躺向後方，向空中吐著煙霧（注意外廊和單層別墅都是英屬印度的用語），一隻腿翹在椅子的扶手上，而他的男僕正在為他準備飲

圖5
有著「為展示這些僕人而攝」的說明，保存在英國個人影集中的肖像照，攝於印度阿爾科南（出自 E.M. Collingham, *Imperial Bodies: The Physical Experience of the Raj, c.1800-1947*）

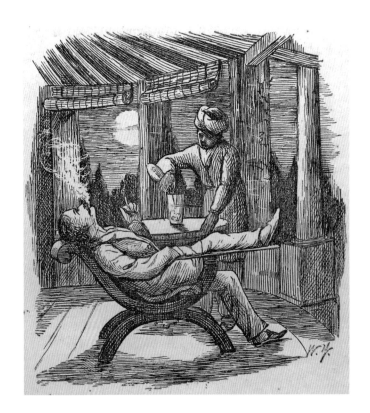

圖 6
描繪住在印度的英國人及其僕人
的滑稽詩《咖喱飯》中的場景，
一八五四年。

品。透過半仰身體、並將腳抬到半空中，表達出自己的優
越、以及對僕人存在的漠視。這幅插圖附有一首關於孤單
和酒精帶來快樂的五行打油詩。[21]

　　這幅插圖表現出關於殖民地倦怠的面向：當時有專門
用於這個目的的椅子。這種椅子的椅背是以四十五度角後
仰，扶手向前延伸，是亞洲殖民地住宅中很常見的多種大
型躺椅中的一種。這些椅子由涼爽、輕便的熱帶樹木和纖
維製成，沒有英國客廳中常見的裝飾和襯墊；這是為了容
納躺臥的身體而製作的，也回應了殖民者所處的生活背景
及其舉止規範。如同日本，在西方人來到之前，印度和東
南亞的住宅中並沒有配備椅子，毫無疑問地，躺椅是由歐
洲人帶過來的。如安東尼・金的單層別墅住宅類型史所證
實的，這些椅子與單層別墅的寬闊外廊一樣，構成一種擴
展生活方式的一部分，讓殖民者的身體自由地使用空間，
就好像殖民者能夠自由地使用土地和當地的勞動力一樣。[22]
它們也讓坐在上面的人身體傾斜，以便視線能直接朝向天

圖 7
被稱為「krossie gobang」的印尼椅子，
在木框架中用固定的藤條所製成，
製於十九世紀（收藏於阿姆斯特丹
熱帶博物館）

空或天花板，是一種很合適希望忽視自己的僕人、並想像
自己是孤身一人的姿勢。

在荷屬東印度可以找到類似的椅子，印尼語名為
「krossie gobang」。它有一個固定藤條的木框架，兩個扶
手都有能夠迴轉延伸的部分，是用來放置坐在其中的人的
腿。其名稱來自於稱做「gobang」的小額銅幣，意為固定
延伸出來的扶手臂。[23]（圖 7）在英屬印度的住宅照片中，
也曾出現類似有著很長、可延伸扶手的椅子。

有一種中國椅子或許可以被視為是輕便熱帶躺椅的先
例，其通常也是使用熱帶纖維所製。圖 8 是一張一八一〇
年購自廣東、以竹及藤所製的躺椅，配有可移動的腳凳，
如今收藏在北美。這把椅子是明清版畫和文人畫裡、中國
人稱之為「醉翁椅」的變種。[24]

十九世紀中期以後，蒸汽輪船使得行旅者、商人、以
及殖民者能夠到訪東亞各個港口，使得像這樣的椅子，在
歐洲和美國成為流行的紀念品。[25] 對於盎格魯—撒克遜人
來說，能夠讓人半仰躺下、將腳翹起的椅子，是一種全新
的體驗。對許多人而言，這種體驗讓他們想起溫泉浴場、
療養院、以及海上旅行。十九世紀末，提倡進一步不拘禮
節和所謂「簡單生活」的人，鼓勵人們使用熱帶躺椅，作
為他們對於美國家庭改革的一部分。由於這些椅子來自東

圖 8
一八一〇年購自廣東、現存於麻塞
諸塞州的躺椅（收藏於麻塞諸塞州
賽勒姆的皮博迪博物館）

亞，自然而然地被看作是日本、中國藝術、以及小型古董風潮的補充。查理斯·伊斯特雷克（Charles Eastlake）的弟子及唯美主義運動——英國工藝美術運動在美國的對應——的推進者、以及暢銷書《美麗住宅》（*The House Beautiful*）的作者克拉倫斯·庫克（Clarence Cook），曾將一幅繪有一把這種椅子的插圖與以下字眼聯繫在一起：「一把舒適、低矮、寬大的中國竹椅，邀請我們進入它的懷抱……除了東方人，誰還能發明出像這把椅子兼具各種組合的奢侈品？」展示這把椅子所在的房間內，還有一座日本為外國市場需要所製作的青銅雕像、以及一幅來自中國或日本的掛軸。[26]（圖 9）

圖 9
被稱為「安樂港」的房間，其中有一把扶手很長的竹椅與日本風格的裝飾品（出自 Clarence Cook, *The House Beautiful: Essays on Beds and Tables, Stools and Candlesticks*，1878）

席地而坐的帝國主義者：日本人在台灣

馬克·皮蒂（Mark Peattie）曾描寫過十九世紀末、二十世紀的帝國，其中日本殖民帝國的一些異常特徵，包括領土相鄰而非相距遙遠，以及台灣和朝鮮人民被認為在種族上與殖民者十分相近。[27]此外，我們還可以加上另一個（至少是在現代帝國中的）異常之處：在台灣和關東租借地的日本人，是唯一一群在地板上坐著的殖民者，卻對坐在椅子上的社會實施殖民統治。與皮蒂所指出的、更大的地緣政治和種族差異相比，這一點看起來並不是那麼重要。不過，私密場合的身體政治與公共政治密不可分；而且，在近代帝國主義列強之中，日本人席地而坐的異常習慣蘊含著與日本霸權優越特質背道而馳的元素。

這種霸權首先取決於展示文明優越的程度。對於殖民地的臣民、宗主國的觀眾、以及來自西方的注視來說，這是一種表演。有些學者指出，日本在殖民地利用西式建築和城市規劃、以及西方的治理機構和統治技術，來宣稱日本殖民統治的合法性。[28]在描述殖民地計畫性住宅的開發時，建築史家西澤康彥觀察到，這些工程的標準通常比在宗主國所見到的更高，部分原因是因為建設者覺得需要證明日本有多麼文明。「在殖民地領土上，」西澤寫道，「所有殖民地臣民可見的一切，都會與殖民者的國力聯繫在一

起。這種情況產生了對能夠給臣民留下深刻印象的建築和城市建設之需求。」[29] 荆子馨（Leo Ching）提到，日本作為一個文化上被半殖民的殖民國家地位時，其在「觀察主體和被觀察客體」之間「不自在的擺動」。這個精闢的短語捕捉到日本殖民政府和帝國政治精英面臨的兩難境地，因為儘管西方列強承認日本在朝鮮和台灣擁有領土主權，但這並不保證西方人或其他亞洲人認為日本殖民者有能力成為文明化的承擔者。在整個帝國中，西式建築、家具，連同西式制服、官職和機構都在向世界宣告，日本決心要贏得與歐洲無異的文明傳播者身分之認可。

在一些紀念照片中，這個努力尤為生動明顯。例如出現在皮蒂和邁爾斯（Ramon Myers）所著《日本殖民帝國》（The Japanese Colonial Empire）的書封上的、這張系東久邇宮稔彥王及王妃與原住民一同在台灣總督府前合影照片。另一張類似的照片，則是拍攝了閑院宮載仁親王與原住民團體的代表，其中展示出椅子是如何有助於日本闡明自己的信念。這張照片後來被製作成明信片，由總督府在一九〇九年六月發行（圖10）。[30] 穿著軍裝的親王，總督府外台階頂部一張小桌子旁的藤製扶手椅上。日本官員站在他的四周，五或六個原住民團體代表——多數都穿著裹裙或其他當地服裝——或站著、或蹲在下方的地面上。人們能夠從這樣的

圖 10
造訪台灣總督府的閑院宮載仁親王與台灣原住民代表。紀念美術明信片，一九〇九年。對於訪問台灣殖民地的皇族來說，拍攝這樣的照片是一項固定的日程。坐在置於高處外廊上的藤椅中的載仁親王，與或站或蹲的原住民的姿勢，反映出他們之間的權力關係〔出自夏靜凝、謝梅華，《見證：台灣總督府一八九五－一九四五》（彭延平、劉嫻君攝影，1996）〕

場景感覺到「照片操作」本身，就是原住民與來訪的皇族或政要會面的原因。透過一種在非洲和亞洲殖民權威儀式性展示中、相當司空見慣的視覺語彙，這些照片不僅向當地和國外大眾傳達日本擁有強大力量的形象，同時還傳達出其以文明征服野蠻的印象。

　　進一步理解這種日本在台灣的文明與野蠻表現，是基於一個事實、而非新的分類──清政府已編纂類似的等級區別。例如，日本將原住民人口劃分為所謂的「生藩」和「熟藩」，便是來自清代的術語。清朝統治者認為，有別於傳統中國風俗做法的，都是標誌原住民是屬於動物的同類。因此，他們要求那些與自己打交道的原住民行為舉止，在一定程度上要與自己同化：例如，一八八〇年，為璜牙益村領導人所準備的一份向清朝宣誓效忠的協議上，便要他承諾他的村民會穿上衣服，使他們有別於動物。特別的是，許多原住民婦女會穿著具中國傳統元素的服飾。[31]

　　從台灣原住民的角度來看，日本的殖民治理機構只是另一批試圖將其行為規範強加給自己的外來人。然而，對日本官員來說，作為高級文明典範卻是更加複雜的問題，因為他們必須在原住民、以及在一八九五年以前成為島內精英階層的漢人（主要是福建人）面前，同時做到這一點。除此之外，還有在最近以宗主國日本大都會為主的混雜文化樣式中，有哪些要素是可以帶來台灣的問題。儘管西式建築和服裝在日本帝國主義擴張的公共舞台上，都是必不可少的，但在許多普通日本殖民者私下的生活中，卻並不那麼明顯。帝國大多數日本女性還是繼續像在宗主國時那樣，穿著和服直到戰爭全面發動時，政府強制人民勵行節約、並提倡穿雪褲[32]，許多在公共場合穿著西裝和制服的男性，在家中也大概都是穿著日式服裝。建築方面，日本人對於榻榻米的依戀依然存在，即使是在那些難以獲取這種墊子的地方。在南洋群島，房屋是由厚木地板鋪建而成，但殖民者還是會在上面鋪上、通常是用在榻榻米表面的薄藺草席。[33]在關東，為南滿洲鐵道株式會社幹部建設的住宅──屬於帝國中品質最高的公司住宅──在外觀上完全

圖 11
一九三〇年代，派駐南洋的海軍軍官及其家人。在南洋的日本人住宅裡，高出地面的木地板上面另外鋪放藺草席的做法似乎很普遍。圖中這種類型的籐椅在整個日本帝國普遍使用（小野啟子圖片提供）

圖 12
坐在藤椅上的愛新覺羅・溥儀（出自《維基百科》）

是西式的，但在內部的六個生活空間中，有五個是鋪有榻榻米的。[34] 因此，儘管一些殖民地精英可能希望他們能遵守西方文明規範，但顯然這規範並沒有統一適用於整個帝國空間。（圖 11、圖 12）

在日本開始殖民統治後，一些在台灣的中國人很快便開始採用日本服裝和室內建築要素。一位美國傳教士曾在一九〇九年報告說，城市中的台灣人正「迅速地日本化」。他引用來自西方和日本的創新事物作為證據，其中包括自行車和日本木展。[35] 一九二〇年，針對二百五十四個家庭——這些家庭的女兒都在殖民地為台灣人（本島人）女孩所開設的最高級精英學校就學——的一項調查顯示，其中一百〇九個家庭的住宅中都有一個以上的「日（內地）式房間」。[36] 這所學校還進一步透過強化教授宿舍的日式禮儀，學生遵守日式家庭生活習慣，[37] 這其中可能就包括了席地而坐。

正如任何苦惱於在日本住宅中該穿上什麼鞋子的微妙規則的非日本人都知道，不同家庭生活習慣之間的接觸，會造成實際嚴重的複雜化。由於這些差異涉及身體、以及身體的純潔感，一般傾向會在前理性心靈層次就被經驗到。在這個層次上，它們是被文化意識形態所發動，並不需要意識的表達。阮斐娜（Faye Yuan Kleeman）曾討論過台灣作家周金波的一篇短篇小說，其中男主人翁在皇民化運動時改信神道。當他將自宅中的一個房間改建成日式房間以便安放神龕時，發現自己「意外地將整個住宅區分成兩個獨立的部分」。這兩個部分在審美和精神上都形成鮮明對比，使得主人翁與繼續在住宅的另一部分、按照台灣禮儀行事的妻子逐漸疏遠了。[38]

許多保留席地而坐習慣的日本人，是如何處理遇到台灣生活習慣時的實際問題？其中一個解決辦法就是避免接觸。如同西澤指出的，政府企業和大型公司為日本雇員所修建的住宅，是位於舊街區之外的新興地區。例如在高雄附近為台灣製糖公司而興建的企業城中，有提供給日本工

人的住宅，同時卻要求大部分的台灣工人從外地通勤。[39]

　　如果隔離措施能為城市規劃提供一種解決辦法，仍然還有有家庭傭人需求的殖民者，由於共處在同一個居家空間，仍需要有其他的慣用的做法。宗主國的白領家庭經常雇用一名或多名居家女僕。儘管在台灣的日本家庭，很少會像英屬印度的統治階層那樣雇用數量龐大的僕人，但雇傭的情況還是很常見——或許比宗主國本身還要來得常見。一九一〇年代，一篇刊登在一份台灣報紙上的日本旅行者報導，嚴正地批評懶惰的殖民者妻子，稱她們雇用女僕「只是為了排場——這是在內地看不到的現象」。[40] 另一位作者，在一本主要鼓吹殖民地生活的書中提到，台灣殖民地家庭的基本特徵之一，就是他們傾向雇用很多僕人。作者警告，這可能會助長「虛榮、奢侈、不符合身分的行為、以及好逸惡勞等惡習」，呼籲殖民者擺脫「殖民地情結」。[41] 從來到台北州的日本人（內地人）和朝鮮人的年度數據顯示，在台灣有很大的勞動力需求。從一九三六年到一九三七年，每年有大約一千人被查到是擔任家庭傭人的。在這些年間，每年有大約七萬人的日本人和朝鮮人來到台灣，其中包括超過一萬人的官吏和個體經營者、以及在九千人到一萬六千人左右的貿易商。由於同行的家庭傭人數量很少，大多數這些資產階級殖民者必須雇用台灣人——如果他們雇用傭人。[42]

　　與台灣本地做法相異而造成緊張的、不僅是日本人席地而坐的習慣，還有在根本上無法相容的纏足習俗。源於宋代以來的纏足、中國人端坐椅子的習慣極其有關，坐在椅子上的習慣，也是在宋代或更早期開始普及的。如同高彥頤（Dorothy Ko）所觀察的，這種習慣「使得纏足在人體工學上比較說得過去」，同時，這還暴露出女性被遮住的腳成了最高級的性欲對象。[43] 纏足的女性不會在閨房以外脫掉鞋子和裹腳布，可是日本人卻多數有榻榻米上過日常生活的習慣，也不允許室外穿的鞋子踏在鋪有榻榻米的地板。

　　殖民統治時期，纏足在台灣漢人中是很常見的。一

個世代過去以後，許多年紀較大的婦女依舊是小腳。一位筆名為「高明」的日本記者，曾在部落格中描述自己於一九三〇至一九四〇年代在台灣度過的童年，讓我們窺見解決這種衝突的室內隔離作法。一位纏足的台灣洗衣娘每天早晨都來他家中洗滌衣物，她在浴室中工作。作者記得，曾經在那裡看到她穿著刺繡的中國服裝、彎著腰、嚼著檳榔。當時在台灣（在宗主國也是如此）建造的日式住宅結構，讓她能直接從外面進入浴室。浴缸通常都是放在土製地板或混凝土地面上，這些地面被視為需要穿鞋的戶外空間。儘管高明回憶起自己曾經與年輕的台灣女傭玩耍打鬧，但不令人吃驚的是，他似乎從來沒有和這位洗衣娘說過話，因為纏足讓她只能待在房子外面。[44]

殖民統治前二十年，日本當局試圖透過對改革協會的支持、以及由自身發起的勸導運動，來根除纏足習慣。一九一五年，當局徹底禁止這種習慣。根據霍華德・列維（Howard Levy）所寫，「頑固抵抗者會被強制處理」，讓禁令產生了效果。到了一九三〇年，大量年輕台灣女性在日本人家中從事家庭勞務時，已經沒有這種生理障礙。[45] 我不想暗示，為了讓台灣女性能夠從事家庭服務是日本人發起禁止運動的主因，因為這個運動是與男子去辮、關閉大煙館等根除惡習運動並行展開的。換句話說，生理上適合在日本家庭中工作的傭人數量增加只是日本文明化使命的副產品。[46]

可以這麼說，因為女性不纏足，所以比起漢人來，台灣原住民在日本人所理解的文明階梯（儘管殖民地社會有其現實複雜性，但日本當局從未放棄這種信念）上，據有更高的位置。大多數的原住民是赤腳行走的，不過赤腳比起纏腳容易糾正，原住民的身體也因此被視為更接近於文明——尤其是日本版本的文明，因為台灣原住民也像日本人一樣是在地板從地面升起來的屋中，席地而坐。事實上，曾有幾樁日本員警與擁有政治權勢的原住民女兒之間的政治聯姻受到相當的關注，而像小說及電影《莎韻之鐘》這樣的流行作品，更滿足大眾對於原住民女性與日本男性之

間浪漫故事的胃口。[47] 在跨種族婚姻的敘事中，習慣赤腳的刻板印象代表的「原始人」，顯然比起名副其實「被傳統束縛」的漢人，更容易同化。

如此便引發了一個複雜的問題——同化究竟意味著什麼？荊子馨曾經就知識份子對於這個問題的回應，進行過細緻的探討。他引用蔡培火於一九二〇年在《台灣青年》雜誌所發表的一篇文章，其中作者將「同化」這個概念擴展為一個在全世界普遍發生且不可避免的過程。蔡培火透過列出一組正在被淘汰的舊習，將這個烏托邦式現代主義框架（正如荊子馨所指出的，殖民者用「同化」這個術語重新構造此框架）置於具體的物質實踐中。引人注意的是，他將台灣與日本的風俗配對，其中纏足與席地而坐恰構成一對。[48] 回到一九二〇年的宗主國，事實上，那些將文化天線朝向西方（或向東越過太平洋，朝向北美）的日本進步主義者，正發起根除榻榻米和席地而坐習慣的運動——儘管這個運動並不具有殖民地官員對纏足習慣所採取同樣的強制力。因此，從殖民地和宗主國自許的世界主義現代化推進者角度來看，日本與中國不同的身體習慣，並非處於文明和原始的對立關係，從概念來說，這兩者都屬於原始的那一邊，雖然纏足和席地而坐是互不相容的原始行為。

儘管據我所知，殖民地當局並未採取讓日本殖民者從地面上坐起來的運動，但確實有一些跡象顯示，對於殖民地臣民與來訪的外國人來說，他們可能會將這樣的室內習慣視為原始行為而感到焦慮。例如，他們曾對裸體行為發出警告、並課以處罰。日本人似乎比台灣的漢族住民更習慣於在炎熱的天氣中打赤膊。那位曾在報紙上指出、在台日人為了排場而雇用過多傭人的日本旅行者也報導說，殖民者待在家中時，常常只穿著一條兜襠布或是纏腰帶，也經常可以看到女性在住宅後門外裸體洗澡。引用這條資料且其本身便是在台灣殖民地長大的竹中信子宣稱，台灣人認為日本人在這方面「就像是個生藩」。[49] 這樣的感受正好與科林漢（E. M. Collingham）所描寫的，人們在十九世紀中

期的印度所得到的感受完全相反。在印度，從宗主國來訪的人，發現當地人幾乎都光著身子，並注意到殖民者「以冷淡的態度」忽視這些人的裸體。[50] 在台灣，裸體者是殖民者，因此宗主國的來訪者（還有殖民當局以及精英階層的一些成員）擔心當地人會以輕蔑的眼光看待他們的裸體。

熱帶的混合：宗主國及殖民地的三越籐椅

有一種熱帶產品回應了東京那些改革者所提出的、在家中要離開地面而坐的需求。一九一一年，日本最大的百貨公司、代表資產階級現代化品味的三越百貨店，推出一種形式簡單的籐製扶手椅（圖13）。早些時候，在日本也生產籐椅，但數量有限。三越百貨店大量生產這種籐椅，並以只有之前家具價格的幾分之一出售。一九二〇年代初期，當越來越多受過教育的年輕夫婦在首都和殖民地成立新的家庭、並開始裝修自己的房屋時，這種籐椅開啟了一個廣大市場。急速成長的新中產階級成員成為熱衷於新式家具和室內裝潢的消費者，這既是出於時尚的原因，同樣也是因為改革主義者的自我文明化運動。在兩次世界大戰之間的女性雜誌和大眾媒體刊載的新式「文化住宅」照片中，三越籐椅無所不在。[51]

圖13
三越籐椅的廣告，《三越》雜誌，一九一一年。雖然不清楚這種最常見的籐椅類型是否是三越百貨店的發明，但三越百貨店在其普及化過程的確發揮了重要的作用。

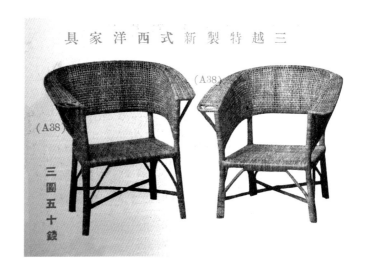

三越特製新式西洋家具

（A38）

（A38）

（A38）

三圖五十錢

三越籐椅是這些家庭的第一把椅子，它們因此成了三項同時發生的社會轉變的一部分：坐在椅子上的習慣被引進家庭中，形成核心家庭及圍繞在受薪工作和消費量產商品的日常生活。整個明治時代，椅子與學校、辦公室等現代機構相互關聯，屬於零散的西式空間，對於大多數日本人來說，這意味著對身體的約束、不是放鬆。家具會損壞榻榻米，並占據那專門收納鋪墊和坐墊等用品所設計房間的空間。三越百貨店的出版物透過西式放鬆法（例如在外廊上暢飲啤酒）的建議，來推廣這些新型籐椅，不過百貨公司一開始也曾小心翼翼地暗示，椅子也可以被放在日式房間中使用。一九二〇年，三越百貨店推出一系列稱為「新日本家具」的籐椅產品，並宣稱這些椅子適合用於鋪有榻榻米的房間。畢竟藤是一種熱帶纖維，在顏色和表面質地都與製作榻榻米表面的藺草近似。由於這種相似性，輕便的藤製扶手椅在一九二〇年代日本住宅室內裝飾中，占有相當的地位。這種滲透是很微妙的，一位報紙撰稿者稱讚三越百貨店的新產品說，這些椅子是如此日式，以至於「不再有是椅子的感覺」。[52]

　　總的來說，如果熱帶家具是由於其材料相對容易損壞而具有臨時性特色，三越籐椅則具有另一種意義上的臨時性，因為它是坐在地板上與坐在椅子上之間的折衷。與歐洲熱帶殖民地流行的、那種能讓人伸展開來的躺椅不同，三越籐椅是緊湊、貼身、直立的。它包圍身體，讓身體能夠撐住、而又不至於過度僵硬。從這意義上來說，它既是對國際禮儀規範的妥協，同時也過渡到了不拘禮儀。對於日本新中產階級來說，從半熱帶原始生活過渡到配備有適合西式家具的文明生活，藤扮演著中介作用。

　　人們可以在殖民地所拍攝的肖像照中，感受到三越籐椅的中介作用；這種椅子頻繁地出現在這些照片中。集體式肖像照呈現出這幾層關係：坐著的人之間的關係、坐著的人與相機、以及站在相機後面的攝影師之間的關係（在其背後，更其次地又隱藏著過去肖像畫習俗與傳統）、以及——也許這點在端坐著的人們的意識中，最為重要——

與未來的觀者，即子孫之間的關係。作為道具，肖像照中的椅子與這些關係緊密相連。十九世紀以及二十世紀初期，在日本相館拍攝的肖像照裡，被拍攝的人物通常都是坐在鋪有軟墊、飾以流蘇的維多利亞式椅子上、或是站在其側邊。而在住宅所拍攝的照片中，人物則置身庭院中或外廊上，照片中還經常可見有直立的籐椅。像相館照片中的軟墊家具一樣，這些椅子可以為被攝者提供框架、並增加肖像照的正式性。[53]

　　圖 14 是翻印自一本台灣橋仔頭製糖工廠歷史相簿的照片，暗示三越籐椅在自宅中拍攝正式肖像照之作用。[54]照片中，男子的軍裝，與人們坐著、嚴肅地面向正前方的做法，都標誌著紀念的目的。同樣具有特色的先祖肖像及從軍男人的紀念照，都是自一八九四到一八九五年中日戰爭之後開始在日本流行的、具追思功能的人像攝影。[55]這種面向正前方的姿勢，將家庭肖像中端坐著的人們視為相機凝視的物件，意味著在這個場合為子孫留下集體在場記錄（對於他們家庭的呈現），優先於個人的舒適或自我表達。[56]這與圖 5 那張在阿爾科南拍攝、被僕人圍繞的夫婦所擺出的姿勢——凝視遠方、帶著貴族式超然的神態——形成對比。[57]圖 14 中的男性坐在一口箱子上，一位女性端坐在他身旁（很可能是他的妻子），一個女孩（可能是他的女兒）則直直地坐在一張三越籐椅上，雙手交疊放在膝

圖 14
台灣製糖會社的幹部一家，可能攝於一九二〇年代（出自陳森溪、蘇秀華，《糖金時代：橋仔頭影像記憶》，二〇〇二）

圖 15
台灣製糖會社的人員一家（出自陳森溪、蘇秀華，《糖金時代：橋仔頭影像記憶》，二〇〇二）

部，並未靠著扶手或椅背。就像六世紀的佛教僧侶，將自印度帶到中國寺院的藤椅當作冥想的工具，這張肖像照中坐著的人將椅子當作台座，而不是使用它擺出一個放鬆的姿勢。[58] 除了後面那個坐在外廊邊緣、垂著一雙赤腳的男孩，照片中的每個人都穿著外出鞋。為了遷就與穿著長筒靴的男性合影，坐著的人不得不分組坐在房子前方的地面上，並穿上鞋子，以增加紀念場景的公共性（在另一張圖15橋仔頭的家庭肖像照中，所有的家庭成員，顯然也包括傭人或親戚，都身著日式服裝，坐在外廊的地板上）。為了防止弄髒或保護墊子避免損壞，籐椅腳上還包上了布條。這張照片再次提醒我們，融入到席地而坐生活習慣中的藤製家具，具有混搭、臨時性的特質。

在竹中信子的《台灣殖民地日本女性生活史》（《植民地台湾の日本女性生活史》）一書中所翻印的兩張照片，顯示日本女性與自己的傭人一起擺出姿勢合影。這兩張照片都攝於戶外，沒有建築物作為人物的框架、或暗示拍攝的地點。一張被竹中信子標註為「兩對日本警官夫婦以及泰雅族少女家庭傭人」的照片（圖16）中，男性身著和服，站在後排，他們的妻子坐在前一排椅子上，兩個少女則蹲在地上。構圖中，男性、妻子與兩個少女的頭部，形成框架中三個垂直的排列層，清晰地傳達出一種社會等級。正如圖5中的夫婦正擺出假意彰揚他們僕人的姿勢：這兩個男性似乎是在展示他們的妻子，而他們的妻子又在展示自

圖 16
日本警官夫婦與泰雅族少女（出自竹中信子，《台灣殖民地日本女性生活史》，一九九六）

圖 17
日本女性與台灣傭人（出自竹中信子，《台灣殖民地日本女性生活史》，一九九六）

己的傭人。另一張被竹中信子標記為「日本婦女與台灣少女傭人」（圖17）的照片則有不同的特點。照片中沒有男性，而是一位穿著和服的女性、與四位穿著寬鬆褲子和涼鞋的女孩站在一起。這四個女孩看上去只有十幾歲。其中一個女孩站在這位女性旁邊，兩人身高相近，另外三個則站在前排。前排的兩個女孩坐在籐椅上，雙腿分開，雙手放在膝蓋上。如果竹中信子的標註是正確的，那麼這四個女孩應該都是台灣漢人。日本雇主自己站著、反而讓傭人坐著的做法，是否為了顯示自己作為監護人的角色？想要從這張照片中人物的相對位置，推論出關於這位女性與其傭人之間關係的任何確切結論，都是過度解讀的。但是如果將照片與前一張並置時，這張照片確實讓人產生一個視點：這些漢族女孩或站或坐，但沒有一個人像那些原住民傭人一樣，是蹲著的。與日本殖民者一樣，漢人在日常生活中有時也需要蹲下，而且身體也能夠做出蹲下的姿勢；但他們還是習慣坐在椅子上，而原住民則更習慣坐在或蹲在地上。在其他日本人與原住民的合影肖像照中，例如之前曾展示過的閑院宮載仁親王的照片，許多原住民都是蹲著的。據測，這種姿勢不僅對於原住民來說是很自然的（有些原住民會用衣服裹住膝蓋的做法進一步暗示了這一點），這在那些與他們一同擺出姿勢的殖民統治者和雇主看來，也很適合表達他們尚未文明化的地位。儘管蹲著的這個動作，在日本人和漢人的日常生活中也很常見，但這個動作與日本人、漢人、以及西方人的正式禮儀意義，明顯不同——因此，它是「原始的」——是讓原住民貼近地面的姿勢。這個家庭的日本女主人，不太可能讓她的漢人女傭擺出跟她同樣的姿勢，反而是坐在椅子上才能夠調和出一種想像中的、將日本殖民者與漢人臣民聯結在一起的文明化概念。

我在這裡展示的最後一張有著籐椅的日本照片，是屬於另一種類型的肖像照。「肖像照」可能是個不正確的名稱，因為這張照片來自一本出版於一九二九年的建築及室內攝影專輯，其中沒有任何人物（圖18）。這是一張生活方式肖像照，而非人物肖像照。這張照片是一系列記錄日本

第一個大型公共住宅工程——一九二三年關東大地震後、在東京建造的同潤會公寓——文件中的一部分。雖然這些公寓的房間在設計上容許席地而坐，但因規劃者與當時政府所推動的、基於西方模式改革日本日常生活的運動有所聯繫，所以這些公寓旨在體現一種更為垂直化、而非那麼緊貼地面的現代生活。政府的規劃者、居民、以及建築攝影師，共同合作在這張照片中呈現出這種生活方式。兩張三越籐椅面對著一張鋪著蕾絲布的籐桌，上面放著兩隻英式茶杯和一盤水果。以此呈現出的房間，是一個只屬於夫婦的空間：這間公寓太小，無法容納父母或公婆，因此允許這對夫婦在沒有傳統或是幾代人同居的負擔下，建立自己的家庭。雖然擁有同款籐椅的家庭，也會在嚴肅的紀念肖像照中使用它們，但在這裡，這些椅子參與了行銷家庭的夢想。它們被放置在一個充滿陽光的房間中，中間還有一張布置得誘人、充滿現代時尚感的桌子，似乎是在承諾小資產階級擁有自我陶醉的片刻。這兩張空椅子是一個邀請，實際上，則是以一則三越廣告文宣的方式，詢問年輕

圖18
放置有籐椅和桌子的同潤會青山公寓中的一個房間〔出自《建築寫真類聚 新興公寓卷一》（《「建築写真類聚 新興アパートメント卷一》），洪洋社，一九二七〕

的都市人：「為什麼不將幾把這樣的椅子放在榻榻米房裡、一起享用英式茶呢？」在一九二〇年代的家具販售以及行銷活動中，三越百貨店利用藤椅鼓動新的核心家庭生活，也將這種生活型態變成自己的優勢：經濟實惠、簡潔輕巧的藤製家具在其中扮演重要的角色。

結語：關於美國帝國中帕帕桑椅的假設

在這部關於籐椅的帝國史中，最後我想思考的片段，是關於一種具有獨特設計風格的第三類家具，它在今日的美國被稱為「帕帕桑椅」（papasan chair，圖 19）。如果截至目前為止本章所描述的、關於帝國脈絡下身體舉止歷史中的證據是零碎的，那麼最後這個片段，儘管在時代上最接近我們，卻幾乎沒有任何相關的文獻資料。儘管如此，這其中仍然有段重要的歷史需要被書寫，所以我會簡要地概述並進行假設，當然，如果我們能夠更精確地追蹤，或者我們會發現什麼。

圖 19
美國一號碼頭進口貨公司銷售的帕帕桑椅（筆者攝於二〇〇九年）

自從美國連鎖企業一號碼頭進口貨公司（Pier One Imports）在一九六二年成立於加州聖馬刁（San Mateo），就一直在銷售各種來自亞洲異國風味的商品。也許就是從一九七〇年代某個時間點開始，一號碼頭便開始銷售一種附大型坐墊的椅子（有的直徑超過一米）。它是用圈束起來的藤條所製作的圓筒形底座，上面放著一個用整根藤所做成的圓環、以及以一定角度傾斜而成的籃子。儘管一號碼頭公司並不是最早開始銷售這種椅子的商家，也沒有為它註冊一個商標，但這種椅子已成為這家商店的標誌性商品，該店銷售的數量可能遠超過其他零售商。

根據一號碼頭進口貨公司設在德州沃思堡總部的高級公關經理米斯蒂·奧托（Misty Otto）所言，是派往越南的美軍士兵在泰國發現了帕帕桑椅，並將其運回國內後，便開始在美國大為流行。一號碼頭公司最初是從泰國進口這種椅子，但後來轉而向馬來西亞和印尼的製造商購買。[59] 目前還不清楚這種設計的椅子究竟是在泰國發現的？抑或是在那裡發現了類似用熱帶纖維製成的椅子，進而成為這種椅子的設計靈感或原型。與十九世紀及二十世紀初期、在美國和歐洲的藤製家具相比，帕帕桑椅具有更多東南亞本地民間用品的特色，因為它使用毫無裝飾、也沒有複雜編

圖 20
泰國商店前面的籐椅（北欖坡，佐伯馨攝於二〇一三年）

織的全束藤條製成。不過，目前銷售的帕帕桑椅款式異乎尋常的巨大，這個特色似乎更像是美國式，而非泰國式的。如同藤製家具和家庭用品一樣，這在泰國、東南亞其他地區很常見（圖20）。但由於泰國人就像其他東南亞人一樣，傳統上是席地而坐的，所以這些椅子可能不是在泰國銷售或在泰國家庭中使用。當然，類似的椅子也可能被用於家庭之外其他的場所。在這種情況下，我們的調查自然要從那些美國士兵可能會去的地方開始。

而在這種關聯性中，這個椅子的名字極富有暗示性。「帕帕桑」這個名字幾乎可以肯定是來自於日式英語。一號碼頭公司最初還銷售過與帕帕桑椅配套的、叫做「媽媽桑」（mamasan）的椅子。「媽媽桑」指的是女性，而「帕帕桑」指的是男性，這兩個語詞都出現在二次大戰以後、美軍占領日本的期間，在太平洋地區美軍基地周圍的酒吧、妓院、以及其他接觸的場所發展出來的混合詞語。[60] 這兩個詞語一般是用來指稱媽媽和爸爸，但「媽媽桑」最常見的意義是酒吧女主人或妓院老鴇。「帕帕桑」一詞則不那麼常見，但可能是用來指稱皮條客。[61] 隨著美國軍事擴張與持續影響，這兩個語詞、以及其他日式英語的洋涇浜詞，也隨著美軍士兵而擴散到整個亞太地區。這些詞語中也有許多就此固定下來，成為當地語言的一部分。一位曾在一九五六—一九五七年派駐日本、一九六九年派駐越南的海軍陸戰隊士兵羅伯特・法默（Robert Farmer）憶起自己留守越南的期間時曾提到，越南人肯定會永久保留這些混合語，因為沒有任何派駐過日本的陸戰隊士兵會認為這些詞是越南語，而越南人則以為它們是英語。[62] 在今天，「媽媽桑」一詞廣泛用於曼谷及其他地方的娛樂場所。因此，「帕帕桑」和「媽媽桑」可能是美軍士兵為亞洲這些場所實際使用的椅子而命名的，這也可能只是設計該種椅子時所杜撰的名字，因為作為藤製品，它能喚起那些美軍士兵在執勤結束後去尋找東南亞「休息與消遣」場所的記憶。無論如何，這種椅子的名稱有著美國在亞洲地區軍事存在的痕跡，特別是反映出美國對於日本所占領的、可以被稱為是美國太平洋殖民地之敏感地區的長期影響。

作為一種坐具，帕帕桑椅最鮮明的特色在於其巨大的
尺寸，而且其實它是正圓形的，上方的座盆是被放置在比
較低的角度，這種角度使得帕帕桑椅不適於坐直。而且事
實上，這種椅子也不能讓普通身高的成年人能夠完全斜躺
在其上。它的形狀和尺寸造成了進一步的含糊性：它是供
單人坐，還是能夠坐兩個人？如果是給兩個人坐，那麼他
們應該怎樣坐在上面？就像沙包椅──另一個美國室內設
計自由實驗時代的產物，帕帕桑椅顯然是一件有趣的家具
（圖21）。但鑒於它的地緣政治軌跡，持假設性態度的帕
帕桑椅史學家很可能會用「社交性的」，甚至是「放蕩的」
這樣的語詞，而不是用「有趣的」來形容。如果在亞洲的
英國和荷蘭殖民地掀起流行、從亞洲的港口運到北美的藤
躺椅喚起了孤獨、慵懶的身體感性，那麼在日本宗主國及
殖民地的新式家庭中無所不在的三越籐椅，則喚起了世界
主義近代家庭生活的感性。帕帕桑椅或許是喚起一種性放
縱（官方許可的性）文化的感性，是美國帝國作為工具的
軍人，在亞洲進行自由支配與友愛行為的殘餘。[63]

圖 21
帕帕桑式搖籃

日本殖民地情節的總結

最後，讓我回到日本殖民經驗脈絡下身體舉止的問
題。荊子馨所稱的，在觀察和被觀察之間「不自在的擺
動」，對日本殖民主義來說，在某種程度上是不爭的事實。
但是這種不安是否體現在殖民者的日常生活中？如果是，
那麼它是怎樣體現出來的？如果普通的日本人急於向殖民
地臣民顯示自己的西方性，那麼我們可能會合理地期待他
們在總體上應該會更少使用榻榻米房間以及和服等，而且
會更常注意自己的外表。但是從在台灣的殖民者對於在台
日本人祭出裸體行為的罰款威脅來看，這些對於保持適切
體面的外在之關心，是更甚於一般平民。另一方面，如果
日本殖民者覺得自己是殖民地臣民真正的領主，那麼我們
可以合理地期待有更多的跡象來表明，他們會讓自己的傭
人從頭到腳伺候自己。有些確實可能是，但是從我在這裡
收集到為數不多的照片和故事看來，雖然日本人雇用台灣
傭人或許是讓他們從事瑣碎的工作，但是當他們以印刷品

和電影的方式紀念自己時，他們卻沒有表現出像印度和荷屬印度群島的歐洲殖民者那種領主的派頭。

　　現在想要將這些對於日常行為及其表徵的觀察轉化為對於日本殖民主義的辯解，是有危險的，因為那將是一種誤讀。更合理的解讀是，考慮到對在台灣的大多數日本人來說，相較於那些在南亞及東南亞的英國、荷蘭殖民者需要面對和其在本國生活極大的差異，其在殖民地的生活與在宗主國的差距其實並沒有那麼大。雖然整體上，殖民工程並非無可非議地必須擔負展示日本作為一個合法帝國地位的國家使命，而且毫無疑問地，許多精英官僚和知識份子也都深切感受到這點，但是對於許多低階官員、員警、商家的眷屬來說，更有可能是感知和理解為努力提高生活水準的個人行動、以及這是一個以忍受熱帶氣候為代價、以便獲得進入中產階級的機會。

　　然而，假如我們認為台灣和其他地方的日本殖民者只是在追求更高的生活水準，這樣的觀察很難掌握到殖民地經驗的文化動態，因為那些移民來的人發現，在殖民地他們不僅要對抗當地的氣候，也同樣需要與原住民及更早的殖民群體共事與相爭。此外，在日常生活層面上，還有許多難以理解的東西。所以我在此引用一段具思索性的文字作為總結：在《情色、怪誕的無稽之談》（*Erotic Grotesque Nonsense*）電影評論的一篇短文中，米利暗・西爾弗伯格（Miriam Silverberg）評論了川村湊的這項觀察，即「發現外在的『野蠻』並沒有讓日本殖民者自覺地接受文明人的地位」。有一些學者回應並闡釋川村對日本人殖民感性的解讀。然而，西爾弗伯格的引用最觸動我的，是她隨意卻又帶著邏輯顛倒、富有特色的且出於鍾愛而添加的一段評註：她將其稱為川村「顯著可逆的斷言」（強調引號為筆者所加）。[64]「可逆」是何種意義？這個評註不會損害整個論述嗎？文明的發現不會讓日本殖民者自覺是野蠻人？當殖民地的家庭和個人認真地坐在藤製扶手椅上、為拍照而擺出姿勢時——有時穿著制服，有時展示著自己的傭人，他們不僅展現了文明化的地位，同時還表達並認可處於文

明狀態的自己。然而，當遇到坐在椅子上的漢人，日本的
殖民者卻依然會在不那麼具有紀念性的時刻，選擇席地而
坐，這是否也表達並認可——或許是充滿自豪地——那處
於特有原始性中的自己？

註釋

1. 譯註：英語中「系主任」一詞為「department chair」，「講座教授」為「endowed chair」，均包含「椅子」（chair）一詞。

2. 何偉亞著、鄧常春譯，《懷柔遠人：馬戛爾尼使華的中英禮節衝突》（社會科學文獻出版社，二〇一五），頁三八。

3. 處理人們接觸中肢體表達的社會理論，一定程度上要歸功於高夫曼（Erving Goffman）的擬劇論研究路徑。參見 Goffman, *The Presentation of Self in Everyday Life*(New York: Doubleday, 1959)。關於歷史學家處理相關主題的最近著作，參見 Michael J. Braddick, ed. *The politics of Gesture: Historical Perspectives* (Past and Present, volume 203, supplement 4, 2009)。我對椅子的思考得益於 Kenneth Ames 生動、敏銳的論文「Posture and Power」，收錄於 Kenneth Ames, *Death in the Dining Room and Other Tales of Victorian Culture* (Philadelphia: Temple University Press, 1992), 185-232。

4. 小泉和子，《家具と室内意匠の文化史》（法政大學出版局，一九七九），頁二八〇—二八五。參見 Masao Miyoshi, *As We Saw Them: The First Japanese Embassy to the United States* (1860) (Berkeley, CA: University of California Press, 1979)，頁八八—八九中所引 Ivan Goncharov 的描述。

5. 黑田清隆，《使鮮日記》，一八七六年二月二十七日條（未標頁數的手稿）。電子版可透過早稻田大學圖書館網站（http://www.wul.waseda.ac.jp/kotenseki/html/ka05/ka05_01917/index.html）取得。第七十八幅附圖。

6. 可參見大東亞省編，《在台内地人の熱地馴化》（東京：大東亞省，一九四三）。

7. E. M. Collingham, *Imperial Bodies: The Physical Experience of the Raj, c.1800-1947* (Oxford: Polity Press, 2001), 1.

8. Jeremy Adamson, *American Wicker: Woven Furniture from 1850 to 1930* (Washington, DC: Smithsonian Institution, 1993), 10-20.

9. Julian Caldecott, "Climbing Toward Extinction," *New Scientist* vol.118, no.1616 (June 9, 1988).

10. J. G. Watson, in I.H. Burkill et al, *A Dictionary of the Economic Products of the Malay Peninsula*, vol.2 (1935; Kuala Lumpur: Ministry of Agriculture and Cooperatives, 1966), p. 1904.

11. 同上，p.1907。

12. 田中榮八，《藤一筋百年の步み》，http://rattana8.55street.net/history.html。

13. *A Dictionary of the Economic Products of the Malay Peninsula*, p.1906.

14. Kuo-Tung Ch'en, "Nonreclamation Deforestation in Taiwan, c.1600-1976," in *Sediments of Time: Environment and Society in Chinese History*, edited by Mark Elvin and Liu Ts'ui-jung (Cambridge University Press, 1998), 693-727.

15. James Wheeler Davidson, *The Island of Formosa: Past and Present* (London and New York: MacMillan and Co., 1903), 412.

16. 在二十世紀的第一個二十五年，台灣每年向日本帝國以外的地區出口的藤價值二萬五千至三萬日元，這只相當於台灣每年總出口額的百分之一至二。台灣總督府稅關編，《台灣貿易三十年對照表·自明治二十九年至大正十四年》（台灣總督府稅關，一九二七），頁一五一—一五二，一六三—一六四。一本一九二八年出版的日本帝國旅行指南，對台灣工業的描述部分稱「大部分在香港被製成家具的藤都是從這裡運出的。」Terry's Guide to the *Japanese Empire, Including Korea and Formosa, with Chapters on Manchuria, the Trans-Siberian Railway, and the Chief Ocean Routes to Japan* (revised ed.; Boston: Houghton and Mifflin, 1928), 763.

17. 我在這裡的關注主要是藤。竹製椅子和凳子在整個亞洲的華人生活中也很普遍。正如 Yuko Kikuchi 所顯示的，日本殖民地民間工藝推進者和日本帝國內的歐洲設計師對於竹製家具表現出特別的興趣。不過，在世界市場上，延展性更好的藤凌駕於竹之上。參見 Kikuchi, "Refracted Colonial Modernity: Vernacularism in the Development of Modern Taiwanese Crafts," in *Refracted Modernity: Visual Culture and Identity in Colonial Taiwan*, edited by Yuko Kikuchi (Honolulu: University of Hawai'i Press, 2007), 218-247。

18. 關於殖民地人口中性別不平衡的原因和後果，參見 Ann Laura Stoler, *Carnal Knowledge and Imperial Power: Race and the Intimate in Colonial Rule* (University of California Press, 2002), 46-55。

19. David Arnold, *Colonizing the Body: State Medicine and Epidemic Disease in Nineteenth-Century India* (University of California Press, 1993), 80-83.

20. Collingham, *Imperial Bodies*, 107-108. 我並不是暗示社會分隔會像這張縝密布置的照片所顯示的如此絕對。Stoler 討論了那些試圖建立和保護殖民地環境中歐洲人特殊地位廣泛的指定書籍，在那種環境中，種族和社會認同通常不會那麼明顯。

21. George Francklin Atkinson, *Curry and Rice on Forty Plates, or the Ingredients of Social Life at "Our Station" in India* (London: Day and Son, 1854). 這幅插畫也被翻印在 Anthony King, *The Bungalow: The Production of a Global Culture* (2nd edition; Oxford University Press, 1995)。

22. King, *The Bungalow*, 頁一四—六四中各處。

23. Jan Veenendaal, *Furniture from Indonesia, Sri Lanka and India During the Dutch Period* (Delft: Volkenkundig Museum Nusantara,

1985), 140-141.「gobang」一詞或許與一種日本金幣「小判」（koban）有關，這種金幣十七世紀時在荷屬東印度廣泛流通。

24. Sarah Handler, *Austere Luminosity of Chinese Classical Furniture* (Berkeley, CA: University of California Press, 2001), 33-35.

25. Jeremy Elwell Adamson, "The Wakefield Rattan Company," *Antiques Magazine* 142 (August, 1992): 214-221.

26. Clarence Cook, *The House Beautiful: Essays on Beds and Tables, Stools and Candlesticks* (New York: Scribner, Armstrong and Co., 1878), 154-155.

27. Mark Peattie, "Introduction," *The Japanese Colonial Empire, 1895-1945*, edited by Ramon H. Myers and Mark R. Peattie (Princeton, NJ: Princeton University Press, 1984), 7. 如同 Leo Ching 指出的，種族作為一個分類的問題本質，某種程度上削弱了這種異常的說法。種族間的親緣性和距離的概念必須被認為是在帝國主義自身邏輯中建構起來的，而非一種先驗的存在。儘管中國古代帝國運行的條件不同於日本現代帝國，卻是現代主張的親緣性提供歷史基礎。

28. 關於規劃工作所扮演的角色，可參見越澤明，《満州国の首都計画—東京の現在と将来を問う》（日本經濟評論社，一九八八）。

29. 西澤泰彥，《南満州鉄道住宅群、大連など—荒野の中のユートピア》，收錄於片木篤、藤谷陽悅、角野幸博編《近代日本の郊外住宅地》（東京：鹿島出版會，二○○○），頁五一七。

30. 夏靜凝、謝梅華，《見證：台灣總督府 一八九五一一九四五》（台北：立虹出版社，一九九六），第二卷，頁二八一二九。

31. Henrietta Harrison,"Clothing and Power on the Periphery of Empire: The Costumes of the Indigenous People of Taiwan." *Positions: East Asia Cultures Critique* 11:2 (2003): 338. 如 Harrison 所示，日本民族學者在台灣原住民中定義出多個族裔群體，並建立起身分認同族群類別，這些類別在一九八〇年代島國民族主義興起和對本土根源響往的脈絡下，曾被重新組合。不過，在整個殖民時期，「生藩」和「熟藩」一直都是日語中的常用說法。關於對這些台灣族群類別的進一步討論，可參見 Emma Teng, *Taiwan's Imagined Geography: Chinese Colonial Travel Writing and Pictures, 1683-1895* (Cambridge, MA: Harvard University Press, 2004); Paul D. Barclay, "Contending Centres of Calculation in Colonial Taiwan: The Rhetorics of Vindicationism and Privation in Japan's 'Aboriginal Policy'," *Humanities Research*, 14:1 (2007): 69-75。

32. 譯註：雪褲是日本女性勞動時穿的一種褲子，腰部較為寬鬆，褲腳收緊。

33. Mark Peattie, *Nan'yō: The Rise and Fall of the Japanese in Micronesia, 1885-1945* (Honolulu: University of Hawaii Press, 1988), 204.

34. 西澤，頁五五四（地板設計圖）。

35. Harry J. Lamley, "Taiwan Under Japanese Rule, 1895-1945: The Vicissitudes of Colonialism", 收錄於 *Taiwan: A New History*, edited by Murray A. Rubinstein (Armonk, NY, and London: M.E. Sharpe, 1997), 頁二一八所引。

36. 竹中信子，《植民地台湾の日本女性生活史　大正篇》（田畑書店，一九九六），頁一七六 - 一七七。

37. 同上，頁四五。

38. Faye Yuan Kleeman, *Under an Imperial Sun: Japanese Colonial Literature of Taiwan and the South* (Honolulu: University of Hawaii Press, 2003), 210. 這篇故事寫於一九四三年，題為《氣候、信仰与宿疾》（《気候と信仰と持病と》）。

39. 小野啓子、安藤徹哉，《南洋群島における日本植民都市の都市構造に関する研究 . その 3 —台湾における日本糖業プランテーションタウンの形成過程》，《日本建築學會計畫系論文集》第六一二號（二〇〇七年二月）：一八二。

40. 竹中信子，頁七八。竹中信子用現代日語解釋原文，並指出它出現於日本殖民台灣二十年以後，據此，原文應刊登於一九一五年左右。

41. 伊原末吉，《生活上より見たる台湾の実際》（台北：新高堂書店，一九二六），頁六五、六七。日本教師 Helen Lee 在這個問題所討論的話語中，顯示出同樣的殖民地奢侈現象。

42. 《台北州統計書》第一七號（一九四一），頁一四。這些統計中有一些觀點並不是很清楚，例如未成年人是如何被計算的。被列為「無職」的人數很多，這可能是指同行的未成年人。妻子似乎被列入其丈夫的職業，因為像「官吏或個體經營者」項目中的女性數量，就接近男性的一半。據傳聞表示，很多沖繩人來到台灣從事傭人職業。基於我對日語和英語資料的初步研究，殖民地家庭傭人的歷史看起來還有待書寫。日本雇主與其傭人之間關係、以及幾乎已被遺忘的歷史，必定被埋藏在殖民時代倖存者的記憶中。

43. 高彥頤著、苗延威譯，《纏足：「金蓮崇拜」盛極而衰的演變》（江蘇人民出版社，二○○九），頁一七○一一七五。關於中國人坐椅子習慣的起源，參見 John Kieschnick, *The Impact of Buddhism on Chinese Material Culture* (Princeton, NJ: Princeton University Press, 2003), 222-248。

44. 高明，《植民地時代の台湾人と日本人（8）》，《大分合同新聞》部落格《この世の中なんでもあり》（http://blog.oitablog.jp/takaakira/archives/2006/01/post_33.html）也可能是語言障礙，妨礙了交流。

45. E. Patricia Tsurumi, *Japanese Colonial Education in Taiwan, 1895-1945* (Cambridge, MA: Harvard University Press, 1977), 220-221. Tsurumi 在頁二二一引用 Levy。有趣的是，在一九一四年禁令發布前夕，前文中提及的那所精英女子學校的新入

學學生中，有二十二名纏足，三十四名沒有纏足，六十四名「已經將裹腳布解開」。竹中信子，頁四四。如同 Patricia Tsurumi 指出的，童年時期纏足而後來解開意味著雙倍的痛苦，因為恢復的過程緩慢而充滿疼痛。

46. 為調查惡習問題，殖民當局的人口普查中列出了纏足的婦女、留辮子的男性、以及吸食鴉片成癮者。

47. Leo T.S. Ching, *Becoming Japanese: Colonial Taiwan and the Politics of Identity Formation* (Berkeley: University of California Press, 2001), 161-168; Kleeman, 35-36. 關於跨種族婚姻，還可參見 Paul D. Barclay, "Cultural Brokerage and Interethnic Marriage in Colonial Taiwan: Japanese Subalterns and Their Aborigine Wives, 1895-1930," *Journal of Asian Studies* 64:2 (May, 2005): 323-360；以及鄧相揚著、魚住悅子譯，《植民地台灣の原住民と日本人員警官の家族たち》（日本機關紙出版中心，二○○○）。

48. Ching, 110-112.

49. 竹中，頁七九。

50. Collingham, 105. Collingham 引用曾於一八三九─一九四二年間居住在加爾各答的 G. W. Johnson。

51. 關於三越籐椅的進一步討論，參見 Jordan Sand, *House and Home in Modern Japan* (Cambridge, MA: Harvard University Press, 2003), 95-131. 籐椅的製作與強制勞動之間似乎有所關聯。Frank Dikotter 寫於一九二○年代，籐椅是在由中國的「囚犯、孤兒和流浪漢」所製作的。參見 Dikotter, *Exotic Commodities: Modern Objects and Everyday Life in China* (New York: Columbia University Press, 2006), 170. 家具史家小泉和子曾寫到，在台灣，三越百貨店的籐椅是由囚犯製作的，但我沒有找到證據來證明這一點。Adamson 寫道，美國市場上的籐椅是在美國的監獄中製作的。

52. 《三越》第一○卷第三號（一九二○年三月），頁一四、二八。

53. 對日本本土攝影這一主題的研究仍然很有限。翻印的肖像照集有田中雅夫，《日本寫真全集五．人物と肖像》（小學館，一九八六）；Nihon shashinka kyōkai, *A Century of Japanese Photography* (New York: Pantheon Books, 1980).

54. 圖 14 與圖 15 出自陳森溪、蘇秀華，《糖金時代：橋仔頭影像記憶》（高雄縣橋頭鄉：高雄縣橋仔頭文史協會，二○○二），頁五四─一五五。

55. Kinoshita Naoyuki, "Portraying the War Dead: Photography as a Medium for Memorial Portraiture,"in Nicole Rousmaniere et al, *Reflecting Truth: Japanese Photography in the Nineteenth Century* (Amsterdam: Hotei, 2004), 86-99. 可參見佐藤守弘，《痕跡と記憶─遺影写真論》，《藝術論究》第二九篇（二○○三），頁三九─五九。

56. 儘管照片似乎是拍攝一個核心家庭，由於坐著的人身分不明，我們無法確定他們之間的關係，也許是攝於父親離家服役或者休假回家期間。

57. 關於歐洲肖像照面向正前方的討論，可參見 John Tagg, *The Burden of Representation: Essays on Photographies and Histories* (Minneapolis: University of Minnesota Press, 1993), 35-37。

58. Kieschnick, 240, 242.

59. Misty Otto，電話採訪及電子郵件通信，二○○七年九月。

60. 譯註：「papa」、「mama」分別是日語口語パパ（爸爸）、ママ（媽媽）的音譯，而「san」是日語稱呼敬語さん的音譯。

61. Oxford English Dictionary.

62. 美國海軍陸戰隊員（已退役）Major Robert Farmer, "A Sea Story," *INTSUM Magazine: Journal of the Marine Corps Intelligence Association*, 16:7 (Winter, 2006), 10, 23（可以從這一個網址取得：http://www.mcia-inc.org/Winter_06.pdf）。

63. 在美國的家具銷售中，「帕帕桑」這個詞已被用於其他盆狀坐具，例如嬰兒搖籃。這種具有諷刺意味語詞的發展，說明「帕帕桑」形式已經脫離在美國影響下太平洋地區的起源而自由發展，而這一過程肯定被名稱中連字符號的消失所助長。

64. Miriam Silverberg, *Erotic Grotesque Nonsense: The Mass Culture of Japanese Modern Times* (University of California Press, 2006), 263.

第六章
東京何以是帝都？

平未知繪《台灣生蕃少女一身摩登打扮來到日本》（《台湾生蕃の娘モダン風にして日本に来て》，局部），《現代漫畫大觀第九編：女性的世界》（《現代漫画大観第九編―女の世界》），中央美術社，一九二八年。

在二十世紀初的數十年，
從日本帝國內外作為觀光客來到東京的各式各樣人當中，
台灣的原住民既是觀看者，
也是被觀看者。

漫畫家還暗示日本人和原住民都有砍人頭的癖好。

東京市內的帝國展示

　　值得注意的是，今天日本的象徵性國家元首在英語中被稱為「emperor」（皇帝）。的確，如今日本「天皇」是這個曾經擁有許多「皇帝」的世界中碩果僅存的一個。當然，在英語中，這個用語是十九世紀的遺物，當時國際政治的競技場上有多位皇帝：在一八五二年到一八七〇年間，巴黎是一位「皇帝」的所在地；維也納和柏林在一次大戰結束前，仍有皇帝居住其中；墨西哥直到一八六七年為止都有皇帝，而巴西的皇帝歷史則是到一八八九年為止。奧斯曼帝國的皇帝作為多個民族的正式統治者，高坐在伊斯坦堡的御座上，直到一九二二年。維多利亞女王自一八七六年開始，也是印度的女皇，她的後繼者沿襲了這個稱號，直到一九四八年為止。中國的皇帝在一九一二年辛亥革命以前住在北京，他們的最後一位皇帝溥儀，在後來還被關東軍立為滿洲國的皇帝。皇帝理應擁有「帝國」，統治著擁有廣大領土和多個民族的國家。不過，日本並沒有等到一八九五年獲得正式殖民地時，才自稱為「帝國」。自一八七〇年代起，日本官方檔案頻繁地使用「皇帝」這個中國的稱號——這個詞在英語中通常被譯為「emperor」——來指稱日本的君主（也被稱為天皇、天子）。[1]

　　一八九〇年頒布明治憲法以前，一些文本就已經將皇帝所在的城市稱為「帝都」。不過，在一九二三年以前，這個語詞似乎並未普遍使用。[2]當同年的關東大地震摧毀了東京和橫濱之後，政府人士之間曾流傳遷都的說法。然而，攝政裕仁[3]發布一道詔書，宣稱應當以符合「帝國首都」的方式重建東京。在設置了帝都復興院這個機構之後，東京被許多新的紀念地所現代化。從這時候開始，人們開始頻繁地在各種出版物中看到「帝都」一詞。從命名和正式語彙的角度來說，一九二〇和一九三〇年代帝國首都的紀念性特徵，涉及的是天皇制國家，而非殖民帝國。

　　為了檢視東京在哪些方面扮演了帝國首都的角色，在本章中，我將考察一九四五年以前東京的紀念物和旅遊行

程。總體而言，從城市的景觀想要區分出帝國的現代性元素和全球現代化元素並不難。像是靖國神社的武器博物館——遊就館這類地點，顯然會讓人聯想到日本帝國；像丸之內大樓——戰前東京最大的辦公大樓——這類地點，則標誌著在全世界所有首都皆曾複製過的現代性。在這兩極之間，像國家博物館和動物園這些地點，則兼具有帝國和全球現代性的元素。當然，像這樣只憑地點進行分類，並不能讓分析更為深入。更重要的任務是，追蹤這些地點如何向不同觀眾展現，以及這些觀眾又可能從帝國首都的體驗追蹤了什麼。

　　當十九世紀歐洲帝國開始設計帝國的紀念物時，將古羅馬視為帝國的經典和原型。歐洲宗主國及殖民地都市中的新古典主義紀念物時代，是從法國大革命時期延續到第二次世界大戰（在美國，時間還要晚一些）。這些紀念物大多數是用來紀念軍事成就，而並非占得殖民領土本身。儘管新古典主義普遍運用於各種公共建築，但是紀念性新古典主義的典型範例卻是凱旋門（圖1）、方尖碑（圖2）及獨立圓柱——儘管這三種建築形式具有心理的暗示性，但在實用性方面並沒有任何功能。建築史家通常會注意到，從征服的地區所挪用的風格——「薩拉森式」、「蒙述兒歌德式」等——與帝國主義之間的關聯，但是就歐洲最偉大的古代帝國抱持的態度而言，法國國立美術學院教授的

圖1
巴黎的雄獅凱旋門（一八四〇年建成）是拿破崙下令為紀念戰爭的勝利所建造的（出自《維基百科》）

圖 2

繼承古埃及方尖碑以及古羅馬柱狀紀念碑傳統的十九世紀倫敦納爾遜紀念柱（一八四三年建成）。這座紀念柱矗立於倫敦特拉法加廣場，建造目的是紀念霍雷蕭‧納爾遜將軍的功績（出自《維基百科》）

新古典主義應被視為歐洲帝國主義現代性的最典型形式。[4]

日俄戰爭結束後，在一九〇五至一九〇六年，東京經歷了一波新古典主義紀念物的建設熱潮。整座城市到處豎立起依照歐洲新古典主義風格所設計的凱旋門。很自然地，可以將選擇這種象徵語彙與其慶祝的理由——日本擊敗了一個歐洲列強，躋身於帝國俱樂部——聯繫在一起。但是，這些看似結實的建築其實是以木板條和石膏建造的——如同木下直之觀察到的，就像展覽會上的展覽館一樣，不過是紙糊的紀念物，建成後不到一年就被拆除。[5]由於國內博覽會中的展覽館，實際上是另一種歐洲新古典主義經常在其中出現的建築載體，當時日本大眾必定會將新古典主義理解為臨時性的展演建築形式，而非這種原本應該具有恆久力量體現之風格。東京市內很少具歐洲新古典主義風格的永久性建築（日本銀行大樓是一個罕見的例外），這無疑部分是因為石頭建材的成本較高昂。但是公共建築中新古典主義建築相對具有的缺陷，應該是與另一種完全殊異的帝國紀念性語彙之充分發展有關。

另外一種紀念性建築語彙，更新並重新配置了帝國首都中古老的本土建築和空間形式。本土紀念性的本質要素——例如那些出現在伊勢帝國神宮中很明顯的元素——龐大但相對平坦、局部之處樹木繁茂、適於步行的寬闊空間、神聖的物件隱藏在無法觸及的最深處。這種類型的三處紀念性地點是兩次世界大戰之間，每位來到帝都東京的日本旅行者的重要行程：從一八八〇年開始逐漸成形的現代形式皇居前廣場、一九二一年完成的明治神宮、靖國神社——這座興建於一八六九年以供奉日本士兵靈魂的國家神社，還有自一八八二年開始設立以展示武器的遊就館。如同原武史、山口輝臣、坪內祐三與其他人的研究顯示，儘管這每一處的紀念所都指向古代傳統，但這三個地方在本質上都屬現代空間。之所以說它們是現代，是因為它們都包含了用來強化與現代國家聯繫的近代創新傳統。它們必然出現在自帝國各地來訪人們的旅行造訪中，正揭示了政府方面熱切地希望這些地方可成為帝國同化作用的地點。

圖 3
皇居前廣場〔出自《東京風景》
(《東京風景》),小川一真出版部,
一九一一〕

皇居前廣場(圖3)作為舉行閱兵儀式和慶典的場所,大部分時間只是一片空曠的開闊空間,遊客可以從這裡極目遠眺幾座隱藏於樹叢中由護城河包圍的皇宮城門〔一九七〇年代,羅蘭‧巴特(Roland Barthes)富有啟發性地將這座廣場稱為東京「空虛的中心」〕。某個程度來說,就只有所謂的「二重橋」——天皇偶爾會出現在這座橋上,向他的臣民致意——算得上是構成這一片空間焦點的永久性實體紀念物。皇居前廣場靠近東京火車站,成為許多東京觀光行程的第一站。[6]日俄戰爭之後,這裡展示著被俘獲的武器,舉行閱兵的頻率也越來越高。在一九四〇年,為紀念天皇統治這個國家二千六百週年,五萬人——包括官方邀請的客人和亞洲各地的到訪者——在昭和天皇(裕仁)面前演唱國歌。[7]在平常的日子裡,日本遊客和學校團體也經常會站在這座鋪著碎石的廣場上,莊重地向著二重橋鞠躬,然後才轉身面向相機鏡頭,拍攝起紀念照。然而,對觀光客來說,這裡其實沒有什麼可看的。在一份一九三三年政府發行的英語版指南中,一開始就是對於這處東京第一景的描述。不過對於說英語的遊客來說,這段描述應該是個令人失望的說明:「皇居地區……不對遊客

開放，區域內防止未經授權的人員侵入，施以嚴密的警戒。」[8] 那些期待看到豪華皇家建築而來到東京的西方遊客，應該特別深切體會到東京空虛中心的「空虛性」。

祭祀明治天皇之靈的明治神宮，明治天皇死後九年完工（圖4），位於一片面積達一百七十五英畝的林地裡。[9] 在這裡，如同皇居前廣場，這個地點的紀念性主要是透過空間的深邃而非建築的規模來體現。設計這座建築的伊東忠太最初提議使用防火結構，但最終還是選擇遵循伊勢神宮和其他帝國神宮所採用的未上漆木材傳統。透過自由結合傳統建築的要素，創造出一個適合展現現代使命的紀念性空間，成為所有帝國臣民崇拜的場所。[10] 如同山口輝臣指出的，一九二〇年明治神宮完工有助於東京鞏固其天皇之城的地位，同時也完成了自幕府倒台和年輕的天皇從京都遷移到東京的歷史進程。[11]

靖國神社以龐大的鳥居和近代陸軍創立者大村益次郎的塑像——日本第一座有底座的銅像——展示出其更為顯著的莊嚴與壯觀。選用銅和鐵製造鳥居的做法，也反映出對神社來說，並不常見的現代西方紀念語彙。一八八四年，當這座木製舊鳥居由於年代太久遠而必須更換時，國家官員曾討論，如何讓新建的鳥居可以與這個現代國家的軍隊相符應。與會者呼籲放大鳥居的規模並使用永久性的材料。最終興建的銅鳥居在當時的日本，應該是獨一無二的。一九二一年，作為慶祝這座神社設立五十周年而建的鐵鳥居，甚至更為巨大。[12]

與皇宮不同，在靖國神社，遊客至少可以接近中心建築，以欣賞簡約的木料結構。儘管如此，如同所有的神社一般，這裡真正的焦點是禁止公眾進入的內部聖所。因此，靖國神社有一種混合式的紀念性，適合一個宣稱是代表本國古老武術傳統、但概念上又完全現代化的場所。之後，靖國神社的混合性質有了進一步的延伸。最初的武器博物館興建於一八八二年，是由義大利人喬凡尼・維琴佐・卡佩萊蒂（Giovanni Vicenzo Cappelletti）所設計，他刻意讓這座建

圖4
《東京名勝明治神宮》（《東京名所、明治神宮》，美術明信片）。一九二〇年開放後，明治神宮立刻被放入到觀光路線中。

圖 5
靖國神社的鳥居和最初的遊就館

築具有中世紀歐洲防禦工事要塞的外觀（圖5）。這樣的一座建築，就連放置在現代歐洲城市中，也會顯得十分獨特。它成為東京異國情調的高潮，可能會讓許多日本訪客聯想起月亮公園[13]的建築——在東京淺草地區確實有過一座月亮公園。而且在十九世紀末、二十世紀初，靖國神社場地曾有過一個賽馬場和其他遊樂設施，所以這種聯想並不算是異想天開。卡佩萊蒂設計的建築在一九二三年關東大地震中被摧毀（著名的「淺草十二層」塔樓——淺草地區西方異國風情的標誌性建築——也同時被震毀）。取代它的新建築，是由建築史家伊東忠太所設計，以鋼筋混凝土及受到法國國立美術學院風格影響的整體設計，將各種泛太平洋地區的裝飾元素結合在一起，尤其是在屋頂部分。這種被稱為「皇冠風格」的折衷主義，代表著一種適合於現代日本的建築審美，以及與西方長時間拉鋸的戰後日本帝國式解決方案。[14]

　　一九八〇年代起，自從靖國神社成為關於戰爭記憶的政治紛爭中心之後，各種分析都集中在將這座神社視為灌輸軍國民族主義和哀悼的場所。當然，這是為了解釋這座神社的歷史及當代意義的關鍵問題。然而，如果我們回到兩次世界大戰期間（一九一八—一九四五）任一位東京訪客的立場，那麼靖國神社將會呈現一種非常不同的面貌：成為共享核心意識形態和象徵語彙、不可分割的三位一體帝國首都地標的一部分。這幾個地點都試圖表達一種現代

且同時又具有鮮明日本特色的帝國紀念性。此外，這三個地點通常都是安排在一天的行程內快速連續地參觀。這三個站點的路線，旨在讓來自日本帝國國內的人留下他們是屬於一個神秘、強大但同時也是親密感情對象的君主臣民的印象。它也試圖與來自帝國外部的訪客交流著一種本土獨特性和世界主義普遍性結合。然而，沒有任何人能保證這些訪客會按照計劃的腳本來回應這種紀念性的表演。

觀光路線

與一九七〇年代以來的大眾航空旅行時代、以及最近的城市「品牌化」時代相比，二十世紀初期的東京和其他帝國的首都如此努力地吸引國際遊客的做法，更多是出於外交價值，而非經濟價值。在海外的訪客中，西方人成為觀光出版物和服務的首要對象。根據日本旅行協會[15]的資料，一九一二至一九二六年間，協會總共為二十五萬名訪問日本（此處可能是指整個日本帝國）的觀光客提供服務。[16]為旅遊業人員所發行的國際出版物《日本旅行協會讀本》（The JTB Reader）曾列出以下這五項開展觀光事業的目標：（一）促進國際友好；（二）提高海外民族文化的威望；（三）發展和促進國內產業；（四）協助國際信貸的平衡；（五）培養日本國民的國際觀。上述大部分的內容可以被解釋成是出於外交方面的關注，也就是與提高日本在國際社會中的形象有關。如同中村宏所指出，相較於商業經濟，國家吸引遊客的努力更多是與高層政治有關。[17]西方觀光客帶來的外匯當然會受到歡迎，但這不太可能具有什麼重大的經濟意義。

事實上，可能沒有其他帝國首都可以如此之多的官方努力來吸引不同群體的訪客。在其他地方，國家官方的意圖與實際印象之間的落差，都不像東京所造成的落差如此之大。當時，至少有四種針對不同國別的非日本人訪客所設計的觀光行程。如果也區分社會族群的話，那就會有更多不同的官方設計套裝行程。[18]

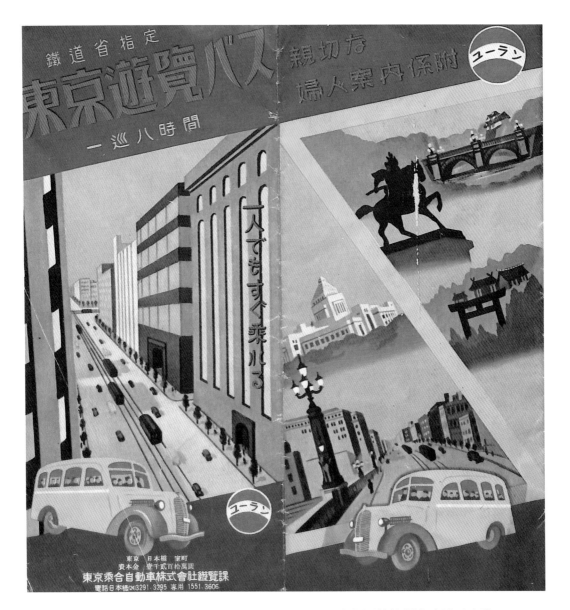

圖6
東京合乘汽車株式會社的東京遊覽
巴士指南（一九三〇年代）。其行
程是在八個小時內遊覽擁有「世界
性文化設施」的「大帝都」名勝。
指南盛讚「可以按照計畫進行遊覽」
的便利性。

　　東京的巴士觀光之旅開始於關東大地震之後（圖6）。
到了一九三〇年代，如果不是特別早的時段，每天還有為
說英語的訪客安排的一日遊。一九三三年的官方英語指南
描述了一條由東京合乘汽車株式會社所營運、一天八小
時的巴士觀光路線。這個緊湊到幾乎不可能全部完成的行
程，包括三個標準地點——皇宮、明治神宮與靖國神社
——以及其他的帝國地點或是名稱中帶有「帝國」的地點，
例如帝國劇場、帝國飯店等。行程中還包括增上寺這一類

與德川幕府和前江戶城有關的地點，以及博物館、公園和
三越百貨公司等。

　　從日本當局的角度來看，帝國紀念物是一個主要為了
帝國臣民而存在的空間表演。就西方人而言，日本最想展
現的，是全球現代性的面貌。然而，從對東京的英語寫作
者來看，儘管西方遊客可以忍受東京的全球現代化標誌，
但他們自己在這座城市景觀中熱切尋找的，卻是那些可聯
想至風景如畫的東方情調。一九二八年出版於波士頓的
《泰瑞日本帝國旅行指南》（Terry's Guide to the Japanese Empire，
圖7）就充分顯示這座城市對紀念性的渴望與西方訪客胃口
之間的分歧。對於那些想要在一、兩天內對這座城市進行
「表面觀察」的人來說，這本指南書還列出了德川幕府將
軍的靈廟、靖國神社的帝國武器博物館、明治神宮、以及
皇宮附近的地區。它讚揚皇宮一帶的景觀「令人振奮」，

圖7
一九二八年版《泰瑞日本帝國旅行
指南》。全書多達一千多頁，是集
合日本帝國全部區域的旅行指南。
《泰瑞旅行指南》與英國的《藍色
旅行指南》（Blue Guide）、德國的《貝
第科旅行指南》（Baedeker），同為
二十世紀前半葉最流行的世界旅行
指南系列。

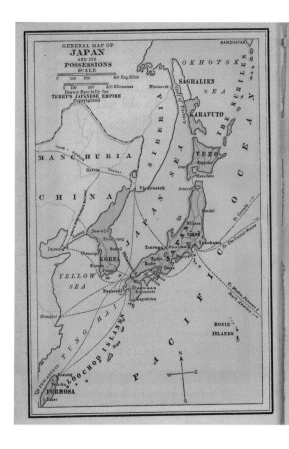

但最終發現東京的紀念性景點其實並不起眼。「儘管東京充滿了稍具趣味的景點，其街頭生活的奇妙陌生感，對於西方人而言也很有吸引力，但是它幾乎沒有狂歡的魅力和真正的迷戀。它缺少一些如英屬印度華麗都市般的光澤、像寶石一樣的光輝。」它缺少「宏偉的大街……時尚的車道……富豪盛裝的展示」。不過，《泰瑞日本帝國旅行指南》青睞非紀念性和非現代的景觀：「這座首都有許多風景如畫的景點，是一些沿著運河網絡可到達的沿岸地帶，那些古色古香、玩具般的房子，鱗次櫛比……無所不在的進步之手正在快速地抹去許多像這樣能讓我們想起古老日本的平靜生活、風景如畫的地方……」[19]

透過外務省、鐵道省、南滿洲鐵道株式會社、日本旅行協會及卡內基國際和平基金會的共同努力，一批由十一名美國記者組成的團體在一九一九年來到日本，進行一次帝國觀光之旅。這個團體進行了長達九十六天、行程極為緊湊的旅行，所到之處包括日本本土、朝鮮、中國東北部及其他地區。旅程的第一週在東京度過。日本新聞機構、以及政、商界精英每日宴請這個團體，並安排一系列的會面和官方訪問，以至於幾乎沒有剩餘的時間可以進行一般觀光。日本旅行協會為該團體設定的行程，反映出日本政府希望展示日本在現代機構方面已與西方達到同樣等級的迫切企望。每一天，這些記者都被領去參觀高等教育機構、企業辦公室、以及工業產品展。在他們的官方行程中，僅有的皇家景點是明治神宮及附近的繪畫館，這館收藏有天皇的肖像。

日本政府當然希望美國媒體能夠報導東京的現代性。從外交角度來說，其更大的目標是想讓日本贏得美洲大陸帝國主義操作者的同理目光。這個目標與炫耀東京的目的並非完全是兩碼子事：如果美國記者——他們當中許多人毫無疑問是首次來到東亞——發現日本帝都中的機構和景觀能讓自己想起美國的家鄉，那他們便更有可能會在整體上，以同樣正面的眼光來看待日本帝國。

然而，對於日本學校和辦公室的報導，並不能讓美國的報紙暢銷。為《紐約時報》寫作報導的赫伯特・馬修斯（Herbert Matthews），在旅途中提交了七篇文章，其中沒有一篇是描述記者團在東京所看到的東西。馬修斯確實報導了記者團在神戶見到的一次皇家遊行。他將日本天皇稱為全世界君主中「最後的半神」，並暗示他是過去時代的遺物。[20]「退伍軍人記者」弗萊德・霍格（Fred Hogue）代表《洛杉磯時報》（Los Angeles Times），他在旅途中提交了大約四十篇報導，其中包括與大倉喜八郎男爵的一次會面，以及與藝術家川合玉堂——霍格稱其為「著名的皇室畫家」——一次談話的詳細記述，但只有一篇是對東京的描寫。在《日本接受現代》這一篇報導中，霍格描寫這個城市正在經歷快速的現代化，因此街道顯得很混亂；但他也稱許整個國家似乎獲得很好的治理。這篇文章的開頭是描寫一輛人力車被汽車碾碎的事故，霍格將這個情景描寫為現代日本城市的象徵。[21] 無論這是否真的是東京的象徵，這個小插曲的確是西方對日本首都典型的描述。自從明治維新以來，西方讀者已習慣讀到日本城市中傳統與現代的衝突，因為西方城市中熟悉的現代性標誌，通常被認為是與永恆、風景如畫的東方傳統相對立。

　　從美國記者佐伊・金凱德（Zoe Kincaid）的散文集《東京速寫》（Tokyo Vignettes），人們可以讀出西方人對東方風景如畫的偏愛、與日本政府的意圖之間的直接緊張關係。金凱德的速寫對象都是像紙拉門、賣豆腐的小販、以及金魚園等關於東京生活的瑣碎之處。然而，這本書的序言卻有著不同的面向。寫於一九三三年十一月二日的這篇序言的作者，正是當年早期率領日本代表團退出國聯、表達拒絕接受國聯對滿洲國地位決議的松岡洋右。它是這樣開頭的：

　　在像現在準確訊息至為重要的關鍵時刻，能為《東京速寫》一書獻上簡短品評，令我不勝欣喜。這本書觸及了日本帝國中心城市的許多方面，是通往亞洲的大門，並與世界其他首都緊密相聯。影響國家命運最微小的變化，都

在報刊和廣播中得到回應。

　　松岡的東京作為亞洲門戶的形象，讓人想起壯闊的帝國擘畫，與西方作者所描繪的處於「新舊事物之爭」、「充滿了讓西方迷戀」的東京景象並不協調一致。正如松岡洋右所強調的意義，這本書揭示了日本統治精英希望展示首都的全球連通性和共時性，然而，這些正是西方訪客看來東京最不吸引人的部分。

　　當然，除了西方人，還有許多類型的觀光客也參觀帝都東京的各個景點。這些團體的行程顯示出，不同旅行者的費用決定了些微區別的文化路線。不過同樣重要的是，從對於這些參觀的部分理解中，可以明顯察覺到，不同團體對所看到的東西有著不同的反應。

　　至少早在一八九〇年，在文部省將修學旅行列為教育範疇的一部分之前不久，學生團體就已經開始到首都旅行。[22] 一九三七年，一份來自赤穗高等女學校團體成員的記述，或許可以作為一九三〇年代此類女學校學生旅行特色的代表（見表一）。這些年輕女孩作為一個受到老師監督的團體（也就是說，她們是被巴士帶到那裡去的），大部分參觀的地點都與天皇國家密切相關。唯一的例外是報社、泉岳寺、以及山鹿素行之墓，後兩者對於來自赤穗的訪客，有著特別的意義。令人驚訝的是，該旅行日誌中並沒有提到上野的博物館和動物園。更特別的是，也沒有提到參觀帝國議會。另一方面，這個團體停留東京的三天中，有相當多的時間是花在購物和娛樂。第一天上午，她們從皇宮直接前往三越百貨店。當天晚上，她們去了淺草，第二天晚上在銀座吃喝，第三天晚上又去了歌舞伎座。因此，除了作為天皇的首都，對於這些年輕遊客來說，東京顯然也是今日所說的「遊樂地點」的大集合。[23]

　　在這些來自赤穗的學生到訪東京的同一年，講談社出版了一本教育界人士希望小學生團體能前去參觀的一系列景點專書《遊覽東京》（《東京見物》，圖9）。這本書特別

表一　各團體在東京的觀光、修學及視察行程

團體／出版物	年分	在東京停留的天數	行程
美國報紙記者	一九二九	七天	（五月十日）前往帝國飯店（十一日）帝都復興院、法務省、上野同愛紀念醫院、《東京朝日新聞》報社；在上野、淺草、芝等地觀光；部分人員在《日日新聞》報社聽講；在東京會館用晚餐（十二日）早稻田大學、《報紙新聞》報社、觀賞體育比賽（早稻田大學與慶應義塾大學之間的比賽）；晚上與大倉男爵一起觀賞能樂（十三日）東京帝國大學、湯島小學校、中央職業介紹所；與三井男爵共進午餐；下午訪問各大學；在工業俱樂部舉行茶話會；在商工會議所舉行晚餐會（十四日）各工廠；下午與外務副大臣舉行遊園會；在日本郵船公司用晚餐（十五日）工業美術展覽會；主要銀行、商店及企業總部；與岩倉男爵共進午餐；下午參觀東洋文庫；在《東京日日新聞》報社用晚餐（十七日）與泛太平洋俱樂部成員共進午餐；在貿易協會舉行茶話會（十八日）上午自由活動；在日美交流委員會用午餐；下午在婦女和平協會以及根津邸舉行茶話會；與鐵道大臣共進晚餐
赤穗高等女學校[1]	一九三七	三天	（第一天）到達東京站；二重橋、櫻田門；乘坐計程車前往日本橋三越百貨公司；京橋的旅館；晚飯後前往淺草、銀座（第二天）乘坐旅遊巴士前往築地本願寺、魚市場、新橋、中央政府機構聚集區、二重橋（拍攝紀念照）、靖國神社、遊就館、國防館、山鹿素行之墓、神宮外苑、赤阪離宮、繪畫館、明治神宮、乃木大將邸、泉岳寺（第三天）慶應義塾大學、芝增上寺、東京廣播局、日比谷公園、《東京日日新聞》報社；晚上前往歌舞伎座（第四天）由雷門前往日光
《遊覽東京》（大日本雄辯會講談社，一九三七）	一九三七		（每頁描繪一個景點）宮城二重橋、帝國議事堂、東京站、丸之內大樓、歌舞伎座、清州橋、淺草仲見世、西鄉銅像、地鐵、上野動物園、百貨公司、銀座、廣播局、新橋、國技館、隅田公園、東京的交通、羽田機場、築地本願寺、震災祈念堂
《修學旅行入門.關東東北旅行指南》（三省堂，一九三七）	一九三七		（小標題）宮城（二重橋、楠公銅像、櫻田門）、新議事堂、丸之內附近（丸之內辦公大樓區、千代田街、濠端街）、日比谷公園（公園附近）、麴町赤坂一帶（日枝神社、靖國神社、赤坂離宮、青山御所、乃木神社、明治神宮外苑）、明治神宮、芝.品川一帶（芝公園、增上寺、丸山、品川墓地、愛宕公園、恩賜庭園、高輪御殿）、日本橋京橋一帶（日本橋、日本橋街、銀座街、昭和街）、神田.本鄉一帶（小川神保町街、駿河台、湯島聖堂、地鐵）、本所.深川一帶（國技館、震災紀念堂、隅田公園）、牛達.小石川一帶（早稻田、後樂園、植物園）、四谷方面（新宿）
朝鮮人修學旅行（釜山第二公立商業學校）[2]	一九二二		二重橋、貴族院、日比谷公園、日本橋、銀座、和平博覽會、東京帝國大學、東京商科大學、靖國神社、明治神宮、上野公園、東京證券交易所、日本銀行、三越百貨店、淺草寺
朝鮮人修學旅行（釜山第二公立商業學校）[3]	一九四二		宮城、明治神宮、東鄉神社、乃木神社

朝鮮人修學旅行（東萊高等普通學校）[4]	一九三五	五天	東京站、銀座、海軍省、法務省、二重橋、靖國神社、明治神宮、棒球場、泉岳寺、上野公園
朝鮮人女性教員[5]	一九二八		（十一月二十八日）遙拜宮城、歌舞伎座（二十九日）遙拜宮城、社會局、《東京日日新聞》報社、訪問朝鮮總督齊藤閣下邸、泉岳寺、乃木大將邸、明治神宮、靖國神社（三十日）東京（十二月一日）參觀新宿御苑、自由學園、池田化學工業公司（二日）參觀閲兵式、李王邸
朝鮮人教員[6]	一九二九		（初日）參拜宮城、訪問齊藤實邸（翌日）上野公園、淺草公園、日比谷公園、泉岳寺、乃木大將邸、明治神宮、靖國神社、三越百貨公司等
台灣原住民[7]	一九一二	六天	（四月三十日）到達東京（五月一日）第一師團、炮兵工廠、帝國大學（二日）近衛師團、士官學校、中央幼年學校（三日）赤羽工兵隊（四日）板橋倉庫、檢查所、步槍子彈製造所（五日）糧秣本廠（六日）橫須賀鎮守府
台灣原住民[8]	一九三四	四天	（四月二十五日）到達東京；參拜宮城、拓務省、總督府事務所、《東京朝日新聞》報社（二十六日）明治神宮、靖國神社、遊就館（二十七日）日光等（二十八日）上野、參觀東京市內（二十九日）動物園、地鐵、淺草、三越百貨公司、銀座夜景等（三十日）箱根
南洋群島居民[9]	一九三六	十天	（七月十日）參拜宮城、體檢（十一日）東京事務所、拓務省、東京市政府、日本郵船公司（十二日）明治神宮、修養（十三日）儲蓄局、羽田機場、宮田自行車工廠、日比谷劇場（十四日）靖國神社、遊就館、近衛步兵連隊、專賣局業平工廠（十五日）富士見小學校、市立第一中學校、市立第一女學校（十六日）新宿御苑、上野阪松屋、淺草公園（十七日）人造肥料公司、合同油脂公司、東寶劇場（十八日）日產汽車工廠、東京榨油工廠（十九日）動物園、購物（三越百貨公司、松屋百貨公司等）（二十日）日本紅十字醫院、廣播局、離開東京
第二屆菲律賓留學生觀光團[10]	一九三六	七天	（五月四日）早上進入東京；拜見自宮城前往帝國議會的天皇；公園、奧運會預定場地；在馬布林餐廳用餐；在外務省舉行茶話會；拓殖大學；在上野公園及其他地方觀光；傍晚前往阿吉拉（可能是菲律賓俱樂部）及佛羅里達（舞廳）（五日）明治點心工廠、美松餐廳、飛行員鋼筆工廠（六日）動物園、帝國大學、外務副大臣（七日）大和訓練學校、早稻田大學；晚上前往銀座（八日）玳瑠小學校、Japan Sincerity Society（可能是大日本赤誠會）（九日）音樂大學；在學生協會用午餐；傍晚在第一劇場觀賞女子歌劇（十日）天主教會、部分人員前往橫濱（十一日）前往日光

（1）兵庫縣赤穗高等女學校校友會蓼之華會編，《蓼の華：增改築竣工創立二十五年記念誌》（兵庫縣赤穗高等女學校校友會蓼之華會，一九三六）（2）方智選，《一九二〇—三〇年代的朝鮮人中等學校的日本.滿州修學旅行》，《石堂論叢》第四四卷，二〇〇九年，頁一六七—二一六（3）方智選，《一九二〇—三〇年代的朝鮮人中等學校的日本.滿州修學旅行》（4）方智選，《一九二〇—三〇年代的朝鮮人中等學校的日本.滿州修學旅行》（5）有松志津代，《朝鮮人女性教員による「內地考察」と李王家禦慶事記念會》，《桃山學院年史紀要》第二九號（二〇一〇年），頁一八四（6）山下達也，《植民地朝鮮の學校教員—初等教員集団と植民地支配》（九州大學出版會，二〇一一）（7）《台灣蕃人內地観光に関する件》（海軍省公文）（8）《理蕃の友》一九三五年五月號（9）《南洋群島居民內地観光に関する件》（拓務省，一九三六）（10）Esmeraldo E. de Leon, Nippon in Spring: Souvenir of the Second Filipino Students Educational Party to Japan (1936)

圖9　講談社出版的畫冊《遊覽東京》（大日本雄辯會講談社，一九三七）封面

展示了帝國議會（在第二頁，二重橋之後），插畫中還描繪天皇的行伍，圖說中則提到天皇每年都會參加的國會開幕式。這本書藉此，希望向孩子們講述這個地點的本身與天皇的關係，而不是它作為代議制政府根據地的重要性。其他頁面則專門介紹每一個景點，並隨附地圖，代表帝國與全球化現代城市東京的平衡。這本書裡的軍事英雄塑像也很引人的注目。同樣顯眼的，還有自那時以後便成為城市基礎設施的隱形機構，例如氣象站。

　　除了宗主國的小學生和中學生，還有來自殖民地的學校團體。朝鮮學生被帶去泉岳寺，或許是為了灌輸武士的忠誠給他們。[24] 還有一些朝鮮學生參觀了乃木希典這位受到讚揚的明治將軍的宅邸和神社。在朝鮮的小學教科書中，乃木是作為對天皇忠誠的典範。一九二二年，一個來到東京的朝鮮學生團體還被帶去參觀帝國議會貴族院。值得注意的是，他們的行程說明中提到的是不經選舉的貴族院，而非「帝國議會」或「眾議院」，因為朝鮮人在經選舉產生的眾議院中並沒有自己的代表。一個由朝鮮教師組成的視察團的參觀行程，也與一九二九年朝鮮學生團體來訪的行程類似。來自滿洲和其他被日本占據的中國地區教師，也來到了東京。還有其他團體也前來參觀，例如殖民地的社會公共事務官員團體、以及在一九三五年開始作為交流項目一部分的菲律賓學生團體（圖10）。[25]

圖 10
訪日期間的菲律賓學生團體。圖說為「拓務大臣舉辦的宴會之後，攝於東洋的中心東京」（出自 Esmeraldo E.de Leon, *Nippon in Spring: Souvenir of the Second Filipino Students Educational Party to Japan*）

「內地觀光與文明使命」

　　如果接待西方的來訪者以對其進行印象管理的政治行為，比起旅遊收入來得更為重要，那麼印象管理應該是在二十世紀初前幾十年中，接待經常來到東京的另外兩類旅行者——台灣原住民和南海島民——這種行為存在的唯一理由。與學生、教師和官員（既有宗主國的，也有殖民地的）訪問東京被稱為「修學」或「視察」相反，官方記錄將這兩類人的參訪稱為「觀光」——這一個當代日語詞彙是對應英語中的「tourism」，相當於當代漢語中的「旅遊」。

　　然而，在一八九七年，第一個來自台灣的團體被安排進行「內地觀光」時，「觀光」這個詞看起來尚未普遍使用。三省堂出版於一八九七年的《日本新詞林》（《日本新辞林》），以及大藏書店於一八九八年出版的《語泉——日本大辭典》（《ことばの泉　日本大辞典》）中，都沒有「關光」這個條目。三省堂於一八九六年出版的《日英大辭典》（《和英大辞典》）中也沒有這個條目。一九〇二年出版的三省堂《新英日大辭典》（《新英和大辞典》）中，則提供了另一個源自漢語的詞，作為「tourist」一詞的翻譯。然而幾年之後，一九〇九年的三省堂《新譯英日詞典》（《新訳英和辞典》）便收錄有「觀光」這個語詞，作為「sightseeing」一詞的翻譯。因此可以說，「觀光」這個詞似乎是在這個時候剛剛開始被普遍使用。

　　「觀光」這個源自漢語的字詞（圖11），最初出自《易經》的「觀國之光，利用賓於王」，意思是「觀國之風光而使自己可以效用於君王」。一八五五年，荷蘭人送給幕府將軍的日本第一艘蒸汽輪船被命名為「觀光丸」，或許就是引用自這句經典。出版於一八九三年、關於軍隊標記和徽章的彙編書《觀光圖說》，是少數幾本明治時代的出版品，其書名便是直接使用這個詞。

　　無論在一八九〇年代之前「觀光」這個詞的確切涵

圖 11
作為岩倉世界團正式記錄出版的《美歐回覽實記》（《米歐回覧実記》，一八七八），開篇印有岩倉具視手書的這兩個字。當時「觀光」這個古典詞，具有比單純「遊覽」更加深刻的意義。

義是什麼，這個詞的現代用法起源於為了啟蒙台灣殖民地臣民而策劃的第一次宗主國旅行的時期。當日本殖民地官員開始使用這個詞時，其中涵義遠不止於觀光旅遊：它的衍生義暗示著文明化和對君主盡義務的意義。在一八九九年，這個詞被台灣殖民官員木村匡用於一份提議將台灣漢人帶到大阪，去參觀在當地舉行的第五屆勸業博覽會的建議書。木村還提議台灣社會有權勢的人應該被帶到宗主國去「看到光」，藉此使其「感化」於日本文明的優越性。[26]在二十世紀初期的某個時候，「觀光」一詞繼續成為英語中「tourism」一詞的標準翻譯。一九三〇年，鐵道省成立了一個國際觀光局（其名稱用「關光」代替「tourist」一詞的日語音譯「ツーリスト」），並將日本旅行協會納入旗下管理。如果始於一八九七年的殖民地臣民的宗主國旅行，確實使得「觀光」一詞開始流通——最初是在官員之間，隨後則在一般民眾之間，那麼或許可以說，近代日本國際觀光的起源就是殖民地的文明化工程。無論如何，殖民地官員選擇「觀光」這個詞，而不是「物見遊山」等用來指稱休閒旅遊更為傳統的詞彙，抑或是「視察」等用來指稱考察旅行的詞彙，必然是富有深意的。

在當時，日本人應該曾發現很多歷史先例，在這些例子裡，宗主國會將殖民地臣民帶往本國，並讓他們對宗主國留下深刻的印象。自十六世紀開始，美洲的原住民被帶

圖 12
喬治・卡特林（George Catlin）所繪《前往華盛頓之前和之後的鴿蛋頭》（一八三七一一八三九）。鴿蛋頭（Pigeon's Egg Head，別名 Wi-jún-jon，一七九六一一八七二）是阿西尼博因印第安部落的酋長，曾於一八三二年到訪華盛頓。畫家稱讚他本來就充滿威嚴的姿態，因而對其前往華盛頓之後的變化感到憂慮。根據卡特林的回憶錄，鴿蛋頭回到自己的部落後，周圍的人認為他講述在白人都市中所見所聞時說了謊，因此將他暗殺（出自 Mary Ellen Jones, *Daily Life on the Nineteenth-Century American Frontier*, Westport, Connecticut: Greenwood Publishing, 1998）

往歐洲國家的首都，然後再被送回國，以告訴他們的同胞自己的見聞。十八世紀法國和英國的探險隊前往太平洋地區，帶著一些當地的海島居民一起回國，其中一些人在歐洲成為口譯員以及當地人著迷的對象。美國繼承了早前歐洲的這種行為，在整個十九世紀頻繁地將印第安人的代表帶往華盛頓（圖12）。[27]十九世紀末德國統治下的密克羅尼西亞人，曾被帶往德國。第一次世界大戰後英國統治下的薩摩亞人，則被帶到紐西蘭參觀那裡的現代化農場和工廠。[28]台灣的清朝統治者也曾將原住民領袖帶到中國。[29]然而，這些強制的旅行似乎沒有任何例子能在系統化和頻繁程度上，超越在日本帝國統治下各地原有居民所組織的宗主國旅行。

　　台灣的殖民政府從一八九七年開始將台灣原住民團體帶往日本。在一九一一、一九一二、一九二八、一九二五、一九二八、一九二九年、以及一九三四年到

圖 13
《入京生蕃觀光團一行》（《入京
せる生蕃観光団》），美術明信片，
一九一〇年代（出自陳宗仁編，《世
紀容顏（上）——百年前的台灣原
住民圖像》，台灣國家圖書館，二
〇〇三）

一九四一年的每一年間，都有這樣的團體從台灣前往日本
（圖 13）。[30] 從一九一五年——日本在這一年宣布占有赤道
以北的、原屬德國的密克羅尼西亞殖民地——到一九三九
年，南島住民每年都被帶往日本。這些團體的旅行一開始
是由日本海軍主持，後來則改由拓務省主持。在這些旅行
前後大約四十年的時間中，這些旅行的意義隨著帝國形勢
的變化而有所演變。在一九三〇年代後期之前，有一些參
與團體被同化為日本忠實的殖民地臣民，旅行計畫因而被
認為是成功的。不過從更廣泛的角度來看，宗主國旅行的
接觸觸發了殖民地臣民，組織這些旅行的官員、以及宗主
國大眾等之間各種不一致的闡釋，開始質疑日本帝國現代
性範疇文明與野蠻的定義和邊界，反而不是鞏固帝國的統
一敘事。

　　一九一二年台灣人的旅行記錄顯示，這個團體在東京
停留了八天。一直都有員警與他們同行。這些官方贊助的
旅行並不是使節團出使——除了總督府和拓務局（後來的
拓務省）代表的象徵性講話之外，並不包括謁見皇室或與
高官會面；當然也不是休閒旅行——至少在早期的旅行有

著高度的強制性。此外，這些團體被帶去參觀的場所都有相當高的軍事性質（圖14、15），一九一二年的旅行團體在第一天就先去了一個大炮工廠、一個子彈工廠和一個軍械庫。這個團體還參觀了二重橋、淺草的兩個劇院、上野動物園、拓殖博覽會、以及白木屋百貨公司，然而，卻沒有參觀像帝國劇場和帝國飯店等上流資產階級的文化地標。[31]

　　一九一二年的另一個團體，有一位隨團警官對這些旅行者的遊覽印象做了摘要記錄。就像所有聲稱代表殖民統治下人們的文字和感情的公共文件一樣，這份報告也必須被當成高度加工的資訊形式來看待，其中論及作者和潛在讀者的篇幅，與對殖民地臣民的描述一樣多。儘管如此，它還是可以讓我們能夠一窺當時台灣觀光團體是如何見證日本東道國試圖努力教育並同時威嚇他們的感受。毫無疑問地，根據旅行行程，這份摘要大部分都在描述這個團體對日本軍事力量的印象。即使被帶去參觀學校，年幼的學生也在「研習戰爭學問」。這個團體對日本的印象並不只是在於日本制度或技術上的優越性；原住民顯然單純被東京無所不在的士兵數量所震撼。在報告書中，他們這樣說道：「所到之處均部署軍隊，其數目遠非自己所能計算。」

圖14
《生蕃人觀看陸軍步兵操練》（《生蕃人陸軍步兵操練ヲ見ル》），美術明信片，一九一〇年代（出自陳宗仁編，《世紀容顏（上）——百年前的台灣原住民圖像》，台灣國家圖書館，二〇〇三）

圖15
《（台灣蕃人觀光團）東京士官學校加農炮射擊實況》〔《（台灣蕃人觀光團）東京士官學校加農砲射擊の実況》〕，美術明信片，一九一〇年代。

不過，人們很難確定這樣的軍事力量展示是否有威嚇這些原住民的預期效果。一九一二年五月十五日，《臺灣日日新聞》報導了他們參拜靖國神社的情形。這個團體被帶去參觀遊就館，根據該報的記載，「他們在館內轉了一圈，看到一把名刀後，厚臉皮地說『傻瓜才會將這種東西收起來，這麼鋒利的刀起碼該給我們一把』」。這種語氣聽起來不太像是出自畏懼之人的口。遊就館中展示可用的武器，肯定會提醒這些原住民訪客日本的軍事優越性，也讓他們想到自己是被迫不帶著武器來到東京。

將帝國首都展示為充滿武器和士兵的場域所產生的諷刺性效果，與第一個來到東京的台灣觀光團的反應所形成的對比非常明顯。根據報導，一位報紙記者曾訪問一八九七年的旅遊團領隊泰莫・米塞魯為何要參加這次旅行。他說到兩個理由：首先，他聽說日本人都是沒有工作技能的小偷，所以他想看看在日本是否有人耕種；第二，他的族人被禁止持有槍枝和火藥，因此他打算要求日本方面取消這個禁令，讓自己的族人不必再被迫違法購買槍枝。停留日本期間，無論走到哪裡，泰莫・米塞魯的團體都要求東道主給他們槍。在他們即將返回台灣時，泰莫・米塞魯向一位口譯員表達了自己的沮喪，被記錄如下：

在我們出發時，總督府有個負責人告訴我們：「你們要放棄獵人頭的做法。日本人當初也和你們一樣，但後來我們發現了這樣做的壞處，現在我們都友好相互對待，如今房屋、道路等都萬事齊備。你們也應該趕快停止獵取人頭，努力做到跟日本一樣。」但是，當我們來到日本後，發現道路房屋確實很漂亮，同時（我們發現）日本大量生產步槍以及大炮彈藥。為什麼在和平時期他們忙於生產武器？日本人又給我們看從清朝俘獲的大炮，自豪地詳細說明這是什麼。我想知道的是什麼原因讓日本人生產這麼多的武器，卻都只分配給自己的部下，而且還不允許我們買賣它們。[32]

返回到台灣之後，台灣總督在台北親自接見了他們，

並送給他們每人一把儀式性的日本刀。他們直截了當地拒絕這些禮物，說它們不堪使用（記下的原話是「這些刀連頭野豬也殺不死」）。口譯員一再催促他們接受這些刀作為訪問日本的紀念，他們最終也這樣做了。但當他們離開台北的火車誤點時，他們為此惱怒，扔掉了這些禮物，步行回家。日本以強大的武器想讓這些訪問者留下印象，並讓他們屈從的做法卻造成了反效果，只給他們留下殖民者自私的負面印象。

在帝國首都，最令這些來訪者感到害怕的不是軍事力量的展示，而是與當地人群的接觸。一九一二年來訪的團體在淺草被看熱鬧的人圍觀，員警的報告書中描述說原住民對於那些保護自己免於受傷的隨行人員十分感激（圖16）。在一段可能是出自觀光團員或隨行人員之口、富揭示意味的評論中，有段這樣的總結：「我們所到之處，內地人群集而來，好像是想要看看我們身上的奇裝異服以及臉上的刺青。」[33] 即使在那些看熱鬧的人群被隔開到一定距離的地方，原住民也知道自己正在被圍觀和報導，而且一直感覺到那些「內地人」日本大眾凝視自己的目光。這

圖 16
《入京生蕃觀光團五十二名一行》（泰雅族四十社之頭目）（《入京せる生蕃觀光団五十二名一行》（タイヤル族四十社の頭目）），美術明信片，一九一〇年代。在圖中這名女性所撐的傘背後，可以看到被擁擠人群包圍著向前行走的台灣觀光團員（出自陳宗仁編，《世紀容顏（上）——百年前的台灣原住民圖像》，國家圖書館，二〇〇三）

種對自己受到大群內地人注視的自覺，與帝都向他們展示的各種奇景與圍觀的人群自身——原住民的說法是稱他們多得「像螞蟻一樣」——對前來觀光的原住民來說，同樣有深遠的影響。大約二十年後的一九三五年，一群回到台灣的觀光團被要求向他們的同胞公開演講，其中有一些人提到，當內地人盯著他們臉上的刺青並問他們從哪裡來，還表達希望他們應該在台北的醫院去掉這些刺青時，感覺到了屈辱。[34] 從一九一〇年代開始，台灣當局就一直試圖根絕刺青，只是當地的風俗依然很頑強。根據一九三〇年的一項調查，百分之四十八的泰雅人有刺青，在三十歲以上的人當中，這個比例更高。一九四〇年八月的一項調查顯示，到當時為止，共有七十二名原住民男性和二十三名原住民女性透過手術去除了刺青。[35] 在帝國內地接觸史上的某個時間點，在家鄉一直是其最大驕傲的身體記號變成了一種恥辱的因源。

這張拍攝於一九二〇年代的照片並非來自某個觀光團

圖17
日本員警、泰雅族台灣原住民等員警所謂的「友蕃」、以及受日本統治者所託殺死的薩拉矛社、斯卡謠社等「敵蕃」的首級，在霧社支廳拍攝的紀念照，一九二〇年左右（台中市林志誠藏，台灣東亞歷史資源交流協會修復）

（圖17），但其中拍攝的可能是台灣出現反殖民運動鎮壓之後某個時期的一個觀光團東道主以及訪客。日本警方利用殖民化的原住民部落來攻擊那些抵抗殖民統治的人們。在宗主國，原住民客人看到的現代帝國官方圖像並沒有公開展示對被征服者的殺戮或羞辱。然而，展示割下的人頭，是日本與台灣武士共通的悠久傳統，一八六〇年代到訪日本的西方人，會看到罪犯的人頭被砍下來掛在通往首都的大道旁邊的椿子上。儘管明治維新之後，日本廢除了將罪犯斬首的做法，取而代之的是西方式的絞刑，但軍隊仍然持續對非日本人進行斬首，[36] 斬首也依然在日本本國的大眾文化中廣為流行。在中日甲午戰爭和日俄戰爭之後，俘獲的武器在東京進行展示，但如同木下直之所寫的，民眾顯然很想要看到首級。甲午戰爭之後的勝利遊行中，出現了以中國人的頭形而做成的燈籠。[37] 最近——或者說當時依然活著的——這種展示人頭的日本傳統，使得台灣原住民成為其迷戀和焦慮的特殊對象。創辦於一九三二年一月、由殖民地官員和警察發行的《理蕃之友》（《理蕃の友》）雜誌第一期的第一篇文章中，作者討論了台灣獵取人頭的做法，並極力區別於日本武士的「勇壯」行為——日本武士在砍掉敵人的頭顱時會報上姓名，而不是偷襲。[38]一九三六年的台灣觀光團——其中包括兩名婦女——曾被鄉下的旅館拒絕入住，因為他們害怕自己的頭會在夜裡被砍掉。[39]

一九二〇年代後期，台灣前往宗主國觀光的特色產生顯著的改變，日本東道主和台灣訪客開始為彼此戴上和平文明的面具。到了此時，台灣的殖民統治已經超過一個世代。原住民的子女在學校裡學習日語。如同保羅·巴克利（Paul Barclay）所詳述的，在殖民當局的鼓勵下，一些原住民首領的女兒被許配給日本警官，結成策略性同盟。[40] 據報導，一九二八年的第九次台灣觀光團是自己支付旅費。一九二九年，台灣觀光團穿著日本青年團的卡其色制服來到日本。從這時候起，他們旅程的重點從軍事設施變成標準皇家地點，從皇宮開始再加上一些文化設施。例如，一九三五年第十一次觀光團行程首先是皇宮，然後是拓務

圖18
一九三五年四月二十日，第十一次
台灣原住民內地觀光團（泰雅族與
布農族加起來共三十人）從台北出
發前參拜了台灣神社。據《理蕃之
友》所說，此次內地觀光報名者甚
多，「為了避免浪費錢」，只有青
年團部長等「中堅人物」被選出參
加（出自《理蕃之友》一九三五年
五月號）

省、台灣總督府東京事務所、《朝日新聞》報社、明治神
宮、靖國神社及遊就館、上野東照宮、市內各種景點、動
物園、地鐵、淺草、三越百貨店、以及銀座的夜景。多次
觀光旅行記錄中還提到由一位在台灣事業有成的企業家贊
助、在著名的雅敘園舉行的奢侈晚宴。人們不難將這些內
容解讀為同化的年輕精英男性原住民，以及他們隨行人員
的殖民地警察，以公款遊樂時留下的垃圾文字（圖18）。

　　這並不是說殖民地和宗主國如今都已經處於和平狀
態，一九三○年代初期宗主國報紙的讀者對這點十分清
楚。在一九三○至一九三三年間——第九次和第十次觀
光旅行之間的一段空白期——發生了幾起著名的暴力事
件。一九三○年十月的第一次霧社事件中，一支由賽德
克族人組成的遊擊隊襲擊了員警的槍械庫奪取武器，並
在一場學校的運動會上攻擊大部分是日本人的群眾，造
成一百三十四人死亡。而他們的領袖莫那・魯道還曾參
加過一次前往日本的觀光旅行。在接下來的兩個月中，
日本軍警殺死了六百四十四名賽德克人作為報復。一九三
○年十一月，濱口雄幸首相在東京被一名極端民族主義者
槍擊，身受重傷後死亡。第二次霧社事件發生在接下來的
一九三一年四月，當時與日本殖民政府結盟的原住民士兵
屠殺了被關在日本收容所中所有倖存的賽德克族男子。關
於這場屠殺的報導最終促使台灣總督太田正弘於一九三二
年三月辭職（在此之前，宗主國報紙的讀者主要關注關東
軍的活動以及滿洲國的建立）。一九三二年五月，一群日
本海軍軍官闖入犬養毅首相位於東京的宅邸並將其槍殺。
他們還試圖殺死另外幾名公眾人物，並計劃殺死正在日本
訪問的卓別林。[41] 雖然這些發生在台灣山地和宗主國首都
中心的事件之間並沒有直接的關聯，但在同一時期內連續
地發生，也提醒著人們，儘管有文明化和帝國現代性的綏
靖效果，但是身處在兩個地方、被剝奪權利和不滿情緒的
人們，仍然持續針對平民和文官採取的武裝暴力行動。

　　到了一九三七年，官方正式發起在殖民地培養忠誠帝
國臣民的「皇民化」運動，《理蕃之友》對宗主國之旅的

報導便成了一種帝國巡禮的陳詞濫調。旅行的策劃者彙報其旅行人員的舉止如何守規矩，他們如何在看到二重橋後流下眼淚，並唱起國歌；而一些旅行者的說法被引用（在台灣警察局舉行的旅行歸來集會上），旅行者自己能被帶到神聖宗主國感到敬畏、感激和自豪。諷刺的是，這些雜誌報導僅提到一個例外，是一名平地原住民——相較山地原住民，他們應當更加「文明」才是——曾經接受過六年的正規教育的雅美族人。在返回台北後接受一名殖民官員訪問時，這一位雅美族旅行者簡單地回答，他印象最深的是農場、火車、八幡製鐵所、以及宗主國大米的品質。他沒有提到帝國紀念物，也沒有提到尊崇或是敬畏的感覺。[42] 與企圖同化那些沒有拿起武器反抗殖民者的原住民相比，殖民地員警深入山地原住民的日常生活、以及宗主國威懾這些更有反抗性的人們的努力，可能最終成功地在他們與帝國之間建立起更強的聯繫。不過，即使雙方之間的關係最為和平的時候，殖民主試圖透過帝國首都傳遞帝國威嚴的努力，卻從未完全脫離武力的威脅。

一九四〇年，《理蕃之友》首次出現一張觀光團在東京國會議事堂前合影的照片（圖19）。這張照片顯然是在當年五月份的觀光旅行期間拍攝的。也許是到了這個較為晚期的時候，策劃者以暗示未來政治的參政權來換取原住民的忠誠。但諷刺的是，當年的十月，國會中所有政黨都被解散並合併成法西斯主義組織「大政翼贊會」，結束了戰前日本的代議政制實驗。即使到了這個階段，原住民的觀光行程仍然將帝國首都展示為一個軍事首都和政治首都，而一群群日本學童的東京旅行行程也是如此。他們參觀靖國神社之後，還要遍訪古代和現代軍事英雄的公共塑像。這些塑像是帝國現代性國際語彙的一部分，其中有許多在日本帝國結束後並沒能存留下來。一九四五年以後，美國占領當局拆除了其中一部分的塑像。

在日本獲得南洋的託管地後，由密克羅尼西亞人精英男性組成的志願者團體開始加入觀光旅行。一九一五年的觀光行程包括一系列與台灣旅行團類似的軍事機構，還有

圖19
在帝國議會議事堂前拍攝紀念照的台灣原住民內地觀光團（出自《理蕃之友》一九四〇年六月號）

圖 20
日本向國際聯盟提出作為在南洋託
管地進行住宅改良證據的照片（An-
nual Report to the League, 1929）

圖 21
仰望丸之內大樓的南洋觀光團（出
自一九三五年八月十一日《讀賣新
聞》）

圖 22
1912 年台灣原住民觀光團攝於白木
屋百貨店的攝影處（美術明信片）

帝國劇院。一些南洋群島居民團體被帶去參觀工業機構，因為在日本新近獲得的領土上實現農業的工業化是殖民地管理者的目標。他們也參觀了三越百貨店。一九一五年的日本報紙大幅報導，群島居民對三越百貨店內的電動扶梯和電梯感到不知所措。但這些報紙並未提及這是該國最早的電動扶梯和電梯，前一年才安裝好，因此也同樣困擾著許多日本遊客（圖 20）。[43]

根據報導，一九三〇年代的島民旅行團與拓務省負擔各半的旅行費用。後來的旅行包括了更多企業辦公室和工廠，以強調拓務省希望密克羅尼西亞人看到的全球現代「文明之光」。飯高伸五曾經寫到，一名帛琉領導人在參觀宗主國的幾年中，試圖仿照東京來建造當地的街道和房屋。如同飯高的文字所顯示的，這項事業應當從當地脈絡加以理解——不僅僅是模仿，而是帛琉社區為了社會和政治重組的目的，對在日本所看到的現代性語彙加以挪用。儘管如此，這個挪用是顯而易見的選擇：當歐洲人和美國人在日本首都的邊緣地區尋找古雅景象的標誌時，帛琉人卻轉向東京的中心商業區，並自其中發現能夠效仿的有秩序的標誌。由於南島居民從未武力反抗日本殖民者，所以他們的宗主國之旅並不是用來威懾和制伏，而是使他們成為具生產力的殖民地臣民。工業和商業城市的東京可以同時達成這兩個目標（圖 21）。當然這些殖民地人民的旅行紀錄也沒有任何在皇家地點下流下感激眼淚的證詞。[44]

台灣和密克羅尼西亞的觀光團員本身，並不是觀光旅行策劃者組織他們前往宗主國時關心的對象。這些旅行同時也是根據宗主國日本人的利益來策劃的。密克羅尼西亞人參觀的百貨店不只一家，而是三家，暗示拓務省或東京市政府中的策劃者努力避免受到偏袒某一家百貨店的指責。密克羅尼西亞人本身的消費不足以讓他們成為重要顧客，但他們的購物經歷會在報紙上獲得報導這件事，顯示這些異國觀光客對這些百貨店來說具有奇觀的價值（圖22）。前往報社參觀可能具有類似的意義——既為觀光團員的需求，也為報紙的利益而策劃。一位在《理蕃之友》

圖 23
「身著蕃裝者被引薦給兒玉拓務大臣」（出自《理蕃之友》一九三五年六月號）

詳述第十次台灣原住民觀光旅行（一九三四）經驗教訓的作者透露，日本方面有著讓原住民出現在這些地點的動機。「我們必須絕對避免穿戴著蕃人的裝束去迎合報社和百貨店之意的做法，」他寫道，「儘管這在經濟效益上經常是有利的。」[45] 活動於一九三〇年代的這位台灣觀光團隨行者——他希望向本國觀眾展示這些原住民在文明化的道路上已經走了多遠，而不是他們多麼具有異國情調，對於出自奇觀的目的而要求原住民穿上本土服裝的做法，感到十分不快。解決方案是讓這些觀光團員穿上符合身分的青年團卡其色制服。不過，《理蕃之友》還是刊登了台灣原住民穿著本土服裝會見宗主國官員的照片（圖 23）。顯然在宗主國仍然還有對適度原始的原始人的興趣與胃口。因此，殖民地臣民的「內地觀光」現象必須被理解為是在向殖民地演出宗主國的同時，也向宗主國表現出殖民地的努力。雖然宗主國觀光的前提是將「原始」人帶到文明的中心，並向他們展示從原始行進到文明的道路，不過事實上，這個要求相互表演的表現是充滿矛盾的。

因此，台灣原住民和南島居民的宗主國觀光是結合了文化外交、文明使命、以及異國奇觀等要素。十九世紀被美國政府帶到華盛頓去的美洲原住民代表團也具有同樣的性質，兩者在許多方面很類似。的確，二十世紀初華盛頓日本使館的報告透露出，日本官員對於將美國印第安政策

的經驗運用於台灣的殖民政策非常感興趣。[46] 台灣原住民的宗主國觀光之旅，以及美國印第安人造訪華盛頓的基本目的都是綏靖抵抗殖民的人們。在華盛頓與在東京一樣，原住民訪客被帶去參觀軍事基地——海軍造船廠以及軍械庫，而且被要求觀看軍隊閱兵。這兩項計畫都宣稱要透過向來訪者展示政府機關和近代機構，來對其進行啟蒙。因此，這兩種參訪，會有報紙密切追蹤來訪者的旅行，詳述他們從來訪者的反應中所獲得的任何線索。這既是為了確認報紙的讀者對於自身優越性的意識，同時也是為了滿足讀者對於充滿異國情調訪客的迷戀。然而，上述兩者之間的差異也同樣很明顯，因為後者特別突顯出日本與其殖民地群眾之間關係的獨特特徵，以及日本帝都在帝國文化表現中的獨特地位。

　　整個十九世紀，由於白人在北美領土的征服過程中，尚未解決原住民的處置問題，印第安人代表團前往華盛頓的訪問總是涉及某種程度的實際外交。合眾國政府視印第安部落為名義上的獨立國家，並根據適當的外交禮儀來接待他們。受到官方承認的代表團能夠在白宮與總統會面。來到華盛頓的印第安人期待見到總統，並將之視為最重要的一項訪問行程。在印第安人到訪期間，雙方會就一些條約交涉並解決土地的問題，即使最終決定印第安人的自治權範圍越來越窄，印第安人還被贈予紀念勳章以及軍服、槍枝。相較之下，正如泰莫・米塞魯在試圖要求槍枝時所發現的，日本的「外地」來訪者並沒有得到任何談判的機會。儘管原住民與當局在台灣進行了一些交涉，但是當他們來到帝國首都後，殖民者與被殖民者之間的關係是單向的：殖民宗主國向台灣原住民展示自己的力量，並決定後者必須向自己降伏。

　　在這方面，美洲原住民訪問華盛頓更像是台灣原住民訪問台北，而不是訪問東京。兩者的紀念照看起來很相似（圖24、第五章圖10）。來訪的原住民在台灣總督府會見了總督及其他官員，並被授予紀念品。任何關於土地問題的協議應當都是在台北進行的。這部分是因為日本人從清朝

那裡接管了與原住民交涉並令其降伏的種種權力。在台北與山地原住民的關係之中，台灣已存在作為殖民宗主國與周邊地區關係的地方島嶼框架。東京則是呈現給來訪的原住民，作為超越殖民地政治雲端之上的存在。既是帝都，同時也是一位神聖統治者的首都，東京的作用是傳達力量與神秘。皇宮—明治神宮—靖國神社這條路線結合了各種軍事設施，相當有效地發揮了這個作用。

另一方面，與十九世紀美國和歐洲與原住民之間的對抗相比，日本與其他太平洋島嶼（台灣和密克羅尼西亞）居民在宗主國觀光脈絡下的文化交涉更加充滿身分認同的問題。僅就獵取人頭這個例子所顯示的，日本的殖民地原住民不僅可能引發露骨的種族主義，而且還會引起文化焦

圖 24
一八六七年二月，幾個印第安人代表團與安德魯・詹森（Andrew Johnson）總統在白宮前拍攝的紀念照（出自 Herman J. Viola, *Diplomats in Buckskins: A History of Indian Delegations in Washington City*）。這張照片與到訪台灣的閑院宮載仁親王拍攝的那張照片（第五章圖 10）有許多相似之處。兩者都有表現帝國國家權力的新古典主義建築，而且都帶有重新確認權力關係的紀念照框架的作用。不過，載仁親王是坐在位於原住民代表上方的外廊上的椅子，而詹森總統則是被部分的代表包圍著而站在中間，這種差異或許表現出日本和美國的國家意識形態，以及他們與原住民關係的不同。

圖25
平未知繪《台灣生蕃少女一身摩登
打扮來到日本》〔《現代漫畫大觀
第九編：女性的世界》（《現代漫
画大観第九編—女の世界》），中
央美術社，一九二八年〕

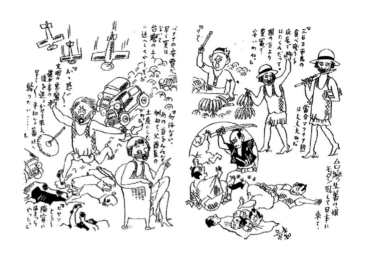

慮的複雜混合。羅伯特・蒂爾尼和荊子馨已經說明這種文
化焦慮在兩次世界大戰之間到訪台灣和密克羅尼西亞的日
本小說家的作品中，如何與浪漫主義進一步相混。在一些
更為通俗的文化形式中，也可以看到類似的矛盾心裡。

　　一九二八年一組題為《台灣生蕃少女一身摩登打扮來
到日本》的漫畫，字裡行間透露出文明與原始主義接觸，
以及日本對西方現代性所折射出的矛盾（圖25）。漫畫的
右邊有兩名打扮成「摩登女孩」的台灣原住民，驚訝地看
到東京——一座有三百萬人口的城市——的香蕉比自己的
故鄉更便宜、更多樣。兩個女孩其中的一位指著一齣武士
劇並說道「真是浪費」——她想要將這些人頭帶回去給她
的父親，即部落的首長。然而，這次訪問的結局很糟糕：
我們看到其中的一名女孩在汽車、飛機——「文明的惡魔」
——的衝擊下，光著腳丫、驚恐地逃竄。所以，這些漫畫
表現出帝國主義經濟的矛盾，以及被殖民者和殖民者之間
令人不安的文化親近，但隨後又藉著部署全球現代「文明
的利器」，再次征服具有威脅性的原住民，來解決這兩個
問題。

　　展示台灣原住民的摩登女孩來到東京的同一系列漫
畫，也描繪了夏威夷的日裔摩登女孩，漫畫家將她們稱為

圖 26
平未知繪《不知道祖國的女子》
（《本国を知らぬ女》，《現代漫
畫大觀第九編—女性的世界》（《現
代漫画大観第九編—女の世界》），
中央美術社，一九二八年）

「不知道祖國的女子」（圖26）。這些陌生又熟悉的遊客，
透過觀察現代辦公大樓、收音機、飛機、汽車、以及西式
住宅，確認了東京與西方的同一性。面對另一則漫畫將原
住民嚇跑的「文明的惡魔」時，其中一名夏威夷女孩評論
說：「到底哪裡的才是正宗？當說到模仿別人時，日本就
是正宗。」（圖27）然後左下方是一名夏威夷女孩正在試
穿和服——「西方化日本人模仿日本人」——發現它很合
身。正如漫畫家曾用全球文明來解決由既陌生又熟悉的蕃
人所引發的緊張，在這裡，他則馴服了半西方化的女性訪
客，以解決因為指責日本模仿別人所造成的緊張。

　　笑話在緊張和宣洩中能發揮作用。儘管看起來漫畫家
在每一則漫畫中都提供了解決的方案，但它們的宣洩作用
並不徹底。如果砍下的人頭在東京仍然是通俗娛樂的一部
分，那麼宗主國真的「文明」到足以征服原住民？帝國首
都的「文明」是真的打動了來自帝國以外的人們，還是僅
僅讓日本看起來是個西方的二流版本？在這兩則漫畫中，
從「外地」到帝都東京的訪問，讓這座仍不穩定的帝國現
代性和部分仍是全球現代性的宗主國首都所處的矛盾地
位，浮現到了表面。

圖 27
平未知繪《不知道祖國的女子》（局
部）

尾聲：禮儀的帝國

從社會政治的角度來說，帝國現代性與全球現代性之間最明顯的區別在於：帝國現代明確地以不平等為前提，而全球現代則堅持這個承諾——儘管現實總是與此相悖：民族自決的平等權利、以及享有「文明的利器」所帶來的舒適和表達手段的均等機會。由於帝國現代性顯性的不平等與其結合皇權現代性的基礎，其統合和文明化的使命產生了無法解決的困境。[47] 在日本帝國，這樣的焦慮可能更為嚴重，因為這一個帝國包括了原先屬於中國帝國和文化圈毗鄰地區的人民，而日本本身也是其周邊文化的參與者。當日本的帝國工程超出依靠武力的直接征服和降伏之後，它需要新的理論和陳述來重新打造一個以日本為中心的亞洲文化圈。如同小熊英二、杜贊奇（Prasenjit Duara）、以及泰薩・莫里斯—鈴木（Tessa Morris-Suzuki）所說明的，我們可以在日本殖民地民族學的研究中找到諸如對殖民地精英的特別扭曲，以尋求找到種族的親緣性來作為有限同化的根據，同時建構起等級的差異。[48]

在二十世紀前往日本首都的觀光旅行行程中，我們瞥見了後期帝國主義者極力試圖透過不朽、現代及民族獨特性的語彙，來表現他們合法地位的焦慮。長期持續進行的台灣原住民「內地觀光」，精心策劃地將東京展現為帝都與軍事的要塞，揭露了殖民者在接觸「蕃人」時所面對的困境，這些「蕃人」手中舉著映照出殖民者自身野蠻的鏡子，並要求武器上的平等作為接受「文明」的條件。人們只能想像台灣總督乃木希典將日本刀授予那些他認為被宗主國觀光所新開化的野蠻台灣原住民時，其高高在上的姿態遭拒絕時所感到的尷尬。整個殖民工程充滿了殖民者不知如何在不給予被殖民同等地位的情況下，還有同化後者的焦慮，以及被殖民者如何在不被同化、抹去文化特性的情況下還能獲取平等的焦慮。

這些焦慮同樣展現在帝國城市的日常接觸之中。那些曾在帝國內移動的學生現存的記錄，顯示出同化及文化等

級的持續焦慮。中國和朝鮮的民族主義者批評那些在宗主國的台灣人過於輕易被同化。[49] 而另一方面，一本推薦朝鮮女性前往東京接受教育的書籍中，則記載她們為了順應日式禮儀而有的努力，不是為了變成日本人——就好像朝鮮學生穿著朝鮮服裝——而是為了不被看作低人一等。[50] 即使是那些來自朝鮮、到宗主國去修學旅行的日本學生，也說到他們感到自己受到東京人的蔑視。一位來自朝鮮高等女學校的日本學生在某次前往東京的旅行後寫道：「你一說『我是從朝鮮來的』，他們便開始留意自己的口袋。」[51] 類似的焦慮有時會在逆向的情境中出現在殖民者的身上。台灣的殖民當局和資產階級精英曾經反復告誡他們的殖民者同胞要穿著得體，以免招來漢人的羞辱。[52] 那些移民到夏威夷、加州和巴西的日本人，其行為則伴隨著更大的焦慮。例如，那些作為照片新娘前往美國的日本女性要在橫濱接受家務管理的訓練，以學習美國人的行為方式。[53] 當然，我們能夠看到這背後的社會階級問題，以及日本實際上是一個貧窮的帝國，它不僅派遣士兵和官僚去管理殖民地，而且還輸出了多餘的人口。但是，對於違反禮儀的雙向恐懼也表明帝國不僅是一種剝削模式，還是一種產生文化焦慮的機器。作為展示力量的景觀、接觸發生的地點、以及構成日本的帝國現代性之人流、知識與物件流動網路的中樞，東京集結且複製了這些焦慮。

因此，帝國的首都不得不為不同的觀眾發揮不同的角色：對於本地觀眾來說，它是帝國展示景觀以及其歐式紀念物的所在，這兩者經常會散發出一種節慶的氣氛，直到太平洋戰勝帶來了本土附近大量的傷亡為止；對於從「內地」和「外地」來訪的帝國臣民來說，這座城市散發出令人敬畏的皇家神秘。它同時也是一座軍事首都，旨在讓那些被它征服的人親眼目睹其力量；同時也宣稱自己是與歐洲那些首都有著同等地位的工商首都。這些表演沒有一項能夠確定是成功的。事實上，大部分時候都對它們的觀眾帶來了意料之外的效果。不過，也許最重要的是，這一座帝都與京城、台北等殖民地都市或滿洲國的新京[54] 一樣，是一個接觸地帶，在帝國等級的秩序之內，有來自不同地

區的人們在這裡彼此接觸，每個人都感覺到其他人對於自己注視的眼光，迫使他們承認帝國的文化等級秩序，並在當中確認自己的位置。

註釋

1. 飛鳥井雅道，《明治天皇——「皇帝」と「天子」のあいだ》，收錄於西川長夫、松宮秀治編《幕末.明治期の国民国家形成と文化変容》（新曜社，一九九五），頁四五一—八九。
2. 這一結論基於我對日本國會圖書館的戰前圖書收藏數字（近代デジタルライブラリー）的調查。
3. 譯註：即後來的昭和天皇，當時曾以皇太子身分擔任攝政。
4. 我在這裡有意用粗線描述。我並不是說歐洲和北美的新古典主義建築總是帝國的象徵，但特別的是，在紀念性建築領域特別參照了羅馬帝國。同時，在殖民地時期的新古典主義形式與象徵意義之間的區別已大幅減弱，整個新古典主義風格就代表著歐洲帝國。參見 Thomas R. Metcalf, *An Imperial Vision: Indian Architecture and Britain Raj* (Berkeley, CA: University of California Press, 1989)。
5. 木下直之，《ハリボテの町》（朝日新聞社，一九九五），頁二七三—二八二。
6. 關於東京車站與皇宮之間的關係，參見 William Coaldrake, *Architecture and Authority in Japan* (New York: Routledge, 1996), 224-227。
7. 關於皇居前廣場的歷史，參見原武史，《皇居前廣場》（築摩書房，二〇〇七）；關於天皇統治日本二千六百週年，參見 Kenneth Ruoff, *Imperial Japan at Its Zenith: The Wartime Celebration of the Empire's 2,600th Anniversary* (Ithaca, NY: Cornell University Press, 2010)。
8. *Official Guide to Japan* (Tokyo: Japanese Government Railways, 1933), 25.
9. 譯註：一英畝約相當於四千零四十七平方米。
10. 丸山茂，《日本の建築と思想伊東忠太小論》（同文書院，一九九六），頁一二一—一二二。
11. 山口輝臣，《明治神宮の出現》（吉川弘文館，二〇〇五），頁二一〇。
12. 坪內佑三，《靖國》（新潮社，一九九九），頁八七一九〇。
13. 譯註：月亮公園是二十世紀初發源於美國的連鎖遊樂園。
14. 關於靖國神社，可參見 Akiko Takenaka, *Yasukuni Shrine: History, Memory, and Japan's Unending Postwar* (University of Hawaii Press, 2015)。
15. 譯註：即 JTB（Japan Tourist Bureau），是一九一二年為吸引外國人來日本觀光而設立的社會團體，後改組為今天日本交通公社以及 JTB 株式會社。
16. 《日本交通公社七十年史》（日本交通公社，一九八二），頁二四。
17. 中村宏，《戦前における国際観光(外客誘致)政策—喜賓会、ジャパン.ツーリスト.ビューロー、国際観光局設置》，《神戶學院法學》第三六卷第二號（二〇〇六年十二月），頁一二三一一二四。
18. 蘇聯或許是一個能與此相媲美的例子。從一九二〇年代開始，一個叫做「全蘇海外文化聯繫協會」（俄語縮寫為 VOKS）的國家機構，贊助了來自西歐和世界其他地區眾多團體的觀光旅行，旨在推進蘇聯進行在「資產階級知識界」中培養潛在同情者的實驗。作為這項宣傳工作的一部分，蘇聯試圖將莫斯科描繪成「新麥加」，是由無產階級統治的未來文明模範首都。Michael David-Fox, *Showcasing the Great Experiment: Cultural Diplomacy and Western Visitors to the Soviet Union, 1921-1941* (Oxford: Oxford University Press, 2012), 5, 118.
19. *Terry's Guide to the Japanese Empire*. Revised ed. (Boston: Houghton Mifflin, 1928), 133.
20. Herbert L. Matthews, "Kobe Greets Ruler in Awe as Demigod," *New York Times*, June 30, 1929, page N5.
21. Fred Hogue, "Japan Adopts Modern Ways," *Los Angeles Times*, June 8, 1929, page 16. 與《紐約時報》的赫伯特·馬修斯一樣，霍格也表露出對天皇東方主義的著迷，並對未能見到天皇表達明顯的不滿：「他們願意給我們看他們的工廠、博物館、大學，但卻不給我們看他們的天皇。」Fred Hogue, "Japan's Heart Holds to the Past," *Los Angeles Times*, June 27, 1929, page10.
22. 《修学旅行のすべて》（日本修學旅行協會，一九八一），頁六九。
23. 兵庫縣赤穗高等女學校校友會蓼之華會編，《蓼之華：增改築竣工創立二十五年記念誌》（兵庫縣赤穗高等女學校校友會蓼之華會，一九三六），頁一七四一一八〇。
24. 譯註：泉岳寺是埋葬赤穗藩武士的地方。在江戶時代，赤穗藩武士為報主君之仇而私自殺死仇人，之後全體切腹自殺。
25. 關於台灣社會福利事業主管人員的情況，參見《第五回內地社會事業視察紀行》，《社會事業之友》第六一號（一九三三年十二月）。關於菲律賓團體的訪問，參見 Grant K. Goodman, *Four Aspects of Philippine-Japanese Relations, 1930-1940* (Yale University Southeast Asian Studies Monograph Series, no.9, 1967), 62-132。
26. 阿部純一郎，《〈移動〉と〈比較〉の日本帝国史—統治技術としての観光.博覧会.フィールドワーク》（新曜社，二〇一四），第一四五一一四六中所引。
27. Herman J. Viola, *Diplomats in Buckskins: A History of Indian Delegations in Washington City* (Washington, DC: Smithsonian

Institution Press, 1981), 13-21.

28. Patricia O'Brien, "Ta'isi O.F. Nelson and Sir Maui Pomare: Samoans and Maori Reunited," *Journal of Pacific History* 49:1 (2014): 26-49.

29. 鈴木作太郎，《台湾の蕃族研究》（台灣史籍刊行會，一九三二），頁三六七四—三六七五。

30. 在松田京子，《帝国の思考—日本「帝国」と台湾原住民》（有志舍，二〇一四），頁四二—四三可以找到一份完整的列表。松田京子對於台灣原住民的旅行進行徹底的研究。另一部重要的新近研究是阿部純一郎，《〈移動〉と〈比較〉の日本帝国史—統治技術としての観光. 博覧会. フィールドワーク》（新曜社，二〇一四）。

31. 《第四回內地觀光蕃人感想報告》（一九一三），JACAR（亞洲歷史資料中心）電子文檔 Ref. C08020372800，第三、四幅圖像。

32. 這段話被記錄在帶領這次觀光團的殖民地政府官員之一藤根吉春的報告《內地觀光蕃人狀況藤根技師復命》（《內地觀光蕃人狀況藤根技師復命》）中，並被重刊於《理蕃之友》（《理蕃の友》）一九三六年七月號的一篇回憶錄以及他處。根據松田京子所說，他從這次旅行回到台灣三年後，在一次反對殖民政府的起義中被殺。一九〇五年，剛剛結束為考察殖民地統治情況而進行台灣之旅的記者、政治家竹越與三郎寫到，對於泰雅人來說，步槍是不可或缺的，沒有步槍對於泰雅男子來說是一種恥辱，而殖民政府無視於泰雅人和其他原住民獲得武器的乞求，「希望以此剝奪其力量」。Yosaburo Takekoshi, *Japanese Rule in Formosa* (London : Longmans & Co., 1907), 221, 216.

33. 《第二回內地觀光蕃人感想概要》（一九一二），JACAR（亞洲歷史資料中心）電子文檔 Ref. C08020225500，第四七、五〇、五六幅圖像。

34. 後藤生，《蕃人の目に映じた內地—觀光蕃人にその感想を聴く》，《理蕃の友》第四卷第六號（一九三五年六月），頁八。

35. 山本芳美，《イレズミの世界》（河出書房新社，二〇〇五），頁二四四、二五〇。Scott Simon, "Formosa's First Nations, " *Asia-Pacific Journal* (January 2006, http://japanfocus.org/-Scott-Simon/1565). 其中描述了那些透過手術去除刺青的女性線人的痛苦回憶。

36. Daniel V. Botsman, *Punishment and Power in the Making of Modern Japan* (Princeton University Press, 2007), 152.

37. 木下直之，《ハリボテの町》，頁二七三。

38. 《蕃人の慣習首狩》，《理蕃の友》（一九三一年一月），頁一。

39. 《觀光の反響》，《理蕃の友》（一九三六年七月），頁一二。

40. Paul D. Barclay, "Cultural Brokerage and Interethnic Marriage in Colonial Taiwan: Japanese Subalterns and Their Aborigine Wives, 1895-1930," *Journal of Asian Studies* 64:2 (May 2005), 323-360. 在霧社事件之後，這樣的聯姻受到了抑制。

41. 儘管理想化了本國武士傳統，但這些宗主國的恐怖分子，與台灣的遊擊隊員一樣，更傾向於使用槍而不是刀。

42. 《台東廳アミ族は斯く語る！》，《理蕃の友》（一九三六年六月），頁一〇。

43. 千住一，《觀光団がやってきた—南洋群島住民にとっての「內地觀光」》，《交流文化》第七號（二〇〇八年五月），頁一六—二三。

44. 這些旅行對於參加者所具有的新奇性或許還有重要性的一個標誌。當時日本人使用的「觀光團」（kankōdan）這一日語詞，至今仍保留在帕勞語中，用來指稱一般意義上的旅行或旅行者（kankodang）。

45. 齊藤生，《高砂族觀光団員を連れて》，《理蕃の友》（一九三四年十二月），頁一〇。

46. Ronald G. Knapp and Laurence M. Hauptman, " 『Civilization over Savagery': The Japanese, the Formosan Frontier, and United States Indian Policy, 1895-1915," *Pacific Historical Review*, 49:4 (November 1980), 647-652.

47. 誠然，全球現代性的普世主義產生了它自己的社會焦慮——列維－斯特勞斯在其最為精英主義的論述中，將其定義為「這種背信棄義的均質性使……得比較成為可能」。參見 Claude Levi-Strauss, *Tristes Tropiques*, translated by John and Doreen Weightman (London: Penguin Books, 1974), 148。我在這裡想要論證的是，現代殖民帝國主義在其結構上天生就是自相矛盾的，因此會不斷地產生令人不安的焦慮。

48. Oguma Eiji, *A Genealogy of Japanese Self-Images*, translated by David Askew (Melbourne: TransPacific Press, 2002), 53-109; Prasenjit Duara, *Sovereignty and Authenticity: Manchukuo and the East Asian Modern* (Rowman and Littlefield Publishers, 2003), 180-188; Tessa Morris-Suzuki, "Becoming Japanese: Imperial Expansion and Identity Crises in the Early Twentieth Century," in *Japan's Competing Modernities*, edited by Sharon Minichiello (University of Hawaii Press, 1998), 157-180.

49. 紀旭峰，《大正時期在京台湾人留学生と東アジア知識人—朝鮮人と中国人とのかかわりを中心に》，《アジア太平洋討究》第十五號（二〇一〇年十月），頁二〇一—二〇二。http://hdl.handle.net/2065/31779。

50. 朴宣美，《朝鮮女性の知の回遊—植民地文化支配と日本留学》（山川出版社，二〇〇五）。

51. 山下達也，《植民地朝鮮の学校教員—初等教員集団と植民地支配》（九州大 出版會，二〇一一），頁一〇四—一〇五。

52. 岡本真希子，《植民地官僚の政治史—朝鮮. 台湾総督府と帝国日本》（東京：三元社，二〇〇八），頁一〇六—一〇七；還可參見竹中信子，《植民地台湾の日本女性生活史》。

53. Azuma Eiichiro, *Between Two Empires: Race, History and Transnationalism in Japanese America* (NY: Oxford University Press, 2005).
54.譯註：即長春，曾是滿洲國的「首都」。

結語
帝國之間的夏威夷與沖繩

夏威夷瓦胡島的布魯爾種植園，一九〇二年左右。
（出自 Franklin Odo and Kazuko Sinoto, *A Pictorial History of the Japanese in Hawai'i*, 1885-1924, Honolulu: Bishop Museum Press, 1985）

前方是勞工住宅，
後方是冒著黑煙的製糖工廠和廣大的甘蔗田。
左前方掛著星條旗的大殿很引人注目。
在夏威夷具權威地位的本願寺派吸收了基督教的要義，
這兩派宗教的領袖都鼓吹勤勞及對種植園主的順從。

二○一二年，我造訪夏威夷瓦胡島，參觀當地的「種植園村」。這是一座戶外博物館，在博物館裡，那些曾是甘蔗種植園中的勞動者所居住的房子已被復原。從十九世紀中葉開始，歐洲和美國對糖的需求，讓夏威夷群島成為被美國和英國資本家所支配的種植園經濟體。包括麻疹、天花、梅毒等從外部傳播進來的疾病肆虐了玻里尼西亞的原住民，造成嚴重的勞動力短缺。為了彌補折損的勞動力、確保能夠持續出口蔗糖，在種植園主的壓力下，夏威夷國王開始從世界各地吸收移民。其中，來自東亞地區的移民數量最多，這創造了夏威夷的多元文化社會，日後被謳歌為美國在太平洋地區的「文化熔爐」。然而，在十九世紀末和二十世紀初，這裡卻是一個在盎格魯—美利堅白人統治下的種族階級社會。一八七六年，原住民占夏威夷總人口百分之九十，到了一九○○年，僅占總人口的百分之二十六。[1]

　　該種植園村博物館展示了兩棟復原後的日本勞工住宅（一座兩單元公寓和一棟「基督教徒家庭」居住的獨棟住宅），此外，還有來自中國、菲律賓、朝鮮、沖繩、葡萄牙以及波多黎各的勞工住宅。這些房子都是由不同移民社群之後裔所組成的民族團體代為進行裝修並布置家具。帶領我參觀這座博物館的嚮導是一位看起來六十多歲、名叫波比（Bobbi）的女性。她看上去是個美國白人，卻說自己是「豪利」（夏威夷對白人的本土稱呼）與夏威夷原住民的混血。在今天，擁有夏威夷原住民的血統是一件很時髦的事，因為它既能顯示出文化上的正宗性，又能讓本地人與帝國主義的過往劃清界線。波比說自己從小在種植園中長大，她的父親是一個工頭。這個種植園一直經營到一九九六年，是夏威夷群島上最後一個大型甘蔗種植園。當波比在述說這座戶外博物館中復原住宅的各種民族社群時，她的語氣中仍然帶有監督者的味道，以對國家的刻板印象對族群進行描述——例如將某個國家的群體說成是「家庭紐帶緊密」，將另一個說成是「努力幹活的好人」。然而，這座博物館並沒有復原白人工頭或種植園主的住宅，當中也沒有由夏威夷原住民裝潢的勞工住宅。這反映

出一個事實，即只有那些作為勞動力被引進到夏威夷的移民社群，才會將種植園的歷史與自己的歷史認同聯繫在一起。那些剝削過他們的「豪利」，以及那些曾作為替補、最終被取代的夏威夷原住民，則是以其他的方式來緬懷自己的歷史。

思考帝國之間重疊文化影響的議題時，夏威夷可說是其中集大成的地方。直到一八九三年，由美國白人發動的政變推翻了最後一個女王並宣布建立共和制為止，都是由夏威夷君主掌握正式的主權。一九○○年，夏威夷群島成為美國的領土，然後一九五九年這片領土正式成為美國第五十個州。但事實上，從一七七八年庫克船長抵達此地開始，這些島嶼就成為帝國野心覬覦的目標。到了二十世紀初，日本人成為夏威夷最大的族裔，美國和日本為了在太平洋地區擴大自己的人口，獲取戰略和經濟回報的「昭昭天命」理念相互競爭，不斷重塑夏威夷社會和景觀的每個層面。

今天夏威夷在語言、飲食、服裝、住宅及日常行為等方面，都保留了許多文化融合的獨特例證。在我造訪夏威夷期間，有兩個語詞讓我留下特別深刻的印象，其中一個與豬隻有關，另一個則與鞋子有關，隨後我將回到這兩個話題上。其中展示的，不只是一個有趣的混合型標誌，怪異的語言表達和物質文化製品的現象也代表著，透過日本和美國帝國空間不平等的接觸所產生的太平洋日常生活文化圈元素。

夏威夷是日本跨越今日國界之外，第一個由國家推動輸出移民的地方。一八八五年，第一批由官方組織的契約勞工從橫濱出發。在這個時間點，此舉是應夏威夷政府的請求而發起的。夏威夷國王卡拉卡瓦（Kalakaua）的代表約翰・卡佩納（John M. Kapena）曾在一八八二年訪問東京，敦促外務大臣井上馨派遣移民到夏威夷。卡佩納主張日本人與夏威夷人之間有著血緣關係。「如果我們只是想要苦力或勞工，可以讓中國人來，」他宣稱，「但我們追求的不

僅止於此；我們希望讓一個守秩序、勤勞、文明、守法且與我們同出一源的民族，來填補我們國家的人口。」[2]在此一懇請的背後同時存在著兩個願望：夏威夷白人居民希望抗衡快速增加的華人人口——其商業和從事其他各種行業的技能，已威脅到各個城鎮白人的主宰地位。其次是夏威夷君主希望透過與正在崛起的亞洲國家日本之間建立更親密的關係，來抗衡美國政治影響力的願望。井上馨謹慎地回應，由於大藏卿松方正義緊縮財政而導致貧困的情況，在日本農村地區加劇，最終日本政府決定讓貧困農民移民對國家最有利。

一旦日本農民開始流向夏威夷，特別是在一九○○年美國將契約勞工合法化之後，這些移民在日本就不再只被描繪和理解為過剩人口，反而是擴張日本帝國的先鋒。福澤諭吉及其追隨者曾為了帝國的利益，在海外鼓吹和平的商業擴張理念。德富蘇峰曾經寫道，透過大規模的日本移民，太平洋地區乃至東亞自然不可避免地有了增殖的人口。正如東榮一郎所指出的，移民和「海外擴張」的言論經常使得「移民」與「殖民」之間沒有明顯的區別。無論是從商業或是從帝國主義的論述來看待擴張，人們都明白移民者仍然會忠於他們的民族和天皇。[3]

夏威夷的第一代移民領袖也認為自己在帝國的擴張上有所貢獻。在公共活動和出版物中，早期第一代移民的領袖試圖援用一種融合了日本以及與夏威夷本土權威不同的階級秩序，來複製日本帝國的象徵性標誌。為了慶祝中日甲午戰爭的勝利，夏威夷的日本人穿著模仿皇軍軍官的制服來遊行（圖1）。在一本由活動於夏威夷的記者田中稠穗所編輯、出版於一九一○年的攝影集中，呈現出以一種在日本─夏威夷脈絡下，置換了明治日本社會階級秩序的視覺化重構，讓人聯想到《婦人畫報》及這個時期其他類似的出版品，但它們卻又具有明顯的夏威夷特色。[4]這本攝影集以美國總統塔虎脫（William Howard Taft）、被推翻的夏威夷女王利留卡拉尼（Liliuokalani）、美國總領事以及日本總領事的照片作為開頭。在這些肖像照之後，是一幅伏見宮貞

愛親王在訪問夏威夷期間、穿著軍服與一群身分不明的日本和夏威夷政要合影的照片，然後是夏威夷本願寺的住持和信徒領袖、三家日語報紙的代表、三支日本一夏威夷棒球隊的照片，以及一張「檀香山藝伎」的集體合照。從中我們可以看到傳統明治時代媒體對於統治階級的再現，這些統治階級與夏威夷現任和前任統治者、以及象徵日本在群島上文化存在和民族團結的一群肖像融為一體。這些肖像照所構成的前篇，是以代表「地方色彩」的匿名「夏威夷女性」照片作為結束。接下來，主要是公共建築與製糖廠的照片，再加上風景照。儘管照片中展示了種植園和製糖工廠，但幾乎未占據當時夏威夷日本人口主要部分的日本勞工勞動的身影。只有一張照片拍攝有勞工住宅，看起來像是剛剛才用白色塗料粉刷過，既舒適又衛生。在照片的中景部分，有一座看起來像是神社的建築物掛著美國國旗，坐落於製糖工廠和勞工住宅之間（本章開頭第 278 頁圖片）。

圖 1
日裔夏威夷人所組成的模擬皇軍。一八九五年五月十一日，為了參加在檀香山舉行的中日戰爭勝利的紀念遊行，這些男性有特別的裝扮（出自 Ernest Wakakuwa, A History of the Japanese People in Hawaii, Toyo Shoin, 1938）

儘管作為亞洲人先鋒的理想化形象，但是當日本人抵達夏威夷之後，很快就發現，他們在白人主導的種族等級制中處於較低階的地位。在種植園中，工資是按照種族和性別排名的。甘蔗田的監工大部分是葡萄牙人。他們騎著馬、拿著鞭子，即使在契約勞工被禁之後，日本勞工遭到毆打的事件仍時有所聞。儘管葡萄牙人本身被當成是盎格魯—撒克遜「豪利」之外的另一個種族，但他們所騎乘的馬和手中所持的鞭子，仍宣示著建立在種族之上的帝國統治，並清楚地表明誰是屬於統治階級這一邊的人。在夏威夷種植園中與中國人、朝鮮人和菲律賓人一起工作時，日本人是「東方苦力」，而非擴張帝國的先鋒。

　　沖繩人比日本其他縣的人稍晚來到夏威夷，而且從一八七九年的「琉球處分」[5]開始，沖繩人就已經被劃為日本國內的從屬族群。移民到夏威夷的沖繩人，是從一個單純種植甘蔗的半殖民地群島移動到另一個類似的地方。收割甘蔗是一項極為嚴酷的勞動，至少在現代，幾乎都是在他人的控制下而勞動。由於製糖需要投入大量的資本和勞力，所以沒有人只會為了自己的食用而去種植甘蔗。一八六八年以前是在薩摩領主的統治下工作，如今又在夏威夷白人的統治下，沖繩人被迫讓自己在一種幾乎沒有獨立性的農業經營模式下工作。

　　然而，除了有收割甘蔗用於出口並供他人消費的經驗，沖繩人也帶來養豬的經驗。豬提供了一種適度的解放：豬農擁有生產工具（豬），並可以看到自己的投資的回報。豬隻也能夠有效率地將廢物轉化為可食用的蛋白質和脂肪。在沖繩，一個家庭養一、兩頭豬是很普遍的事，他們會用馬鈴薯、廚餘和人體廢棄物來餵養這些豬。當時，夏威夷所飼養的豬隻幾乎都是繁衍自歐洲的品種，自從十六世紀以來被帶到夏威夷群島並經過雜交之後，幾乎取代了幾個世紀以前被帶來體型更小的玻里尼西亞豬。[6]夏威夷的沖繩移民利用旅館、飯店，以及其他種植園勞工的廚房垃圾來餵養他們的豬隻。養豬業讓許多沖繩人擺脫種植園而得以獨立。作為沖繩家庭經濟重要來源的養豬業，在夏

威夷變成小規模創業的機會。大多數的豬是在瓦胡島飼養的，這座島嶼比其他島嶼更為城市化，因此有更多提供豬飼料的來源。到了一九四〇年，瓦胡島商業豬農中有百分之四十四是沖繩人。[7]

定居在夏威夷這個移居地的沖繩人身分認同處在兩極之間。一方面，他們有著自己故鄉的村落。如同島田法子所說明的，第二次世界大戰以前，在夏威夷的沖繩人並不像來自日本其他地區的移民，會有整個縣的「縣人會」組織，反而是在各個地區成立「同鄉會」組織。[8]另一方面，他們還是屬於日本這個民族國家。由於受到其他日本人的歧視，使得許多沖繩人極力宣稱自己是帝國忠實的臣民，應當享有平等的地位。但是除此以外，更有一些沖繩人卻是想要擺脫自己在日本人從屬族群的地位。養豬的習慣與沖繩語、三味線音樂共同讓在夏威夷的沖繩人成為「沖繩人」。其他移民的孩子（即使在夏威夷也被叫做「內地人」）唱著「Okinawa Ken-ken, buta kau-kau」[9]歌謠來嘲諷沖繩人。「kau」在日語中有「餵養（飼う）」的意思，而「kau-kau」在夏威夷還有「吃」的意思。根據夏威夷歷史學家木村雪子所言，這個詞是一個廣東話語的訛轉。[10]在參觀種植園村時，我的嚮導波比告訴我，放置在每個勞工小屋外的廚餘桶都被稱做「buta kau-kau tin」。當然，波比不會說日語也不會說廣東話。因此，童謠中的這個詞一定是已經融入到每個人都會說的當地混合語。由於這些豬隻——大部分日本人都覺得是一種骯髒的動物——的存在，希望與日本主要移民團體同化的沖繩人會不時被提醒，自己在他人眼中仍舊是被區別、下等的族群。

然而，他們並不是住在本國的大都會，而是在美國，由於以下的情況，讓一些因與豬的關係而受到歧視的沖繩豬農不禁竊喜。當戰爭降臨到太平洋地區時，美國在夏威夷駐紮了大量的部隊，這些部隊需要肉食。那些從事被認為是戰事所需職業的人，被軍方要求繼續原來的工作，並向軍隊供應物資。靠著從美軍基地拿走廚餘並向軍方供應豬肉，養豬場大為蓬勃擴展，在一九四〇年代造就了一群

夏威夷沖繩人的「養豬暴發戶」。身為日本帝國擴張中的從屬族群，夏威夷的沖繩人如今發現自己在另一個帝國中成了受寵的少數群體。[11]

一九四五年四月到六月間，在沖繩爆發的戰爭中，有超過四分之一的沖繩平民喪生。軍事徵用、養豬場的破壞和饑荒使得該地的豬隻幾乎絕跡。一九四六年，夏威夷的沖繩人發起了幫助在美國占領下的沖繩復興運動，包括募集資金運送豬隻到沖繩。最終，在一九四八年，有五百五十頭豬由美國海軍自華盛頓州運送到沖繩，同行的還有一隊夏威夷沖繩人豬農和獸醫。接受母豬的人同意向鄰近每戶人家贈送一頭幼豬，藉此推動豬隻在整個沖繩群島的窮困農村中快速普及。正如沖繩人以及來自日本其他縣的移民者在二十世紀初對於夏威夷群島「人口再增殖」，夏威夷的沖繩人也在世紀中葉利用美國的豬重新在沖繩繁衍生息。

一九四八年送豬到沖繩是個有名的故事，有幾本書和NHK[12]的一部紀錄片都曾經描述過。這當然是一個夏威夷沖繩人慷慨和愛鄉精神的故事，但如果我們只關注這個故事中人情味的一面，很有可能就會忽略美國豬隻引進戰後沖繩飼牧業的意義。該項工程其實是戰後豬場從自給自足的家庭勞動轉型成商業產業的關鍵時刻。那些學會商業養殖的沖繩移民將他們的牲畜推銷給美軍，有助於將夏威夷相同的經濟系統和政治關係引入其故鄉。

沖繩本土的豬是一種來自中國，而且適應當地環境和食物的品種。美國豬隻體型較大，需要不同的飼料──或者，至少將它們引進到沖繩的人相信是如此。美國豬被帶到沖繩時，同時還附上了需要餵食的穀物與肉製品混合而成的飼料之說明。[13]這與傳統的做法不符。顯然許多沖繩豬農不願意投資或負擔不起這種特殊的混合飼料。農業改革專家石垣長三於一九五九年在《琉球大學農家通訊》中敦促豬農使用適當的飼料。他寫到，沖繩在戰後有幸得到一些「優良品種」，但豬農並不明白他們需要使用高蛋白

質飼料來餵食，好發揮豬隻的經濟潛力。沖繩已經開始在香港銷售豬肉，因此必須改善豬肉的品質，以便在出口市場上更具競爭力。像石垣這樣的專家所致力的改革，正是基於養豬是一種商業經營而非家庭經濟的一部分這樣的前提；他們遵行了引導沖繩進行本土農業改革的範例。而且石垣對於豬飼料專業知識的來源，很多是來自具有美國專業知識的日本畜產試驗場。[14]

出於市場而非家庭消費生產的壓力，加上屠宰生豬時更為嚴格的衛生法規，使得養豬業的專業化程度提高，使養豬業脫離家庭經濟進入資本主義化的生產。在此過程中，沖繩的養豬業是靠著進口的「優良品種」而被重建起來。一九三五年，豬隻數量達到戰前的最高峰，共有十二萬八千八百二十三頭。當時共有八萬三千零二十六戶人家養豬，這意味著平均每戶飼養一點六頭豬。到了一九七〇年，群島上豬的數量幾乎增加一倍，達到二十四萬九千八百一十一頭，但只有二萬五千二百一十一個養豬戶，使得平均每戶豬場所飼養的豬頭數上升到大約十頭。僅僅五年之後，一九七五年，隨著養豬戶數持續下降，平均每戶數量達到接近二十頭。[15]

對那些尋求發揮新品種豬「經濟潛力」的小豬農來說，除了購買商業生產飼料，還有另一種選擇，就是使用美軍基地的廚餘來養豬。石垣長三指出，在日本有一項研究結果指出，美軍基地的廚餘含有百分之二十至三十的蛋白質含量。在讀谷村，許多人繼續以甘薯餵豬，但美軍基地附近的家庭所飼養的豬隻顯然要更大一些，這是因為這些家庭能夠取得來自美軍基地的廚餘。與戰爭期間的夏威夷一樣，戰後的前二十年間，透過美國式的飼養方式——此時已經是經過日本本土化的過濾——以及美軍基地提供能將美國豬養肥的飼料，讓沖繩養豬業轉型為一種商業產業。[16]

美國在太平洋地區霸權主義的崛起，形成了一個新的人類動物生態系統，在這種生態系統中，沖繩移民在日本與美國帝國迴路重疊之處的移動發揮了至關重要的作用。

同時，美國供應食品「午餐肉」作為糧食援助，而且這些「午餐肉」在美軍基地周圍的黑市中擴散開來——這些肉製品作為便利、廉價、以及備受需求的交易品，從基地販賣部外流到周邊地區的經濟活動中，在太平洋地區創造了一個豬肉流通的直接管道。世棒（Spam）、三花（Tulip）和其他品牌的豬肉罐頭，在今天的夏威夷、沖繩、關島、以及其他駐紮有大規模美軍的太平洋地區的日常飲食和烹飪中，依然占有重要地位。正如環太平洋地區的廚房對於谷氨酸鈉的消費，顯示出由日本帝國在二十世紀上半葉所創造出的「味之素圈」輪廓，豬肉罐頭的消費則映射出一個由美國主導、在二次世界大戰之後被建構起來的「罐頭肉圈」。

同時，在戰爭期間為美軍供應豬肉、以及在戰後復興美國統治下沖繩養豬業的經驗，催生了沖繩人移居地身分認同的轉變。夏威夷第一個聚集所有沖繩人的同鄉會成立於一九五一年，由領導戰後對沖繩支援運動的同一批人所主導。[17] 那些因為供應戰時物資而富裕、也在現今愈發重要的島嶼帝國關係中扮演重要角色的夏威夷沖繩人，成為日裔社會政治中的一股新力量。他們不再被迫去主張自己身為天皇的臣民應當享有同等的地位，與作為民族上的琉球／沖繩人身分相比，這種國家地方上關係的重要性逐漸減退。在戰前，豬隻曾讓「沖繩人」一詞產生消極的意思，但在戰後卻使其具有積極的意思。[18]

我的第二個例子與夏威夷的鞋子有關。當日本人來到夏威夷時，他們有三個穿什麼鞋的選擇。他們可以穿自己習慣的草履和下駄；[19] 可以像「豪利」和中國人那樣穿上包住整個腳的鞋；或者遵從夏威夷原住民的傳統習慣，赤腳行走。此外，他們還可以選擇保留日本人在進入房屋時脫鞋的習慣，或者將自己的房子當作穿鞋的空間。在戰前夏威夷的日本人生活攝影集中，可以看到許多光著腳的日本學童。不管這些孩子在日本時腳上是否穿了東西，他們很容易在夏威夷溫暖的氣候中接受原住民的習慣。我有位同事曾於一九六〇到一九七〇年代住在夏威夷島（夏威夷

群島中最大的一個島，當地居民將其稱為「大島」）較為鄉下的地方，由於是居住在日經（Nikkei）族群中的朝鮮血統家庭，他小時候經常光著腳。不過，按照日本的習慣，小學生會被要求在小學入口處脫鞋。同時，這些學生必須穿鞋去學校。因此，強制執行日本人在戶內脫鞋習慣的同時，也強制執行在戶外要穿鞋的習慣。

與此同時，早期的日本移民社區領袖並不鼓勵自己的同胞穿著草履、下駄、以及非正式的浴衣，反而是敦促他們穿上西服和鞋子，藉此避免讓日本人受到輕視。他們的努力在一九一○年代逐步強化，並隨著一九二○年代由報紙、青年團體、婦女團體、以及其他組織推動的日常生活改革運動而達到頂峰。這場運動複製了同年由文部省在日本本國發起的同名運動之特點，不過前者特別強調穿著西式服裝。在夏威夷，代表們站在街頭，用擴音器呼籲路過的日本人要改進他們的穿著。四年後的外國人排斥法案進一步推動著裝改革。這個法案最後終結了新移民的流入，並刺激日裔領袖推動美國化運動，以加強同化。[20]

在第二次世界大戰以前，這種讓移民適應統治性文化的壓力似乎產生了實質的效果。儘管在一九一○、一九二○和一九三○年代的攝影集中經常出現光著腳的兒童，但幾乎所有的成年男性都是穿著鞋子，只有極少的人穿草履，而且沒有人會光著腳。這並不是說這些男性不再穿草履，而是在拍照時他們會表現出自己符合統治階級的穿鞋習慣。在日常生活改革以及美國化運動開始前不久，於一九一七年發表在《檀香山明星報》（Honolulu Star Bulletin）上一篇關於進口鞋子及皮革製品的文章報導說，夏威夷大多數的日本人是穿著他們的傳統鞋子或光腳出門，但「當東方人和原住民開始打扮時，他們就會穿美式鞋子，因此現在他們也讓自己的孩子穿上現代的鞋子」[21]。

然而，就從戰後某個時期起，這種作用關係開始朝向另一個方向發展。自一九五○年代初期開始，白人衝浪者和其他海灘常客開始穿橡膠草履。毫無疑問地，這些涼鞋

起源於日本或模仿日本的鞋子而製作。夏威夷的原住民和其他非日系移民，之前從未穿過將一根帶子夾在大拇趾和二趾之間的鞋子。在南加州，草履大約在同個時期成為了一種流行的海灘用鞋，當地的人們將其稱為「zori」。[22] 在印尼，這種鞋子必定是隨著日本軍隊來到這裡的，因此人們將其稱為「日本涼鞋」。然而，另一方面，這種鞋子在夏威夷的名稱卻是另一種奇特的混合語，顯示它帶著一種不同、或許發生得更早的傳輸痕跡。夏威夷居民將這種鞋子稱為「surippah」。這與英語單詞「slippers」並不一樣：它是將日語外來詞「スリッパ」部分重新英語化的產物。[23] 這說明夏威夷的日本人必定曾將這個詞教授給其他人。如果說英語的人一開始就將草履理解為「slippers」，那麼今天在夏威夷所使用的應當就是這個英語詞語。相反地，實際發生的情況是，當時在日本人的家中並沒有今天被稱為「スリッパ」的鞋子（蓋住腳前半部分的拖鞋），所以日語使用者運用這個英語外來語當作總體概念，目的是為了向非日語的使用者解釋他們所穿的草履。實質上這樣做是為了將草履歸入一個對方熟悉的英語語詞類別，只不過日本人將草履所貼上的這個標籤後來成為了標準用語，也或者是當時的日本移民可能還無法說服其他人使用一個日語術語。英語單詞「slipper」在邏輯上代表了草履與夏威夷其他類型鞋子的不同之處，因為日本鞋類的設計是無需用到手即可穿脫，自然這使得他們在進屋時特別方便脫下。儘管草履在夏威夷尚未普及，但確實極為常見，而且某程度上，進屋前脫下鞋子的習慣也變得普遍了——這種源於日本的習慣在夏威夷比在美國其他任何地方更為普遍。

第一代前往夏威夷的日本移民帶來了下駄，草履和下駄也被引進夏威夷，不過許多種植園的勞工是自己製作草鞋和地下足袋。[24] 也有一些是夏威夷群島上一些日本人經營的小商店所生產的。[25] 二戰之後出現在市場上的橡膠草履有別於日本製鞋的原型，具有兩個不同的特徵。首先，一個明顯的不同是，它們是用橡膠製成。早期回收的輪胎橡膠曾被用來製作草鞋和地下足袋的底部。[26] 但二戰之後的橡膠草履完全是用泡沫橡膠（尤其是 EVA，或叫作乙烯

醋酸乙烯酯）或塑料新材料，這一類用於大量生產的廉價材料所製作的。其次，橡膠草履的左右腳切割方式不同。傳統的草履和下駄通常是四方形的，帶子穿繫在中間。而橡膠草履重新塑造鞋底的形狀並讓帶子的位置偏向一邊，以便能區分出左右腳，讓習慣分左右鞋的非日本人更容易接受。因此，分左右腳外觀的做法是出於非日本人製造的指標，而與草履的製作材料無關。

　　幾家製造商聲稱自己是橡膠草履先驅的說法都可追溯到二戰時期或戰後初期。愛德華・田納（Edward Tenner）在身體技術史著作《不只是發明：科技改變人性？》（Our Own Devices）中寫了一篇關於草履的章節，其中引用了創立於一九三二年的斯科特夏威夷（Scott Hawaii）公司。該公司提到在二次大戰期間，由於原料短缺，從生產戰靴轉移到了休閒「拖鞋」。這些拖鞋主要在軍隊的販賣部出售。[27] 海島拖鞋（Island Slipper）公司在一九四六年由夏威夷的日裔本永家族創立，宣稱自己在一九五〇年代初期開發了分左右腳的配對拖鞋。[28] 日本的橡膠生產商內外橡膠（內外ゴム）公司則聲稱其「海灘漫步」（Beach Walk）橡膠草履最初是由加州的工業設計師雷・帕斯汀（Ray Pastin）所設計。帕斯汀曾於一九四八年到訪日本並與這家公司合作生產，然後從一九五四年開始進入美國市場。[29] 田納還提到了登祿普（Dunlop）橡膠公司，這家公司從一九五四年開始在澳洲大量生產橡膠涼鞋，並在日本游泳隊於一九五六年穿著這種橡膠草履參加墨爾本奧運會後，開始大量銷售這種鞋子。[30]

　　這種鞋類是如何在夏威夷居民、美國的白人以及最終在世界其他地區的人群中傳播開來，在相當程度上仍然是一段未知的歷史。很重要的是，在夏威夷和美國西海岸開始流行的橡膠草履，其起源據說是在一九五〇年代初，即日本帝國崩潰後不久，正好迎來一種新的美國休閒文化年代。隨著美國士兵的出現以及他們與基地周邊居民的互動，橡膠草履的使用擴散到整個太平洋地區。這並不是說最先穿著橡膠草履的非日本人不是飆浪者或海濱迷（儘管這幾個年輕男性社群之間確實有些重疊），而一定是美軍

士兵。我的意思是，日本帝國擴張時期的主流文化傾向於維持歐洲式的公共舉止規範，諷刺的是，日本的「文明」擁護者經常強迫自己和他人接受這些規範。隨著美國崛起成為戰後太平洋地區的霸權國，舊的歐洲中心文明等級秩序陷入衰退，許多美國人開始嘗試那些如今由美國占據主導地位的亞太地區之日常生活元素，聲稱那是建立在文化相對主義和互相理解接觸上的一種更為寬容、合群的帝國主義。[31] 與「帕帕桑」椅一樣，在「surippah/zori」中，美國人汲取了亞洲物質文化中的一小部分，將其重新創造成一種新的非正式休閒文化的一部分。這是一種革命，就像十九世紀末、二十世紀初出現在英美度假勝地和郊區的單層別墅休閒生活、以及睡在戶外吊床上一樣，這種革命使身體擺脫文明的束縛，並確立反主流文化的認同意識。

當然在日本，草履並不具有這些意義。所以，當日本人開始穿橡膠草履（現在通常被叫做「沙灘涼鞋」）時，他們是在接受一種與自己日本先人無關、來自美國西海岸和夏威夷的進口物品——日本人從來沒有如同在傳統的城裡穿著草履般、穿著足袋或日本和服的習慣，也就是說，草履並沒有像草鞋那樣被廣泛用於農作時或是出遠門。相反地，橡膠草履成為一種受到美國影響，與海灘有關的新休閒文化的一部分。另一方面，橡膠草履在沖繩、夏威夷和加州，差不多同時成為一種日常穿著。根據鞋類製造商真紀之子製造所的說法，沖繩製造的第一批橡膠草履是將從美軍那裡購得的輪胎進行熔煉製成的。它們在一九五〇年代中期形成了現今的形狀。今日它們被稱為「海島草履」，以區別日本本土所穿的草履。[32]「海島草履」中的「海島」（意指沖繩）反映出這種最初來自於美國的文化用語和材料的量產製品的本土化，同時，稱它們為「草履」而非「涼鞋」或「拖鞋」，則是指明了沖繩與日本本土之間的關係。正如「surippah」一詞表明日本人在夏威夷的同化和差異一樣，「海島草履」一詞也暗示沖繩人在日本國內的同化與差異。

如同愛德華·田納指出的，草履以戰後的新形式傳播，

因其涉及橡膠和塑膠大量生產的物品——傳統上這些物件應由有機材料手工製成，因而導致全世界的海洋、海灘和垃圾填埋地被這些無法生物降解材料汙染。因此，英美人的身體是被解放了，但這是以自然為代價。

＊　　　＊　　　＊

十九世紀以及二十世紀初的帝國主義是建立在明確的種族統治與帝國列強之間的領土競爭、人口輸出、以及在異國他鄉複製本國社會的意象等基礎之上的。同時，全球現代性帶來了透過技術和商業資本主義實現新享樂和舒適的承諾。對某些人來說，它似乎還是擁抱著普天之下皆兄弟和單一世界文化的夢想。然而在帝國日常生活的不對稱性接觸中，這些彼此對立矛盾力量之間的動態產生出無數衝突與矛盾的時刻。

儘管種族主義在今天繼續以隱蔽的形式存在，但明確的種族統治已不復存有。多種族共存的理念已被廣泛接受。夏威夷在一九五九年誕生了一位日裔美國眾議員，在二〇〇八年又產生了一位具有部分非洲血統的美國總統。東亞文化、玻里尼西亞文化、以及歐洲文化在夏威夷獨特地融合，特別是當地的美食，已成為該島嶼吸引遊客的一部分。如今，沖繩在日本本土以及其他地方的文化形象，主要是由音樂、食品和民間工藝所構成，這些都是廣受歡迎的。同時，夏威夷和沖繩社會也都殘存著過去殖民種族主義的後遺症，兩者也都繼續活在美國軍事力量的陰影之中。如果美國要在太平洋地區進行另一場重大戰爭，夏威夷和沖繩都將遭受只能在頭腦中想像的巨大衝擊。

在這兩個島嶼社會中，我們可最直接觀察到二十世紀太平洋地區兩個帝國文化的影響、以及從一個帝國過渡到另一個帝國的過程。對於一個在沖繩的農戶來說，養豬只是維持家庭生計的一部分；但是在現代日本以及海外日經（Nikkei）的散居地，豬隻成為一種差異和汙名的標誌。隨後，沖繩移民與他們的養豬經驗對於美軍及之後美國在沖

繩的治理發揮了作用。在這個過程中，沖繩人成為新的帝國形式的一部分，而這個帝國是基於共同的消費文化，以及在整個太平洋區域內統一軍事統治之下，對種族差別保持有限度但真實的接受──甚至是歌頌。草履出現在美國人腳上這件事同樣代表著差別標誌的重新轉換，並將其納入到一個新的帝國文化之中。事實上，橡膠草履／「surip-pah」不僅僅代表美國的太平洋帝國，更是這個帝國所體現的影響。

　　更加殘酷的帝國主義和種族主義之統治形式已轉移到其他區域和全球結構，如新自由主義經濟中南北半球之間的關係，富裕地區向貧窮地區無力貧困的人傾倒廢棄物等，這些情況都出現國界之間與國家之內。北半球富裕國家嚴格的移民管制顯示出：儘管建立在以貨物自由流動為基礎的全球體系霸權，而且美國和其盟友都宣稱要捍衛資訊的自由流通，但種族階級制仍在阻止人們自由地移動。

　　我們須同時注意的是，帝國過去以及現在在日常生活中所呈現的微妙影響──在日常中形成了某些感覺，而這些感覺又反過來塑造民族認同、忠誠及仇恨。帝國作為一種政治形式，不僅是透過由政治控制的帝國主義形式得以實現，也透過帝國的文化和觀察、感知與實際棲居於這個世界等各種帝國的手段來實現。

　　日本建立於亞洲和太平洋地區的帝國，是從歐洲帝國列強吸取了許多文化和行為技術；然而，日本身為列強中政治大國的一員，在文化上卻是個局外人的特殊處境，不由得產生了妥協、矛盾和笨拙的適應過程。而美國則以新的條款在亞太地區建立帝國，吸收並重新利用日本亞太帝國的遺緒，一如後者之前所做的，整個二十世紀的穿著、食物、住宅及身體舉止的變遷，揭示了這兩個帝國的文化運作，從種族和世界大同主義等概念的抽象層面，擴展到平凡行為的具體層面，例如室內裝飾、餐點調味、觀光旅行、端坐椅子、養豬、穿鞋、或者捨西式鞋而穿草履等。

註釋

1. Ralph Kuykendall, *The Hawaiian Kingdom, 1874-1893* (Honolulu: University of Hawaii Press, 1967), 116.

2. Kuykendall, *The Hawaiian Kingdom*, 160.

3. Eiichiro Azuma, *Between Two Empires: Race, History, and Transnationalism in Japanese America* (Oxford University Press, 2005), 17-31.

4. 田中稠穗，《布哇寫真帖》（田中事務所，一九一〇）。

5. 譯註：指日本正式吞併琉球國並將其改置為沖繩縣的事件。

6. Cheong H. Diong, "Population Biology and Management of the Feral Pig (Sus Scrofa L.) in Kipahulu Valley, Maui," PhD dissertation, University Hawaii, 1982.

7. Yukiko Kimura, *Issei: Japanese Immigrants in Hawaii* (University of Hawaii Press, 1992), 56.

8. Noriko Shimada, "The Emergence of Okinawan Ethnic Identity in Hawai'i: Wartime and Postwar Experiences," *Japanese Journal of American Studies* no.23 (2012), 126.

9. 譯註：Okinawa 是「沖繩」的日語發音，ken 是「縣」的日語發音，buta 是「豬」的日語發音。

10. Yukiko Kimura, *Issei: Japanese Immigrants in Hawaii*, 55.

11. Noriko Shimada, "The Emergence of Okinawan Ethnic Identity in Hawai'i: Wartime and Postwar Experiences," *Japanese Journal of American Studies* no.23 (2012), 125-126.

12. 譯註：即日本放送協會。

13. 下嶋哲朗，《豚と沖縄独立》（未來社，一九九七）。

14. 石垣長三，《豚の飼い方を改めましょう》，《琉大農家便り》第四五號（一九五九年八月），頁四一八。不過，在三年之後，大部分沖繩豬農仍然是用蕃薯而非混合飼料來餵豬，而當時甘蔗種植增加卻使得能夠獲取的蕃薯減少，致使沖繩的豬數量銳減。《琉球農連五十年史》（琉球農業聯合組合，一九七五），頁八八一。

15. 數據來自吉田茂，《戰後初期の沖縄畜産の回復過程と布哇連合沖縄救濟會》，《琉球大學農學部學術報告》第五十一號（二〇〇四年），頁九六，以及 繩縣，《農業關係統計》（一九九七年版）（http://www.pref.lkinawa.jp/toukeika/as/1997/as.hatml）。

16. 依據參加沖繩大學小野啟子教授開設課程《地域計畫特論》的學生於二〇一四年七月在讀谷村的採訪調查。

17. Noriko Shimada, "The Emergence of Okinawan Ethnic Identity in Hawai'i: Wartime and Postwar Experiences," 131.

18. Noriko Shimada, "The Emergence of Okinawan Ethnic Identity in Hawai'i: Wartime and Postwar Experiences," 130-133.

19. 譯註：草履是一種形似日式木屐而平底無齒的日本傳統鞋類，古時多用稻稭、藺草、竹皮等製作；下 即日式木屐。

20. 夏威夷日本人移民史刊行委員會編，《ハワイ日本人移民史》（夏威夷日裔聯合協會，一九六四），頁三二三、三三三一三三四。

21. "Shoe and Leather Business of Islands Interests Mainlanders," *Honolulu Star-Bulletin* (February 24, 1917), 8.

22. 我對草履的討論大部分基於 Edward Tenner, *Our Own Devices: the Past and Future of Body Technology* (NY: Alfred A. Knopf, 2003), 51-74。譯註：zori 即日語「草履」一詞的英文發音。

23. 譯註：英語中的「slipper」（拖鞋）一詞在日語中被音譯為「スリッパ」，再用英文字母來拼寫這個日語外來詞的精確發音，即產生了「surippa」一詞。

24. 譯註：地下足袋是日本人勞動時穿的一種厚襪子，可以發揮鞋子的作用。

25. Barbara Kawakami, *Japanese Immigrant Clothing in Hawaii*, 1885-1941 (Honolulu: University of Hawaii Press, 1993), 153-164.

26. Barbara Kawakami, *Japanese Immigrant Clothing in Hawaii*, 1885-1941 一書的頁一六三引用一個夏威夷家庭手工以回收輪胎橡膠製作地下足袋的例子。

27. Edward Tenner, *Our Own Devices: the Past and Future of Body Technology*, 66；斯科特夏威夷公司網站，http://scotthawaii.com。

28. "The Island Slipper Story," http://www.islandslipper.com/Retail/General/island-slipper-history-1.aspx；二〇一四年七月二十五日對海島拖鞋公司首席執行官 John Carpenter 的採訪。

29. 《内外ゴム株式会社一〇〇周年記念誌》（内外橡膠公司，二〇一三），頁一一六。http://www.naigai-rubber.com.jp/dcms_actibook/NaigaiNenshi/_SWF_Window.html?pagecode=49。

30. Edward Tenner, *Our Own Devices: the Past and Future of Body Technology*, 69.

31. 參見 Christina Klein, *Cold War Orientalism: Asia in the Middle-brow Imagination*, 1945-1961 (Berkeley: University of California Press, 2003)。

32. 真紀之子製作所，「島ぞうりの話」，http://makinoko.net/makinokolabo/story.html。

國家圖書館出版品預行編目 (CIP) 資料

日本帝國的生活空間 / 喬丹 . 桑德 (Jordan Sand) 作 ; 胡慧如、焦　譯 .-- 初版 .-- 新北市 : 黑體文化出版 : 遠足文化事業股份有限公司發行 , 2024.09
　面；　公分
譯自 : Imperial encounters : Japanese empire, American empire, and everyday life
ISBN 978-626-96136-8-7(平裝)

1.CST: 文化史 2.CST: 社會生活 3.CST: 日本

731.3 111010826

特別聲明：
有關本書中的言論內容，不代表本公司 / 出版集團的立場及意見，由作者自行承擔文責

 黑體文化　　 讀者回函

黑盒子 28
日本帝國的生活空間

作者・喬丹・桑德（Jordan Sand）｜譯者・胡慧如、焦堃｜責任編輯・龍傑娣｜校對・涂育誠、施宏儒｜美術設計・林宜賢｜出版・黑體文化 / 左岸文化事業有限公司｜總編輯・龍傑娣｜發行・遠足文化事業股份有限公司（讀書共和國出版集團）｜地址・23141 新北市新店區民權路 108 之 3 號 8 樓｜電話・02-2218-1417｜傳真・02-2218-8057｜郵撥帳號・19504465 遠足文化事業股份有限公司｜客服專線・0800-221-029｜客服信箱・service@bookrep.com.tw｜官方網站・http://www.bookrep.com.tw｜法律顧問・華洋法律事務所・蘇文生律師｜印刷・凱林彩印股份有限公司｜初版・2024 年 9 月｜定價・600 元｜ISBN・9786269613687・9786267512043（EPUB）・9786267512036（PDF）｜書號・2WBB0028｜版權所有・翻印必究｜本書如有缺頁、破損、裝訂錯誤，請寄回更換